ÉCONOMIE SOCIALE ET *SOCIAL BUSINESS* ?
AU DÉFI D'ENTREPRENDRE ET SE FINANCER

5-7, rue de l'École-Polytechnique ; 75005 Paris

http://www.editions-harmattan.fr

ISBN : 978-2-343-13940-1
EAN : 9782343139401

Sous la direction de
Pascal Glémain & Nadine Richez-Battesti

ÉCONOMIE SOCIALE ET *SOCIAL BUSINESS* ? AU DÉFI D'ENTREPRENDRE ET SE FINANCER

L'Harmattan

Marché & Organisations

Marché et Organisations est une revue d'économie et de gestion par thème, visant, outre un lectorat relativement large, à promouvoir la recherche relative aux liens et dynamiques entre le marché et les organisations (entreprises, institutions publiques, associations, etc.). Si le marché repose sur un mode d'allocation des ressources et sur la coordination des activités économiques au moyen de règles et au travers d'une combinaison de décisions individuelles et collectives, il se structure aussi en lien avec les organisations, dont les intérêts peuvent être divergents, complémentaires, convergents, et il touche divers enjeux autour de la coordination des acteurs. Comment les marchés sont-ils coordonnés autour de problématiques sectorielles, nationales, locales mais aussi internationales ? Comment les organisations tissent-elles leurs liens au travers et en référence au marché ?

Marché et Organisations questionne ainsi l'actualité économique et de gestion en révélant ces liens et les dynamiques, marchands et non marchands, entre le marché et les organisations. Son ambition est d'apporter aux chercheurs et aux praticiens, une réflexion rigoureuse et novatrice en économie et en gestion sur ces questions. Elle souhaite, en outre, diffuser ces recherches à l'ensemble de la communauté scientifique internationale. Ainsi, les contributions peuvent être en langue française et anglaise.

Les articles proposés :
- 45 000 - 50 000 caractères (espaces compris), incluant les notes de bas de page, la bibliographie, les tableaux, les figures et les annexes,
- soumis par email à : Dimitri Uzunidis et Justine Manier, uzunidis@univ-littoral.fr, justine.manier@univ-littoral.fr

Les domaines de recherche acceptés pour évaluation sont principalement en économie et en gestion. Sous réserve que le sujet du Cahier le justifie et que la ligne éditoriale de la revue soit respectée, des articles en droit, sociologie et histoire peuvent être acceptés. Les articles publiés peuvent être mono ou multidisciplinaires.
Marché et Organisations est une publication sous la responsabilité éditoriale du Réseau de Recherche sur l'Innovation : http://2ri.eu
La revue est diffusée par Cairn : http://www.cairn.info/revuemarche-et-organisations.htm

SOMMAIRE

PRESENTATION GENERALE

Pascal GLEMAIN
LiRIS, EA 7481
Université Rennes 2 et CERMi
pascal.glemain@univ-rennes2.fr
Nadine RICHEZ-BATTESTI
Aix Marseille Université et LEST-Cnrs
nadine.richez-battesti@univ-amu.fr

On a assisté au cours des vingt dernières années à une inflation du qualificatif social ou solidaire pour qualifier l'entreprise, l'économie ou la responsabilité..., brouillant souvent la représentation de ce que l'on appelle en France (depuis les années 2000 et formalisé par la loi du 31 juillet 2014) l'économie sociale et solidaire (ESS). Ainsi l'entreprise sociale et sa version anglophone du Social Business, la Responsabilité sociale des entreprises, l'Economie solidaire sont autant d'expressions qui prêtent à confusion. Pourtant ces « nouveaux » vocables recouvrent des réalités qu'il importe de comprendre et qui affectent l'ESS tant du point de vue de nouveaux dispositifs et organisations qu'elle promeut (Coopératives d'activités et d'emplois, finance solidaire, innovation sociale ...), que des modèles économiques qui la sous-tendent (course à la taille, contrat à impact social).

Il s'agit dans ce numéro d'aborder conjointement le renouveau des modes d'entreprendre et des modes de financement affectant directement ou indirectement l'ESS. Nous montrons que le débat sur l'entreprise sociale n'est pas nouveau, mais qu'il prend une dimension plus radicale et plus polarisée avec les débats contemporains sur l'entreprise, sur les modes renouvelés de production et de gouvernance de biens et services sociaux en lieu et place des acteurs publics, et sur la diffusion de normes managériales issues du secteur privé lucratif. A l'hybridation des principes de l'échange mobilisant le marché, l'Etat et la réciprocité, on voit opposer la capacité régulatoire des entreprises et du marché et la prédominance de l'économique au détriment d'une régulation conjointe au sein de laquelle les débats sur les choix politiques et sociaux sont essentiels. Nous illustrons ainsi des dérives potentielles du nord au sud avec la marchandisation du social, nous montrons *a contrario* l'ancrage territorial des dynamiques en cours (mais pour combien de temps ?), nous abordons la fragilité d'une partie des innovations sociales entrepreneuriales et le renouveau des outils de financement (fonds de dotation, finance participative…) et leurs enjeux. Dans un contexte d'incertitude radicale, l'ESS comme l'entreprise sociale n'échappent pas aux ambiguïtés des régulations émergentes et aux transformations massives de leur écosystème, des entreprises qui les animent et des modèles financiers qui les soutiennent.

DE L'ECONOMIE SOCIALE ET SOLIDAIRE A L'ENTREPRISE SOCIALE : ENTRE TOURNANT ENTREPRENEURIAL ET INNOVATION. UNE CLE DE LECTURE

Pascal GLEMAIN
LiRIS, EA 7481
Université Rennes 2 et CERMi
pascal.glemain@univ-rennes2.fr
Nadine RICHEZ-BATTESTI
Aix Marseille Université et LEST-Cnrs
nadine.richez-battesti@univ-amu.fr

Alors que la France adoptait la loi de juillet 2014 sur l'Economie sociale et solidaire, elle ouvrait la voie à la reconnaissance de l'entreprise sociale, le Social business en anglais. Le terme était déjà largement employé à l'échelle européenne, porté d'un côté par les travaux du réseau de chercheurs EMES et par la promotion à l'échelle communautaire du Social Business Initiative lancé en 2011 pour promouvoir un plan d'action. Il avait émergé dans les années 80, conjointement aux Etats Unis (Dees, Anderson, 2006 ; Emerson, 2006) et en Europe (Defourny et Nyssens, 2010, 2011), pour caractériser différentes transformations : de nouveaux modes d'interventions sociales plus innovants en lien avec l'innovation sociale, le développement d'une forme d'entrepreneuriat à finalité sociale en réponse à la crise de l'Etat-Providence, le développement de ressources commerciales pour les associations et plus largement l'hybridation des ressources, ainsi qu'un tournant managérial pour la plupart des organisations concernées, notamment les associations (Petrella, Richez-Battesti, 2014). Defourny, Nyssens (2010) ont caractérisé l'entreprise sociale par des indicateurs économiques (une activité continue de production de biens et services, un niveau signifiant de prise de risque économique, un niveau minimum d'emplois rémunérés), sociaux (un objectif explicite de services à la communauté, une initiative émergeant d'un groupe de citoyens, la limitation de la distribution des bénéfices) et des indicateurs caractérisant la structure de gouvernance (un degré élevé d'autonomie, un pouvoir de décision indépendant de la détention du capital, une dynamique participative multi parties prenantes). Si dans la définition de l'entreprise sociale proposée par EMES, la proximité avec l'ESS « à la française » est forte, le vocable anglais Social business peut s'en démarquer, privilégiant l'objectif social au détriment de la caractérisation des formes organisationnelles qui le supportent et de l'objectif de profit limité. En ce sens, le Social Business est parfois perçu comme une nouvelle déclinaison de l'entreprise capitaliste, une entreprise à finalité sociale, mais qui n'interroge ni la nature du projet collectif, ni les arrangements organisationnels relatifs à propriété du capital, ni la gouvernance démocratique (Fraisse *et al.*, 2016). De fait l'entreprise sociale est un terme valise dont les contours restent le plus souvent flous.

La Commission des communautés européennes lève pour partie l'ambiguïté en considérant dès 2011, que l'entreprise sociale est un opérateur de l'Economie sociale dont le principal objectif est d'avoir un impact social, plus que de faire du profit pour ses parties prenantes ou pour ses actionnaires. La Commission utilise le terme entreprise sociale pour couvrir plusieurs types d'activité : celles dont la finalité sociale est la raison de l'activité commerciale, généralement avec un fort niveau d'innovation sociale, celles dont les profits sont majoritairement réinvestis pour réaliser l'objectif social, et celles dont l'organisation ou la propriété est en lien avec une gouvernance démocratique ou participative.

Plus récemment, la Commission européenne a souhaité évaluer ce que représentait l'entreprise sociale dans un certain nombre de pays européens. Une première vague d'évaluation avait été réalisée en 2014 de façon imparfaite. La France avait ainsi souligné que la place des entreprises sociales y était sous-estimée. La France a donc fait partie d'une seconde vague (2016) qui concerne 7 pays au total (Belgique, Espagne, France, Irlande, Italie Pologne et Slovaquie). Trois dimensions ont ainsi été prescrites à l'échelle européenne pour aborder le périmètre de l'entreprise sociale : finalité sociale, dimension entrepreneuriale avec présence d'un salarié d'au moins 25 % de ressources marchandes, gouvernance inclusive. Toutefois ces trois critères sont difficiles à appréhender sur le terrain (Petrella, Richez-Battesti, 2016). Est-ce qu'une finalité sociale se limite à la prise en charge des plus démunis, ou s'étend-elle à l'ensemble des conditions de vie et de travail des individus. En d'autres termes, dans le champ des coopératives, prend-on seulement en compte des formes de coopératives sociales à l'italienne ou l'ensemble des coopératives ? Une partie des innovations sociales peut échapper à la contrainte d'un salarié. Ainsi, une AMAP a un impact social sans toutefois remplir le critère d'un salarié : est-elle hors champ de l'entreprise sociale ? Une association dans le secteur du médico-social qui tire la quasi-totalité de ses ressources d'un financement public n'est-elle pas une entreprise sociale eu égard au fait qu'elle ne tire pas 25 % de ses ressources de la vente de biens et services sur le marché. Enfin, dans l'entreprise sociale, le bénévole ne semble pas exister. N'y a-t-il pas un risque de survalorisation des ressources monétaires au détriment des ressources non marchandes et non monétaires dans le champ des entreprises sociales ? Ces questions se sont posées particulièrement en France illustrant ainsi la difficulté de s'accorder sur des critères et l'importance de la mise en débat dans chacun des pays. On le voit chercher à définir l'entreprise sociale par des critères ouvre autant de questions qu'elle n'en résout.

La place qu'occupe l'entreprise sociale prend des formes différentes selon les pays (Borzaga, Galera, 2016) relativement à la nature des régimes d'Etat-providence et des degrés d'engagement de la société civile propres à chacun des pays, selon le degré d'acceptation de l'Economie sociale dans chacun des pays et la nature des relations entre pouvoirs publics et opérateurs de services privés dont les orientations sociales sont fortes. Dans tous les cas, l'analyse nationale du périmètre de l'entreprise sociale permet de révéler des tensions qui pour certaines sont spécifiques aux contextes nationaux, pour d'autres sont transversales et qui pour l'essentiel ne sont pas évoquées dans les rapports internationaux. Nous ne pouvons dès lors que souligner l'ambiguïté des comparaisons internationales fondées sur la recherche de points communs plus que sur la compréhension des effets de contextes nationaux et l'identification des tensions générées par les évolutions en cours. En ce sens, on mesure tout l'enjeu de l'articulation entre le niveau méso, celui des organisations, et le niveau macro, celui de l'échelon national, voir des dynamiques internationales, pour aborder des dynamiques organisationnelles en voie d'institutionnalisation.

Dans tous les cas, l'intérêt porté à l'entreprise sociale exprime un tournant entrepreneurial d'une partie des acteurs de l'Economie sociale et solidaire en France. Il s'accompagne le plus souvent de l'introduction de pratiques managériales issues des entreprises capitalistes, qui pour certaines sont volontairement mises en place par les entrepreneurs sociaux, mais pour d'autres sont véhiculées par des dispositifs de politiques publiques. Cet intérêt porté à l'entreprise sociale amène aussi à mettre l'accent sur les innovations sociales exhibées par un ensemble d'acteurs dont ceux de l'économie sociale et solidaire. Ces innovations sont diversifiées : elles peuvent concerner les activités mises en œuvre, l'ensemble des processus déployés ou encore leur mode de financement ou les résultats obtenus. Enfin, la montée en puissance de l'entrepreneuriat social, et le credo au cœur du Nouveau Management Public selon lequel les modes de gestion de l'entreprise seraient efficaces et transférables à l'ensemble des organisations, qu'elles soient publiques ou privées non lucratives, rend possible l'investissement du champ social au sens large par des entreprises lucratives pour lesquelles ce champ social devient un nouveau marché

Face à la complexité du développement des entreprises sociales d'une part et de l'économie sociale qui en Europe fait aussi l'objet d'une reconnaissance institutionnelle croissante (Monzon, Chaves, 2017), nous souhaitons illustrer quelques-unes des dynamiques en cours, et les tensions qui les traversent. Ce numéro de Marché et Organisations est articulé en 2 parties. La première privilégie l'entrée Entreprendre et à travers elles le développement de formes d'organisations et de secteurs professionnels originaux. La seconde est plus orientée sur le financement.

Le premier article de Sylvain Celle et Anne Fretel, partant des débats actuels sur la finalité et le potentiel de régulation de l'entreprise sociale comme voie possible pour réinventer l'entreprise et répondre aux limites de sa forme actionnariale et de ses dérives, questionne les conditions dans lesquelles l'entreprise coopérative serait à même d'être porteuse d'un potentiel de transformation sociale. A partir d'un retour historique vers des générations d'auteurs ayant porté un modèle d'entreprise coopérative entre la première révolution industrielle et la crise dans l'entre-deux-guerres, l'article questionne tout d'abord le potentiel de transformation économique sous-jacent aux théories en soulignant que dans les conceptualisations passées, l'entreprise coopérative s'inscrit majoritairement dans un référentiel libéral ou un référentiel socialiste. En effet, chez ces différents auteurs, l'entreprise coopérative, d'un point de vue économique, n'est pas une organisation porteuse d'une dynamique totalement autonome, mais s'inscrit dans des référentiels déjà existants dont la promotion doit être source d'amélioration économique et sociale. Pour autant, l'article montre dans un second temps, que les modèles de réformes proposés, au-delà de leur diversité, ne sont soutenables que si l'entreprise coopérative est ancrée dans un référentiel politique ou moral qui l'autonomise d'un certain point de vue de la sphère économique, et qui l'ancre dans une référence extérieure. L'article questionne alors en conclusion, à partir de ce détour historique, la façon dont les entreprises sociales peuvent aujourd'hui être porteuses d'une dynamique de transformation sociale en ne s'ancrant que dans un registre économique. Au-delà des spécificités organisationnelles, il semble nécessaire pour ces entreprises de dépasser certaines limites et devenir une force de transformation sociale en puisant dans une référence extérieure, par exemple le territoire.

Melissa Boudes analyse l'entreprise sociale comme un archétype des organisations hybrides. Les pouvoirs publics voient dans ce type d'organisation un moyen de subvenir aux besoins sociaux à partir de modèles économiques viables. Quant aux entreprises, elles y perçoivent une manière d'être socialement responsables et/ou de nouvelles opportunités commerciales. Grâce à l'hybridité chacun trouverait ses attentes satisfaites. Toutefois, l'étude d'une coopérative d'activité et d'emploi (CAE), organisation hybride mêlant entrepreneuriat, salariat et coopération, montre que l'hybridité n'est pas une panacée. Au moment où les CAE s'institutionnalisent *via* la création d'un cadre juridique qui leur est propre, la CAE francilienne Coopaname déploie une stratégie visant à s'émanciper de l'hybridité. D'une part elle redéfinit les fondements discursifs sur lesquels reposent les CAE en privilégiant l'objectif de transformation sociale. D'autre part, elle poursuit l'expérimentation *via* le redéploiement des partenariats avec d'autres acteurs alternatifs afin de renforcer la dimension politique du dispositif pour réinventer l'exercice du travail.

C'est une autre perspective qui est retenue par Nadine Richez-Battesti et Delphine Vallade. A partir d'une étude de cas longitudinale, menée sur le premier incubateur régional d'innovation sociale en France créé en Languedoc-Roussillon il y a 10 ans, l'article montre d'une part le processus de construction d'un ensemble de dispositifs territorialisés pour développer les entreprises sociales fondé sur des partenariats multiples, les tâtonnements qui l'ont accompagné et les effets produits. D'autre part, il illustre comment les interactions entre l'échelon infra régional, national et international sous-tendent le développement et la légitimité du dispositif et contribuent à construire une nouvelle catégorie de l'action publique. Dans le cadre d'une analyse en termes de travail institutionnel, il questionne les compromis passés à ces différentes échelles : si l'incubateur contribue à faire bouger les lignes, et à sensibiliser à la question coopérative, les compromis autour de l'innovation sociale entrepreneuriale matérialisée dans l'entreprise sociale restent instables. 10 ans plus tard, plus que de privilégier une vision multidimensionnelle de l'innovation sociale, l'incubateur tend à survaloriser la finalité sociale et le modèle économique au détriment d'une gouvernance coopérative pourtant essentielle en ESS.

Patrick Gianfaldoni centre son analyse sur le secteur de l'Insertion par l'Activité Economique (IAE) souvent présenté comme emblématique des entreprises sociales. Secteur professionnel hétérogène, il a été influencé ces dernières années par une régulation publique hybride : une régulation tutélaire caractérisée par des mécanismes coercitifs d'intervention publique, l'objectif étant de corréler contrats et subventions à des services d'insertion de qualité fournis par des structures opérationnelles ; une régulation concurrentielle caractérisée par des mécanismes de compétition promouvant la valeur économique et l'efficience technique des productions support à l'insertion. Par conséquent, les organisations composant le secteur convergent vers l'adoption de normes entrepreneuriales. Leur viabilité économique impose d'adopter un modèle économique à finalité sociale moins adossé aux subventions publiques et plus commercial. Suivant la même dynamique, leur transformation en entreprises sociales d'insertion par le travail (ESI) s'accompagne de processus de concentration, dont l'auteur étudie les formes, les configurations et les propriétés. En particulier ont été identifiés huit types de regroupements d'entreprises et une forme de polarisation territoriale, le pôle territorial de coopération économique.

L'article souligne le rôle central de la régulation publique dans la transformation du secteur et sa contribution au développement d'un processus de course à la taille et de managérialisation.

Enfin pour clore cette première partie et assurer la transition avec la seconde, l'article d'Isabelle Guérin, Magdalena Isaurralde et Mariam Sangare interroge le fait de faire du business pour le social ou par le social, en appuyant leur analyse sur les dispositifs d'inclusion financière. Utilisant des données récentes à l'échelle globale ainsi qu'une monographie argentine, cet article décortique la construction des marchés émergents de l'inclusion financière. Du côté de l'offre, les évolutions récentes du paysage de l'inclusion financière et son articulation au *business social* mettent en évidence son dynamisme, sa capacité de renouvellement et de diversification, notamment dans l'accès aux services de base, mais aussi l'importance grandissante des logiques capitaliste et marchande. Or la demande est beaucoup plus limitée que ce qu'imaginent les promoteurs, ou décalée par rapport aux services proposés. L'ajustement entre offre et demande, loin d'être spontané, repose dans certains cas sur le rôle clef de certaines entités locales – individus (souvent de sexe féminin), groupements plus ou moins institués, organisations non gouvernementales (ONG) – dans la construction de la confiance indispensable à la création puis au bon fonctionnement de ces marchés. Ce rôle est ambigu, peu visible, mal rémunéré et encore moins reconnu, fréquemment assumé par des femmes : il interroge sur la manière dont le capitalisme, à travers les organisations de microcrédit et ses financeurs, renouvelle les modalités d'appropriation d'une certaine forme de travail gratuit.

Si les organisations d'ESS (entreprises, institutions) se trouvent bousculées dans leur modèle économique, nous constatons également des révolutions systémiques au sein des univers financiers qui les soutiennent et qui les portent.

L'article de P. Glémain et V. Billaudeau interrogent ce phénomène à partir des Fonds de Dotations, à travers l'étude d'un Fonds de Dotations Territorialisé : Angers Mécénat. Nombre de réseaux de l'ESS se sont en effet ouverts depuis 2008 avec la Loi de Modernisation de l'Economie (LME) à l'expérimentation d'une nouvelle entité juridique annoncée comme « un changement conceptuel de magnitude 7 sur l'échelle des grandes structures juridiques » (Amblard, 2010) : le Fonds de Dotation. Les auteurs analysent les atouts et les limites de cette nouvelle structure juridique de financement afin de dévoiler le caractère révolutionnaire, ou pas, de cette organisation dans le monde du financement solidaire des organisations d'ESS.

T. Cuenoud, P. Glémain et C. Desfains-Crapsky poursuivent cette investigation des innovations financières solidaires en interrogeant le financement par la foule ou « financement participatif ». En France, de nombreuses plateformes de *crowdfunding* ont vu le jour depuis 2010 pour répondre aux difficultés de financement de projets innovants. Ces nouveaux acteurs interpellent les dispositifs existants dans l'aide à la création, au développement et à l'accompagnement d'entreprises innovantes dans les territoires. Il s'agit d'une part de s'interroger sur la façon d'envisager la coopération dans les décisions de financement entre les différents acteurs de l'écosystème entrepreneurial sur un territoire, et, d'autre part, d'imaginer comment passer d'une communauté virtuelle à une communauté territorialisée par la révolution numérique dans des territoires géographiquement délimités.

J-L. Viviani nous offre, lui, une approche financière de l'impact social en discutant la justification de l'existence de l'investissement à impact social en se fondant sur une vision élargie de la création de valeur. Selon ce point de vue, l'investissement à impact social, résumé à l'investissement dans des entreprises ayant un double objectif, à la fois social et financer, ne se justifie que si ces entreprises sont capables de faire mieux qu'une simple diversification de portefeuille (investissement séparé dans les deux types d'activités). Nous discutons de la façon dont ces entreprises sont capables de dégager cette surperformance (que nous appelons création de valeur). Nous proposons également une méthode pour mesurer la création de valeur multidimensionnelle. Finalement nous montrons, en nous appuyant sur les approches de la réciprocité, pourquoi l'alignement des intérêts entre les principaux acteurs de l'investissement à impact social (investisseurs, entreprises intermédiaires financiers) constitue bien une source de création de valeur.

Si la responsabilité sociale des entreprises d'ESS a été appréhendée par les groupes bancaires coopératifs et agricoles, K. Le Rudulier choisit de l'interroger au prisme de l'entrepreneuriat des jeunes. En effet, depuis 2013, le statut d'étudiant entrepreneur semble séduire un nombre croissant de jeunes en proie à des attentes sociétales et à une finance plus responsable. L'auteur se questionne : A savoir : connaissent-ils les concepts mobilisés ? Ont-ils intégré cette dimension à leur projet ? En termes de résultats, nous formons l'hypothèse d'une tendance des jeunes à aller vers les thématiques de la RSE (comme l'environnement) malgré une forte méconnaissance de la thématique. Si la RSE est présente dans les gênes de l'entreprise sociale et solidaire et dans l'essence des projets qu'elle porte, il semble qu'elle se soit généralisée.

Les différents articles constituant ce numéro cherchent à participer à la meilleure compréhension des nouveaux défis de l'Economie Sociale et Solidaire contemporaine tant dans les dynamiques entrepreneuriales qu'ils impliquent, que dans les innovations financières qu'ils suscitent.

QUELLE CAPACITE DE REGULATION DE L'ENTREPRISE COOPERATIVE COMME FORME D'ENTREPRISE SOCIALE ? RETOUR HISTORIQUE SUR QUELQUES CONCEPTUALISATIONS THEORIQUES

Sylvain CELLE
Clersé UMR 8019, Institut Godin,
celle.sylvain@gmail.com
Anne FRETEL
Clersé UMR 8019, associée Ires
anne.fretel@univ-lille1.fr

INTRODUCTION

Malgré sa place dans les débats contemporains, l'entreprise se laisse difficilement appréhender (Segrestin et Hatchuel, 2012 ; Segrestin et *al.*, 2015 ; Supiot, 2015). Souvent confondue avec la société de capitaux, elle n'a pourtant pas d'existence juridique propre et se trouve régulièrement réduite au modèle de l'entreprise capitaliste, niant ainsi l'existence d'autres modèles comme les entreprises publiques ou les entreprises de l'économie sociale et solidaire (ESS). Cependant, la dernière crise économique et financière – qui était aussi une crise de l'entreprise et de la gouvernance actionnariale – a conduit un certain nombre d'acteurs à remettre en cause la légitimité de l'entreprise tout en proposant des alternatives à la société de capitaux. Rappelant que « la question des relations des entreprises à la société, en particulier l'idée de leur responsabilité à son égard, (re)surgit à chaque fois que le système capitaliste connait une crise grave », Michel Capron et Françoise Quairel-Lanoizelée (2015, p. 28) soulignent qu'un survol historique des rapports entre l'entreprise et la société « fait apparaitre que l'acceptabilité sociale et la légitimité de l'entreprise par la société ont toujours été mises en question de différentes manières, mais avec le même leitmotiv : quelle est la finalité de l'entreprise ? Ainsi, l'idée de sa finalité a toujours été ballotée entre deux pôles : L'entreprise doit-elle servir les intérêts de ses actionnaires (ou associés) et uniquement eux ? Ou doit-elle servir le bien public ? » (Capron et Quairel-Lanoizelée, 2015, p. 14).

A la question de la finalité de l'entreprise, outre des propositions comme la « Société à Objet Social Étendu » – qui cherche à réconcilier entreprise et société en refondant, en droit, la mission de l'entreprise en lui assignant des objectifs sociaux et environnementaux qui ne soient pas réductibles à l'intérêt des associés (Segrestin et Hatchuel, 2012 ; Segrestin et *al.*, 2015) –, ou encore les démarches de « responsabilité sociale de l'entreprise - RSE » (Capron et Quairel-Lanoizelée, 2010 ; Postel et Sobel, 2013), c'est aussi la notion d'« entreprise sociale » qui s'est imposée dans de nombreux débats à l'échelle internationale et française[1] (Draperi, 2003 ; Defourny, 2004 ; Defourny et Nyssens, 2011 ; Petrella et Richez-Battesti, 2013 ; Hiez, 2013), et en son sein, les entreprises de l'ESS sont régulièrement mises en avant pour souligner leur capacité à mieux articuler entreprise et société. C'est plus particulièrement l'exemple des entreprises coopératives qui est discuté et présenté comme un modèle à suivre pour dépasser les limites de la société anonyme et de sa gouvernance actionnariale, et, au-delà, c'est aussi leur potentiel de régulation mésoéconomique et macroéconomique qui est parfois mis en avant face à la crise (Draperi, 2011 ; Ansart et *al.*, 2014). Cette capacité de régulation s'appuie sur des valeurs (égalité, liberté, solidarité) et des principes de fonctionnement (lucrativité limitée, juste répartition des excédents, gestion démocratique, libre adhésion, double qualité, etc.) communs aux entreprises de l'ESS (Petrella et Richez-Battesti, 2013).

Dans cet article, nous souhaitons discuter des conditions qui permettraient aux entreprises de l'ESS, et plus particulièrement aux entreprises coopératives, de proposer une autre forme de régulation économique et sociale à travers un détour théorique et historique portant sur le cas français depuis le XIXe siècle. Nous nous centrons sur des auteurs ayant mobilisé la coopérative dans une optique de changement social et s'inscrivant dans des phases de crises profondes du système économique. Il ne s'agit donc pas de faire un retour sur l'ensemble des pensées de l'entreprise coopérative, mais de privilégier le point de vue d'auteurs qui ont questionné les régulations économiques à l'œuvre et qui ont cherché à poser la coopérative comme une alternative envisageable (*cf.* encadré méthodologique). Il s'agira, à travers ce détour historique, de voir quels ont été les ressorts, notamment économiques, de la capacité de l'entreprise coopérative à produire des régulations et à quelles conditions cette organisation est en capacité de produire de l'intérêt général.

Nous commencerons par mettre en avant que le mode de régulation économique porté par l'entreprise coopérative peut aussi bien s'inscrire dans un cadre libéral que socialiste (1). Puis nous montrerons que l'entreprise coopérative est pensée comme capable de produire de

1 La diffusion de la notion d'« entreprise sociale » a permis de remettre au cœur du débat la question de la finalité et de l'intérêt général des entreprises de l'ESS, au-delà de leurs statuts spécifiques et de la défense de l'intérêt collectif de ses membres.

l'intérêt général si son action ne s'inscrit pas uniquement dans la sphère économique, mais s'ancre dans une « sphère extérieure », morale ou politique (2).

Encadré méthodologique

L'histoire de la pensée coopérative est marquée par une multitude de ses conceptualisations théoriques. Elles ne sont pas univoques et ont été développées par des auteurs très différents dans leurs positionnements politiques ou économiques et dans les phases historiques où ils s'inscrivent (voir notamment Gueslin, 1991 ; Desroche, 1991 ; Ferraton, 2007 ; Draperi, 2012). Ne cherchant pas à dresser un panorama exhaustif de la pensée coopérative, nous avons choisi de nous concentrer sur des auteurs ayant écrit en période de profonds bouleversements économiques et cherchant à travers l'entreprise coopérative à promouvoir une société plus juste pour les travailleurs et les consommateurs. Nous avons donc privilégié des auteurs que l'on pourrait qualifier de « progressistes ». Autre point important, notre lecture des penseurs de l'entreprise coopérative s'inscrit dans la démarche d'une lecture synchronique par la méthode structurale développée par Dockès et Servet (1992). Pour ces derniers, il faut repenser les textes et les interpréter à partir du contexte dans lequel ils ont été produits et les relire à partir d'une problématique commune entre les différentes périodes étudiées. L'entrée commune est alors, pour nous, de regarder la façon dont l'entreprise coopérative a été pensée comme une organisation capable de produire un mode alternatif de régulation permettant de sortir des contradictions économiques et sociales observées.

Dans le prolongement de la démarche de Ferraton (2007), nous avons choisi de nous référer à des « générations d'auteurs ». En croisant histoire des idées et histoire des faits, une génération d'auteurs sera définie sur la base d'une proximité de pensée, d'une contemporanéité et d'une sensibilité proche face à des événements marquants. Pour chacune des générations mises en lumière, nous nous centrons sur un ou deux auteurs qui nous semblent emblématiques par la cohérence de leur pensée et l'influence de leurs écrits. Cette approche offre une lecture non exhaustive assumée, mais permet, nous semble-t-il, de faire ressortir des caractéristiques communes et des inflexions dans l'idée d'entreprise coopérative afin d'en faire ressortir des registres de justification. Nous pouvons distinguer trois temps forts (*cf.* tableau ci-dessous) :

- Le premier, lors de la première moitié du XIXe est marqué par les débuts de la Révolution industrielle, l'émergence de la question sociale (Castel 1995) et les difficultés que connaît la France à stabiliser son régime politique. L'entreprise coopérative va alors être posée comme une nouvelle forme d'organisation du travail capable de concilier efficacité économique et entente sociale. Elle est portée par des auteurs comme Saint-Simon ou Blanc (Fretel, 2008) ;

- Le deuxième, au tournant du XIXe et du XXe siècle est marqué par la Seconde Révolution industrielle et la prise de conscience du risque lié au manque de régulations collectives dans la cohésion de la société. L'entreprise coopérative est alors perçue comme un moyen de promotion de la République avec des auteurs tels que Jaurès ou Mauss (Fretel, 2008 ; Celle, 2013) ;

- Le troisième, pendant l'entre-deux-guerres et notamment au tournant des années 30, est marqué par une crise économique et politique et l'institutionnalisation de l'Etat social. L'entreprise coopérative est alors vue comme une organisation à même de réguler plus justement et efficacement l'Etat et le marché avec des auteurs tels que Lavergne ou Fauquet (Celle, 2014).

La difficulté d'une plongée historique et théorique autour de l'entreprise coopérative est que les termes mêmes d'« entreprise » et de « coopérative » ne sont pas des termes stabilisés et très usités avant la fin du XIXe siècle, faute notamment d'un droit et de statuts juridiques clairement définis (Ségrestin et Hatchuel, 2012 ; Seeberger, 2014). Le quasi-interdit posé par la Révolution française aux groupements de personnes n'a cependant pas empêché le développement de corps intermédiaires ayant des contours hérités de l'histoire tout en s'adaptant au nouveau contexte économique et politique. Société de secours mutuels, associations de producteurs, sociétés de prévoyance, coopératives de consommation, sont autant de tentatives concrètes de réponses aux manques de régulations vécues. L'« entreprise coopérative » n'a donc pas un contour unique et bien stabilisé, d'autant plus qu'elle s'est développée dans une pluralité d'activités (production, consommation, agriculture, etc.) et de contextes historiques et géographiques (Toucas, 2005 ; Draperi, 2012). D'ailleurs les auteurs étudiés ne parlent pas toujours de coopérative, certains préfèrent le terme générique d'« association » entendue alors dans une acception large. Si pour la clarté de l'article nous privilégions le terme d'« entreprise coopérative », il se peut que par moment, en lien avec les propos des auteurs, que nous lui substituions le terme d' « association » ou d' « association coopérative ».

Résumé des générations d'auteurs et des temps forts

Temps fort	Auteurs étudiés	Modèles d'entreprise coopérative	Fait marquant dans l'histoire des idées coopératives	Fait marquant dans l'histoire des faits coopératifs
Première Révolution industrielle (1815-1850)	Saint-Simon (1760-1825)	Le système industriel	Associationnisme utopique	Groupement de personnes sans reconnaissance légale Reconnaissance de l'association par la Seconde République
	Blanc (1811-1882)	L'atelier social		
Seconde Révolution industrielle (1880-1910)	Jaurès (1859-1914)	Coopérative socialiste – Verrerie ouvrière l'Albi	République coopérative	La loi de 1867 sur les sociétés commerciales offre un cadre légal à la coopérative Soutien des pouvoirs publics à la coopération de production Division puis unification de la coopération de consommation
	Mauss (1872-1950)	Coopérative de consommation		
Crise de l'entre-deux-guerres (1920-1940)	Lavergne (1884-1975)	Coopérative et consommation et régie coopérative	Secteur coopératif	Reconnaissance et concentration du mouvement coopératif (FNCC, Magasin de gros, Revue des études coopératives, etc.)
	Fauquet (1873-1953)	Institution coopérative et secteur coopératif		

1. L'ENTREPRISE COOPERATIVE, DEUX DECLINAISONS POSSIBLES D'UNE AUTRE REGULATION ECONOMIQUE : ENTRE LIBERALISME ET SOCIALISME

La crise financière et économique de 2008 a été l'occasion de souligner la capacité de l'ESS, et de l'entreprise coopérative en particulier, à proposer des innovations sociales face aux conséquences de la crise, tout en créant des emplois et en étant au cœur du développement des territoires. Certains acteurs ont même parfois présenté les entreprises de l'ESS comme une véritable alternative au système économique dominant, renouant ainsi avec les projets historiques de l'Associationnisme (Laville, 2010) ou de la République coopérative (Draperi, 2012). Si les entreprises de l'ESS sont parfois présentées comme ayant une certaine autonomie et une dynamique propre à même d'impulser une autre régulation de l'économie, on observe que les conceptualisations passées de l'entreprise coopérative, au-delà de la diversité des courants de pensée, semblent au contraire, au moins sur un plan économique, s'ancrer dans deux grands référentiels : un référentiel libéral (1.1) et un référentiel socialiste (1.2)[2].

1.1. Une déclinaison dans le sillage du libéralisme

Dans la première moitié du XIXe siècle, Saint-Simon et Blanc, qualifiés de socialistes utopistes, font d'une nouvelle organisation du travail l'élément clef pour mettre fin aux désordres économiques, sociaux et politiques qu'ils observent. Leur modèle d'association coopérative (régime industriel pour Saint-Simon et atelier social pour Blanc) valorise, d'un point de vue économique, un certain nombre de principes libéraux tels que la liberté individuelle, l'importance de la propriété privée[3], la préservation du principe de concurrence et une critique forte sur la capacité d'intervention de l'Etat essentiellement perçu sous le prisme d'un Etat bureaucratique. Loin de prôner une société d'égaux, ils cherchent à promouvoir l'initiative individuelle, à favoriser l'égalité des conditions de départ et à faire du travail le fondement de la distribution des richesses. Critiquant les rentiers, Saint-Simon souligne que « dans une coopération, où tous apportent une capacité et une mise, il y a

---

[2] Cette partition entre ces deux référentiels est également soulignée chez les historiens de l'ESS tels que Gueslin (1998) ou Desroche (1983, 1991) ou plus récemment dans des recherches sur l'histoire des idées associatives et coopératives (Ferraton, 2007).

[3] Saint-Simon déclare ainsi : « L'établissement du droit de propriété et des dispositions pour le faire respecter est incontestablement la seule base qu'il soit possible de donner à une société politique », Saint-Simon (1817, p. 89). Et Blanc « Que M. Thiers appelle la propriété un *droit*, et qu'il le déclare essentiel à la société, inhérent à la nature humaine, je n'aurais garde d'y contredire. Il est certain que l'homme ne peut vivre qu'en s'appropriant les objets extérieurs [...]. Oui la propriété est un droit naturel, oui il importe de le consacrer » Blanc (1848) souligné par l'auteur.

véritablement association et il n'existe d'autre inégalité que celle des capacités et des mises, qui sont l'une et l'autre nécessaires, c'est-à-dire inévitables […]. Chacun obtient un degré d'importance et des bénéfices proportionnels à sa capacité et à sa mise ; ce qui constitue le plus haut degré d'égalité qui soit possible et désirable »[4]. Blanc est sur la même ligne à la différence près qu'il considère que les inégalités de position à l'arrivée ne doivent pas forcément prendre la forme de distinctions monétaires. « Les hommes n'ayant ni les mêmes facultés ni les mêmes besoins, et ne pouvant vivre en société que par la mise en œuvre d'aptitudes essentiellement diverses, il est clair que prêcher l'égalité *absolue* serait un non-sens […]. Mais ce que j'ai affirmé […], c'est que, si la *hiérarchie par capacités* est nécessaire et féconde, il n'en est pas de même de la *rétribution par capacités* »[5]. Le système d'association coopérative ainsi prôné revient à valoriser une société de petits producteurs, permettant à chacun de retrouver la mise à disposition de ses moyens de production, permettant, d'un certain point de vue, de réguler le capitalisme naissant dont Saint-Simon et Blanc perçoivent les dérives.

Cet ancrage libéral se retrouve aussi dans une partie des réponses proposées pour sortir de la crise durant l'entre-deux-guerres. L'économiste Bernard Lavergne a ainsi contribué au renouvellement théorique autour de l'entreprise coopérative en dialoguant avec des penseurs néolibéraux au cours de l'entre-deux-guerres (Pirou, 1939 ; Audier, 2012). Il propose de remettre les besoins du consommateur au cœur du marché et de l'Etat à travers l'Ordre coopératif, un nouvel ordre économique constitué par un double mouvement de coopératives de consommation : les « coopératives libres » ou les « coopératives d'en bas » qui « sortent spontanément du sol » et les « régies coopératives » ou « coopératives d'en haut » qui « découlent de la volonté des autorités suprêmes de l'Etat : Parlement et pouvoirs constitués[6] ». Plus globalement, cet Ordre coopératif « n'est autre chose qu'un effort puissant et méthodique pour introduire la plus grande justice possible dans les relations économiques, tout en acceptant comme donné l'égoïsme individuel et les instincts fondamentaux de l'homme, bref, tout en respectant la loi de la valeur économique qui, par essence, est amorale autant que souveraine dans les faits[7] ». En effet, Lavergne s'inscrit dans la tradition du libéralisme en reconnaissant le postulat de la concurrence ou la loi de l'offre et la demande, ou en promouvant le principe d'« opportunité sociale » afin de justifier des inégalités entre les individus et l'importance d'institutions comme la spéculation, la propriété privée ou l'héritage. Cependant, conscient que la concentration du capitalisme au cours de l'entre-deux-guerres a remis en

[4] Saint-Simon (1819, p. 151).
[5] Blanc (1839, p. 140-141), souligné par l'auteur.
[6] Lavergne (1936, p. 36).
[7] Lavergne (1926, p. 70).

cause le postulat de la concurrence, il considère que l'augmentation des inégalités et l'exacerbation de la lutte des classes ont aussi remis la question sociale à l'ordre du jour[8] et représentent un risque pour la démocratie. L'Ordre coopératif est justement pour lui la solution à condition de reformuler la « trinité des formules » de la doctrine coopérative (abolition du profit, du salariat et des classes sociales) car l'Ordre coopératif démocratise le profit et améliore les conditions du salariat sans remettre en cause l'efficience du capitalisme et la société de classes. Défenseur de l'intervention de l'Etat et des services publics pour réduire les inégalités et améliorer la concurrence - position commune à de nombreux néo-libéraux de l'époque -, il promeut cependant une gestion de ces derniers par les consommateurs par l'intermédiaire des régies coopératives afin d'associer « à la répartition démocratique du profit - seul fruit de la gestion d'Etat - la fécondité de la libre initiative et de la responsabilité de l'industrie privée[9] », car de quelques façons qu'ils s'y prennent, « les pouvoirs publics ne sauraient être bon industriel, ni bon commerçant[10] ».

1.2. Une déclinaison dans le sillage du socialisme

Le mouvement socialiste a entretenu des relations proches – mais parfois tendues – avec le mouvement coopératif dès ses origines au XIXe siècle – notamment avec le « socialisme associationniste » –, mais c'est véritablement au tournant du XIXe et dans la première moitié du XXe siècle que l'on observe un renouvellement théorique de l'approche socialiste de la coopérative avec notamment les contributions de Jean Jaurès, Marcel Mauss et Georges Fauquet.

Jaurès et Mauss réfléchissent aux entreprises coopératives dans la perspective d'un « socialisme des trois piliers » mêlant action politique, syndicale et coopérative. D'abord critique des coopératives, Jaurès affinera notamment sa conception socialiste de la coopérative à l'occasion de la création de la Verrerie Ouvrière d'Albi en 1895 (Celle et Fretel, 2015). Pour lui, les coopératives peuvent être un moyen de résistance et d'éducation du prolétariat au socialisme ainsi qu'une esquisse de propriété sociale, car les coopératives ne sont pas seulement « des palliatifs aux misères présentes, mais un commencement d'organisation socialiste, des germes de communisme semés en terre capitaliste[11] ». Pour autant, pour Jaurès, la République sociale sera pleinement réalisée quand sera transformée la propriété capitaliste en

8 Pour Lavergne la question sociale est « *avant tout, une question de partage, un problème de proportion à établir entre les diverses parts du revenu national, obtenu par chacune des classes qui coopèrent à la production* » (1926, p. 52).
9 Lavergne (1926, p. 485).
10 Lavergne (1926, p. 518).
11 Jaurès (1901).

propriété sociale en prenant le pouvoir sur l'Etat et en mettant en place un régime économique collectiviste, c'est-à-dire la « substitution de la nation, de la collectivité sociale aux individus dans la propriété des moyens de production. [...] Il n'y aura, au sens plein du mot, qu'un seul industriel, qu'un seul commerçant, qu'un seul propriétaire foncier : la nation[12] ». Une fois cette propriété de la nation advenue, elle sera gérée au quotidien par les coopératives et les syndicats afin de donner une certaine souplesse au système économique et réaliser une véritable citoyenneté économique. Ainsi, « la nation, investie du droit social et souverain de propriété, aura des organes sans nombre, communes, coopératives, syndicats, qui donneront à la propriété sociale le mouvement le plus souple et le plus libre, qui l'harmoniseront avec la mobilité et la variété infinie des forces individuelles[13] », mais ces organes ne doivent jamais être « isolés de la pensée maîtresse du socialisme[14] » au risque de tomber dans les dérives du corporatisme.

Mauss considère aussi que les organisations coopératives et syndicales sont à la base de l'action socialiste « par elles, l'émancipation totale du prolétariat se commence à l'intérieur de la société capitaliste. Le syndicat et la coopérative socialistes sont les fondements de la société future ». Pour autant, ce n'est pas suffisant (*cf.* 2.2). Si Mauss s'éloigne de l'idéal d'une République coopérative de consommateurs à la fin des années 1900 et se rapproche sur certains aspects de Jaurès, les coopératives de consommation qu'il défend assureront l'« instauration de la propriété industrielle et commerciale sous le contrôle de la nation, par l'instauration d'une forme de propriété collective appropriée aux diverses collectivités dont se compose la nation et qui en sont actuellement plus ou moins privées[15] ». Au sein de la nationalisation venue d'en bas au côté des syndicats et des mutuelles, les entreprises coopératives participent à l'avènement d'une véritable démocratie des consommateurs.

Fauquet ne fait pas référence explicitement au socialisme, mais inscrit clairement sa réflexion dans les débats économiques sur le socialisme dans les années 1930 (Pirou, 1939). Promoteur d'un secteur coopératif réunifiant toutes les formes de coopératives dans « l'économie organisée ou en voie d'organisation[16] » au côté des secteurs public, capitaliste, et privé, Fauquet considère que la spécificité des institutions coopératives est d'être des associations de personnes qui poursuivent leur but au moyen d'une entreprise commune. L'objectif du secteur coopératif est notamment de réduire la place du secteur capitaliste par un processus d'intégration coopérative aux phases initiale et finale de l'économie, et de créer des liens avec le secteur public afin de permettre la « rencontre de

[12] Jaurès (1895).
[13] Jaurès (1901b).
[14] Jaurès (1900).
[15] Mauss (2013, p. 255).
[16] Fauquet (1942, p. 12).

deux systèmes, et, en même temps, rencontre de deux principes » entre « l'organisation étatique, organisation qui part d'en haut » et l'organisation coopérative « organisation de bas en haut » et ainsi de développer « une chaine de relais entre les centres directeurs de l'économie et les profondeurs de la vie sociale[17] ». Ainsi l'économie organisée autour des secteurs coopératif et public constitue pour Fauquet une régulation alternative au système économique libéral : « les réactions automatiques du marché assuraient au moins théoriquement, l'équilibre de l'économie libérale : c'est du libre jeu des éléments groupés fédérativement dans les organisations coopératives que l'économie dirigée peut espérer une même action régulatrice[18] ».

On voit à travers ces auteurs, que d'un point de vue économique, l'entreprise coopérative est rarement pensée comme une organisation à part entière, un « tiers secteur » porteur d'une régulation spécifique, elle est plutôt pensée dans le cadre des référentiels plus larges du libéralisme ou du socialisme. Une première raison peut être le fait que pour les auteurs étudiés, les statuts de la coopérative n'ont pas l'importance qu'on leur connaît aujourd'hui. L'entreprise coopérative n'est pas analysée comme un mode d'entreprendre spécifique adossé à une gouvernance bien définie. La seconde raison, la plus importante à nos yeux, est le fait que la coopérative n'est pas uniquement appréhendée comme une organisation économique, elle est pensée dans le cadre d'une régulation sociale, plus macro, et, à ce niveau, elle est pensée de façon à être ancrée à une référence extérieure à la sphère économique.

2. AU-DELA DE LA SPHERE ECONOMIQUE, L'ANCRAGE EXTERIEUR DU POUVOIR DE REGULATION DE L'ENTREPRISE COOPERATIVE

Trait commun à l'ensemble des générations d'auteurs étudiés, leurs visions de l'entreprise coopérative cherchent à sortir de l'approche utilitariste de l'intérêt général[19]. Leurs modèles ne se cantonnent pas seulement à la sphère économique, et l'entreprise coopérative est pensée comme le vecteur d'une régulation d'ensemble de la société. Mais tous soulignent, à leur manière, que l'entreprise coopérative seule n'est pas en mesure d'assurer cette régulation d'ensemble et qu'elle doit être le relais

[17] *Ibid.*, p. 50.
[18] *Ibid.*, p. 51.
[19] On peut résumer cette approche à travers le résumé qu'en fait Chevalier (2013) « l'approche utilitariste, dominante dans la pensée anglo-saxonne, fait de l'intérêt général un intérêt commun, produit de l'ajustement spontané des intérêts particuliers : la confrontation de ces intérêts sur le marché suffirait pour le dégager ; le rôle de l'Etat serait seulement de créer le cadre indispensable pour permettre à tous les intérêts de s'exprimer ».

de valeurs et d'objectifs communs puisés soit en référence à un cadre moral, soit en référence à l'affirmation d'une vision politique de l'Etat porteur de l'intérêt général.

2.1. Un ancrage moral

Le libéralisme économique de Saint-Simon et Blanc, et la confiance qu'ils tirent de l'idée que la poursuite par chacun de son propre intérêt est un bon guide des conduites individuelles, ne se comprend que par le fait qu'ils considèrent que l'entreprise coopérative s'intègre dans le cadre moral d'une religion rénovée[20] qui trouvera son avènement avec l'instauration d'une nouvelle organisation du travail. Comme le souligne Saint-Simon, « la nouvelle organisation [...] déduira les institutions temporelles, [...] du principe que tous les hommes doivent se conduire à l'égard des uns des autres comme des frères. Elle dirigera toutes les institutions »[21]. Blanc va dans le même sens : l'entreprise coopérative assurera « la concorde de chaque intérêt particulier avec l'intérêt général [...], en un mot la réalisation de la doctrine du Christ »[22]. L'intérêt général est défini par ce biais, et les individus doivent s'y conformer : « la religion doit diriger la société vers le grand but de l'amélioration la plus rapide possible du sort de la classe la plus pauvre » (Saint-Simon). Leur régime coopératif est le support opérationnel de la réalisation de cette croyance, il canalise les conduites individuelles.

Pour Lavergne aussi, l'organisation coopérative a la particularité d'assurer la conciliation des intérêts ce que ne permet pas le fonctionnement des autres formes d'économies. Il souligne qu'« au sens économique du mot, la justice est un concept, par définition même, amoral. Elle est simplement l'expression de la loi mécanique de l'offre et de la demande[23] ». A l'inverse de l'Ordre coopératif qui s'appuie au contraire sur un sentiment moral, il produit alors « un désir humain, une volonté subjective : celle d'introduire plus d'égalité dans la rémunération des diverses classes sociales[24] » afin d'aller vers l'harmonie dans la société par la qualité commune des individus et des classes en tant que consommateur. Tous les intérêts ne produisent pas le même effet, seuls les intérêts des consommateurs ou des usagers de services publics « sont ceux de tout le monde, ou du moins tendent à se confondre avec ceux de

---

[20] Très critiques vis-à-vis de l'ordre religieux institué, Saint-Simon et Blanc puisent dans la religion ce qui peut assurer le bonheur des hommes dès maintenant. Desroches qualifie leur croyance de « croyance laïcisée et temporalisée » : Dieu n'est plus objet de la croyance, c'est la recherche du bonheur matériel qui est première.
[21] Saint-Simon (1825, p. 8).
[22] Blanc (1849, p. 9).
[23] Lavergne (1926, p. 60).
[24] *Ibid.*, p. 42.

tout le monde[25] ». Conciliant l'efficacité économique du libéralisme avec les principes moraux de la coopération, « l'ordre coopératif permet la socialisation sans étatisation, il autorise une socialisation indéfinie des entreprises économiques sans compromettre ni libertés publiques ni libertés privées. [...] Il est le seul principe social qui réussisse à faire sortir du conflit des égoïsmes individuels et de la médiocrité humaine un ordre juste et libéral[26] ».

Dans une perspective plus socialiste, Fauquet considère aussi que l'entreprise coopérative produit une régulation car elle est ancrée dans ces valeurs morales. La régulation produite par le secteur public ne peut-être la seule solution, car « l'efficacité de la contrainte a des limites et que là précisément où la contrainte échoue, la Coopération réussit, apportant avec elle, par surcroit, des valeurs humaines, des valeurs morales[27] ». Cet ancrage moral de l'entreprise coopérative est essentiel, c'est ce qui lui assure son efficacité économique car « défaillante dans sa tâche morale, elle serait défaillante dans sa tâche économique[28] ». Cet ancrage moral permet alors de réguler les conduites : l'autonomie de chaque coopérateur « se trouve dans une certaine mesure limitée [...] par l'effet d'une discipline librement consentie par chacun, dans l'intérêt de chacun et de tous. Cette discipline, condition de la liaison technique la plus étroite, a pour soutien le lien moral de solidarité qui déjà est à l'origine de la coopérative, mais que l'éducation doit consolider, puis développer pour qu'il porte tous ses fruits[29] ». La morale de Fauquet n'est donc pas religieuse comme celle de Saint-Simon ou Blanc. Pour lui, cet ancrage moral doit permettre de refaire le pont entre enjeux économiques et enjeux sociaux. Si le développement du capitalisme « a peu à peu détaché l'économique du social et ainsi donné naissance aux sèches réalités qui ont servi de modèle aux abstractions des économistes[30] », les coopérateurs « prennent conscience des liens qui les unissent » et ainsi les entreprises coopératives « contribuent comme tout développement de la coopération à rétablir la prédominance du social sur l'économique[31] ».

La vision de l'entreprise coopérative et son potentiel de régulation s'entend par ses auteurs en lien avec sa capacité à s'ancrer dans un cadre moral. Son action économique est subordonnée au fait que l'entreprise coopérative assure la diffusion de valeurs morales qui tempèrent les intérêts individuels assurant alors la promotion de l'intérêt général. On pourrait étendre la conclusion que Chanial (2001) adresse aux socialistes associationnistes du XIXe siècle à tous les auteurs qui associent

[25] Lavergne (1936, p. 22).
[26] Lavergne (1926, p. 47).
[27] Fauquet (1942, p. 49).
[28] *Ibid.*, p. 25.
[29] *Ibidem.*
[30] *Ibid.*, p. 44.
[31] *Ibid.*, p. 36.

entreprise coopérative et ancrage moral et souligner que cette vision de la coopérative est conçue comme une « matrice infra-politique »[32] ce qui n'est pas sans lien avec leur vision critique de l'Etat (*cf.* 1.1) : c'est « une politique, [qui] prétend résoudre la question de l'être ensemble des hommes, fixer les principes et les modalités de leur union. Mais indifférente à l'égard des formes du régime politique, défiante à l'égard du principe de souveraineté du peuple, dénonçant les chimères politiques comme l'égalité et la liberté, elle se construit en dehors voire contre les catégories politiques héritées de l'événement révolutionnaire »[33]. Cette option n'est pas celle choisie par des socialistes comme Mauss et Jaurès qui relient entreprise coopérative et intérêt général porté par l'Etat, mais un Etat renouvelé, que l'on peut qualifier d'Etat social.

2.2. Un ancrage dans l'Etat

Jean Jaurès et Marcel Mauss sont deux penseurs particulièrement représentatifs de cette manière de penser l'entreprise coopérative en l'ancrant à la sphère politique et en l'adossant à l'Etat social, et en mettant ainsi l'association coopérative au service de l'intérêt général.

A travers l'expérience de la Verrerie Ouvrière d'Albi, Jaurès donne à voir cette articulation qu'il privilégie entre entreprise coopérative et Etat (Celle et Fretel, 2015). La République sociale pour Jaurès n'est pas l'« économisation » de la République comme on le retrouve chez des penseurs de la République coopérative ou industrielle, c'est pour lui au contraire l'extension politique de la République au domaine de l'économie : « Le prolétariat dans son ensemble commence à affirmer que ce n'est pas seulement dans les relations politiques des hommes, c'est aussi dans leurs relations économiques et sociales qu'il faut faire entrer la liberté vraie, l'égalité, la justice. Ce n'est pas seulement la cité, c'est l'atelier, c'est le travail, c'est la production, c'est la propriété qu'il veut organiser selon le type républicain. A un système qui divise et qui opprime, il entend substituer une vaste coopération sociale où tous les travailleurs de tout ordre, travailleurs de la main et travailleurs du cerveau, sous la direction de chefs librement élus par eux, administreront la production enfin organisée[34] ». Dans ce cadre, l'entreprise coopérative ne peut être une « simple coopérative » où les salariés associés géreraient leurs intérêts. Pour lui, l'idéal socialiste oblige les individus et les groupes à regarder au-dessus de leur propre intérêt particulier ou corporatiste, « les coopérateurs au-delà des coopératives et de la coopération elle-même, les verriers au-delà de la Verrerie ouvrière, tous au-delà de la vie corporative ; il les oblige à se mouvoir par la pensée dans la communauté

[32] Expression utilisée par Chanial (2001), le terme de matrice désignant « *un paradigme alternatif, une matrice pour penser et instituer l'ordre social nouveau* », p. 189.
[33] Chanial (2001), *Ibid.*, p. 189.
[34] Jaurès (1903).

ouvrière, c'est-à-dire dans l'humanité elle-même[35] ». Ainsi les statuts de la coopérative verrière doivent assurer non pas la promotion de la « verrerie aux verriers » mais la « verrerie à la Nation », ce qui se traduit par l'affectation d'une partie des bénéfices de la verrerie à des œuvres d'intérêt général et la présence au sein du conseil d'administration de représentants de la classe ouvrière dans son ensemble. L'entreprise coopérative est ainsi pensée comme praxis de l'Etat socialiste (Antonini, 2004 ; Fretel, 2008).

En rattachant l'entreprise coopérative à la Nation et à l'idéal socialiste, Mauss adosse lui aussi l'entreprise coopérative à l'intérêt général et à la sphère politique. En effet, le socialisme est « essentiellement une action sociale consciente dirigée dans l'intérêt de la collectivité », « il prétend être le dépositaire des intérêts vrais de toute la partie active de la société » et même « le socialisme a toujours prétendu être le gérant véritable des intérêts de l'humanité[36] ». Mais critique à l'égard de la violence fasciste et bolchévique des années 1920, il défend un socialisme qui « doit être l'œuvre de la "volonté générale" des citoyens[37] ». Or cette volonté générale s'exprime notamment à travers les coopératives de consommation. En effet, l'histoire du mouvement coopératif montre comment « quelques trouvailles heureuses, des formules juridiques et économiques viables finissent par se grouper en des organisations puissantes des individus de plus en plus nombreux, des intérêts de plus en plus graves ; et que la folle utopie réalisée obscurément dans quelque tout petit milieu, aboutisse à quelque imposant mouvement d'intérêt national cette fois, et d'une telle force qu'il s'impose aux pouvoirs publics[38]». C'est aussi ce qu'il souligne à propos de la nationalisation par en bas à laquelle participent les coopératives de consommation. En rattachant l'entreprise coopérative à la nation, Mauss étend la démocratie aux pratiques communes et conscientes qui se développent dans nos activités économiques quotidiennes, et qui contribuent à la production de l'intérêt général.

Si pour Jaurès ou Mauss l'entreprise coopérative est une forme d'organisation intéressante, elle ne peut seule, par son fonctionnement économique, assurer une réelle transformation sociale. Il importe à leurs yeux qu'elle soit reliée, ancrée, à l'esprit socialiste incarné par l'Etat démocratique porteur de l'intérêt général et capable d'assurer la coordination des intérêts communs vers un futur désirable.

---

[35] Jaurès (1898).
[36] Mauss (1899).
[37] Mauss (1924).
[38] Mauss (2013, p. 367).

CONCLUSION

Quelle capacité l'entreprise coopérative a-t-elle pour impulser une autre régulation ? La simple affirmation de ses valeurs et d'un mode de gouvernance spécifique, garanti par ses statuts, suffit-il à assurer une régulation concourant à l'intérêt général ? Plusieurs auteurs (voir par exemple Petrella et Richez-Battesti, 2013 ; Ansart et *al.*, 2014) soulignent que ce qui sépare une entreprise coopérative d'une autre forme d'entreprise sociale, c'est qu'au-delà des buts poursuivis, « ce sont aussi la méthode et les processus de réalisation de l'activité qui comptent [...]. Le comment est loin d'être neutre » (Petrella et Richez-Battesti, 2013). L'entreprise coopérative disposerait alors de « spécificités méritoires » (Bloch-Lainé, 1994) : gouvernance démocratique, propriété collective, lucrativité limitée, principe de double qualité, autant d'éléments qui assurent l'émergence d'un « intérêt collectif partagé » (Ansart et *al.*, 2014). Pour autant est-ce suffisant pour assurer une régulation tant socio-économique que socio-politique (Laville, 2010b) ?

Le retour sur la façon dont l'entreprise coopérative a été pensée par des auteurs « progressistes » au cours du XIXe siècle et au début du XXe siècle nous suggère que ce n'est pas suffisant. D'une part, l'entreprise coopérative peine à affirmer un mode de régulation économique proche d'une « troisième voie ». Elle a plutôt été pensée, certes comme une réponse aux crises du capitalisme, mais comme une réponse puisant dans un registre libéral ou socialiste. D'autre part, si les auteurs étudiés valorisent le potentiel de régulation économique de l'entreprise coopérative (autonomie et solidarité, potentiel d'innovation, réduction des comportements opportunistes ...), ils soulignent dans le même temps un certain nombre de ses limites - que l'on qualifierait aujourd'hui de risques d'isomorphismes institutionnels (DiMaggio et Powell, 1983) ou de risques de dilution du projet collectif (Blumberg, 1973) – et le manque de potentiel de régulation macro qu'elle peut porter si elle n'est pas ancrée sur un « extérieur » puisé dans un registre moral ou politique. C'est cette référence extérieure qui assure et soutient le potentiel de transformation sociale de l'entreprise coopérative.

Si le cadre moral semble aujourd'hui dépassé et que la vision d'un tat porteur de progrès social ne fait plus consensus, quelle pourrait être pour la période actuelle cette référence extérieure ? Le territoire semble une piste possible pour assurer une forme renouvelée de l'intérêt général. En effet, un certain nombre d'auteurs soulignent son importance et tout l'enjeu qu'il y a à penser le lien entre les entreprises de l'ESS et le territoire (Demoustier et Richez-Battesti, 2010 ; Draperi, 2011). Si l'on suit notre fil conducteur, le territoire pourrait alors être ce point d'ancrage, cet espace nécessaire (tel qu'il ressort des auteurs étudiés dans cet article) pour assurer un lien entre sphère économique et sphère politique, il serait « un point d'appui, un projet partagé et une représentation collective qui encastre l'activité économique » (Chochoy, 2015), rendant ainsi possible une régulation politique prenant appui sur de l'entreprise coopérative.

BIBLIOGRAPHIE

ANSART, S., ARTIS, A. et MONVOISIN, V., 2014, « Les coopératives : agent de régulation au cœur du système capitaliste ? », *La Revue des Sciences de Gestion,* N° 269-270, vol 5, p. 111-119.

ANTONINI, B., 2004, *Etat et socialisme chez Jean Jaurès*, L'Harmattan, Paris.

AUDIER, S., 2012, *Néo-libéralisme(s). Une archéologie intellectuelle*, Grasset, coll. « Mondes vécus », Paris.

BLANC, L., 1839, *L'organisation du travail*, Ed. 1847, Société de l'industrie fraternelle, 5e, Paris.

BLANC, L., 1848, *Réponses à M. Thiers par le citoyen Louis Blanc*, paru par la suite sous le titre de *Droit au travail*, Librairie du progrès, Paris.

BLANC, L., 1849, *Le catéchisme des socialistes*, Bureaux du « Nouveau-Monde », Paris.

BLOCH-LAINE, F., 1994, « Les associations de service social et leurs "spécificités méritoires " », *RECMA*, n° 251, 1er trim, p. 61-72.

BLUMBERG, P., 1973, *Industrial democracy : the sociology of participation*, Schocken Books.

BONNAFOUS, M., 1933, « Études socialistes 1897-1901, tome 2 », in *Œuvre de Jean Jaurès*, textes rassemblés, présentés et annotés par Bonnafous, éd. 1995, Reider, Paris.

CAPRON, M. et QUAIREL-LANOIZELEE, F., 2015, *L'entreprise dans la société*, La découverte, Paris.

CASTEL, R., 1995, *Les métamorphoses de la question sociale*, Fayard, Paris.

CELLE, S., 2013, *Le mouvement coopératif dans le socialisme de Jean Jaurès et Marcel Mauss*, Mémoire de Master 1, Université Lille 1.

CELLE, S., 2014, *L'esprit coopératif dans l'entre-deux-guerres. Les registres de justification du mouvement coopératif dans les transformations idéologiques du capitalisme français (1919-1939)*, Mémoire de M2, Université de Lille 1.

CELLE, S., 2015, « L'Esprit coopératif dans la crise des années 1930 » dans ABECASSIS, P. et COUTINET, N. (dir.), *Economie sociale : crises et renouveaux, Actes des 35es journées de l'AES*, Presses Universitaires de Louvain.

CELLE, S. et FRETEL, A., 2015, « L'entreprise et l'intérêt général : quelle conciliation ? Un éclairage à travers le projet de verrerie ouvrière porté par Jean Jaurès », *Revue Espace Marx* n°35, p. 119-127.

CHANIAL, P., 2001, *Justice, don et association*, La Découverte, Paris.

CHOCHOY, N., 2015, « Karl Polanyi et l'encastrement politique de l'économie : pour une analyse systémique des rapports changeants entre

économie et société », *Revue Française de Socio-Économie*, 1/2015 (n° 15), p. 153-173.
DEFOURNY, J., 2004, « L'émergence du concept d'entreprise sociale », *Reflets et perspectives de la vie économique*, 2004/3, Tome XLIII, p. 9-23.
DEFOURNY, J. et NYSSENS, M., 2011, « Approches européennes et américaines de l'entreprise sociale : une perspective comparative », *Revue internationale de l'économie sociale : Recma*, n° 319, p. 18-35.
DEMOUSTIER, D. et RICHEZ-BATTESTI, N., 2010, « Introduction. Les organisations de l'Économie sociale et solidaire : gouvernance, régulation et territoire », *Géographie, économie, société*, 2010/1, Vol. 12, p. 5-14.
DESROCHE, H., 1983, *Pour un traité d'économie sociale*, CIEM, Paris.
DESROCHE, H., 1991, *Histoire d'économies sociales. D'un Tiers Etat aux Tiers secteurs (1791-1991*), Éditions Syros-Alternatives, Paris.
DOCKES, P. et SERVET, J.-M., 1992, « Les lecteurs de l'armée morte. Note sur les méthodes en histoire de la pensée économique », *Revue européenne des sciences sociales,* Tome XXX, n° 92, p. 341-364.
DIMAGGIO, P. et POWELL, W., 1983, « The Iron Cage Revisited: Institutional Isomorphism and Collective Rationality in Organizational Fields », *American Sociological Review*, vol 48, April, p. 147-160.
DRAPERI, J.-F., 2003, « L'entreprise sociale en France, entre économie sociale et action sociale », *Revue internationale de l'économie sociale : Recma,* n° 288, p. 48-66.
DRAPERI, J.-F., 2011, *L'économie sociale et solidaire : une réponse à la crise ?*, Dunod, Paris.
DRAPERI, J.-F., 2012, *La République coopérative*, Editions Larcier, Bruxelles.
FAUQUET, G., 1942, *Le Secteur coopératif. Essai sur la place de l'Homme dans les Institutions coopératives et de celles-ci dans l'Économie*, (4e éd. - 1935), PUF, Paris.
FERRATON, C., 2007, *Associations et coopératives – une autre histoire économique*, Eres, Ramonville Saint-Agne.
FRETEL, A., 2008, *L'association entre libéralisme économique et Etat social : Une analyse des schèmes de justification de l'économie sociale aux XIXe et XX siècles*, Thèse, Université Paris 1.
GUESLIN, A., 1998, *L'invention de l'économie sociale. Idées, pratiques et imaginaires coopératifs et mutualistes dans la France du XIXe siècle*, Economica, Paris.
GEROME, C., 2014, « L'entrepreneuriat social en France : un renouvellement des discours et des pratiques au sein du secteur associatif ? », *Lien social et Politiques,* n° 72, p. 75-90.
HIEZ, D., 2013, « Le cadre juridique de l'entreprise non capitaliste, clef de distinction entre l'entreprise sociale et l'entreprise d'économie sociale et solidaire ? », *Revue internationale de l'économie sociale : Recma*, n° 327, p. 95-103.

JAURES, J., 1895, « Organisation socialiste - chap. 1 Collectivisme et radicalisme », *La Revue socialiste*, t. XXI, janvier/juillet.
JAURES, J., 1898, « Socialisme et liberté », *La Revue de Paris*, 1er décembre, *in* BONNAFOUS, M., 1933.
JAURES, J., 1900, « Bernstein et l'évolution de la méthode socialiste », Conférence faite le 10 février 1910 sous les auspices du Groupe des étudiants collectivistes de Paris, *in* BONNAFOUS, M., 1933.
JAURES, J., 1901, « République et socialisme », *La Petite République*, 17 octobre, *in* BONNAFOUS, M., 1933.
JAURES, J., 1901b, « Le socialisme et la vie », *La Petite République*, 7 septembre, *in* BONNAFOUS, M., 1933.
JAURES, J., 1903, « Discours à la jeunesse », au lycée d'Albi, le 30 juillet, dans JAURES, J., 1964, *L'esprit du socialisme*, anthologie de Jean Rabaud, Gonthier, Paris, p. 55-67.
KARSENTI, B., 2010, « Une autre approche de la nation : Marcel Mauss », *Revue du MAUSS*, vol 2, n° 36, p. 283-294.
LAVERGNE, B., 1926, *L'ordre coopératif. Etude générale de la coopération de consommation, 1. Les faits*, Alcan, Paris.
LAVERGNE, B., 1936, *La primauté du consommateur : la rénovation des sciences sociales et de l'ordre économique par l'idée de consommateur*, PUF, Paris.
LAVILLE, J-L, 2010, *Politique de l'association*, Seuil, Paris.
MAUSS, M., 1899, L'action socialiste, *Le Mouvement socialiste*, 15 octobre, dans MAUSS, M., 1997, *Ecrits Politiques*, Fayard, Paris, p. 72-82.
MAUSS, M., 1924, « Appréciation sociologique du bolchévisme », *la Revue de métaphysique et de morale*, 31 année, 1, dans MAUSS, M., 1997, *Ecrits Politiques*, Fayard, Paris, p. 537-566.
MAUSS, M., 2013, *La nation*, Présentation et édition de FOURNIER, M. et TERRIER, J., PUF, Paris.
PETRELLA, F. et RICHEZ-BATTESTI, N., 2013, « Business social, entreprise sociale et E.S.S : Quelles formes de gouvernance ? Entre similitudes et divergences », *in* HIEZ, D. et LAVILLUNIERE (dir.), *Vers une théorie de l'économie sociale et solidaire*, Editions Larcier, Bruxelles.
PIROU, G., 1939, *Néo-libéralisme, néo-corporatisme, néo-socialisme*, Gallimard, Paris.
POSTEL, N. et SOBEL, R. (coord.), 2013, *Dictionnaire critique de la RSE*, Presses du Septentrion, Villeneuve d'Ascq.
SAINT-SIMON, C.-H., 1817, *L'industrie*, vol. 2, *in Œuvres de Saint-Simon et d'Enfantin*, Volumes XIX-XX, Document électronique, Num. BNF, Reproduction de l'édition Aalen Otto Zeller, 1963-64.
SAINT-SIMON, C.-H., 1819, *L'Organisateur*, *in Œuvres de Saint-Simon et d'Enfantin*, Volumes XXI-XXII, Document électronique, Num. BNF, Reproduction de l'édition Aalen Otto Zeller, 1963-64.
SAINT-SIMON, C.-H., 1825, *Nouveau christianisme : dialogues entre un conservateur et un novateur*, Document électronique, Num. BNF, Reproduction de l'édition Bossange père.

SEGRESTIN, B. et HATCHUEL, A., 2012, *Refonder l'entreprise*, Éditions du Seuil, Paris.
SEGRESTIN, B., LEVILLAIN, K., VERNAC, S. et HATCHUEL, A., 2015, *La « société à Objet Social Etendu »*, Presses des Mines, Paris.
SEEBERGER, L., 2014, « Historique de l'évolution du droit des coopératives, de ses origines à nos jours », *Revue internationale de l'économie sociale : Recma*, n°333, p. 60-78.
SUPIOT, A. (Dir.), 2015, *L'entreprise dans un monde sans frontières. Perspectives économiques et juridiques,* Dalloz, Paris.
TOUCAS, P., 2005, *Les coopérateurs*, DREYFUS, M. (Dir.), Les Editions de l'Atelier, Paris.

ENTREPRISE SOCIALE : ETRE OU NE PAS ETRE HYBRIDE ?
ETUDE D'UNE COOPERATIVE D'ACTIVITE ET D'EMPLOI.

Mélissa BOUDES
Doctorante Université Paris Dauphine
CNRS UMR 7088 DRM MOST
Assistante de recherche à NEOMA Business School
melissa.boudes@neoma-bs.fr

INTRODUCTION

Etudiées dans un premier temps comme une minorité, les organisations hybrides sont aujourd'hui présentes partout, devenant quasiment la norme. Leur popularité tient à leur capacité à répondre simultanément à des demandes complexes, voire contradictoires. A travers le prisme des logiques institutionnelles, ces organisations hybrides conjuguent différents principes organisationnels ou logiques institutionnelles (Friedland & Alford, 1991).

L'archétype de l'organisation hybride est ainsi l'entreprise sociale qui parvient à répondre à des enjeux sociaux tout en étant économiquement viable (Battilana & Lee, 2014 ; Pache & Santos, 2013). Si elles parviennent à répondre à la complexité de leur environnement, ces organisations présentent une certaine instabilité car leur légitimité est constamment questionnée. La légitimité est en effet une ressource organisationnelle vitale qui s'acquiert en se conformant aux systèmes de normes, valeurs et croyances propres à chaque logique institutionnelle. Les organisations hybrides qui intègrent différentes logiques sont donc tiraillées entre plusieurs sources de légitimité potentiellement contradictoires. L'hybridité est ainsi bien souvent synonyme de dualité (Ashforth & Reingen, 2014), dissonance (Ashcraft, 2001) et conflits (Besharov & Smith, 2013 ; Kraatz & Block, 2008).

Cependant, sous l'effet de la crise de légitimité qui frappe les institutions et organisations existantes, les entreprises sociales bénéficient d'une grande popularité. De nouveaux cadres juridiques viennent même institutionnaliser leurs formes hybrides tels le statut de B corporations aux Etats-Unis, la *social enterprise mark* au Royaume-Uni ou la loi Economie Sociale et Solidaire en France.

Nous nous demandons donc comment les entreprises sociales évoluent entre institutionnalisation et gestion de leurs tensions internes.

La littérature sur les hybrides souligne deux principales réponses à cette question. D'une part, la domination de la logique dont les éléments sont les plus solidement couplés - il s'agit la plupart du temps de la logique marchande - (Kent & Dacin, 2013) et d'autre part, le développement de structures et modes de management spécifiques permettant le maintien de l'hybridité dans le temps (Battilana & Dorado, 2010). Nous mettons ici en lumière une stratégie alternative consistant non pas à maintenir l'hybridité mais à s'en défaire.

Cette étude porte sur une forme organisationnelle qui a émergé il y a vingt ans, les coopératives d'activité et d'emploi (CAE) qui hybrident entrepreneuriat, salariat et coopération afin de répondre à l'enjeu de la transformation du travail.

Nous présentons dans un premier temps le cadrage théorique de l'étude reposant sur la littérature néo-institutionnaliste puis la méthodologie employée pour cette étude de cas longitudinale. La troisième partie présente ensuite la stratégie « contra-cyclique » déployée par la coopérative afin d'échapper à l'institutionnalisation de sa forme hybride.

1. L'ERE DE L'HYBRIDITE

A travers le prisme néo-institutionnaliste, les entreprises sociales représentent des organisations traversées par plusieurs logiques institutionnelles. Une logique institutionnelle est un « ensemble de pratiques matérielles et de constructions symboliques – qui constituent les principes d'organisation disponibles pour les organisations et les individus » (Friedland & Alford, 1991). Si ces logiques peuvent présenter des complémentarités, elles sont parfois contradictoires soient dans les moyens soit dans les fins qu'elles préconisent. Selon Pache and Santos (2010) une organisation hybride combine des logiques poursuivant des fins contradictoires et défendues par différents membres.

L'hybridité n'est cependant pas immuable, le degré et la nature de l'hybridité peuvent varier d'une organisation à l'autre. Battilana and Lee (2014) ont ainsi identifié cinq domaines d'« *hybrid organizing* » : les activités centrales, la composition des membres, le design organisationnel, la culture organisationnelle et les relations organisationnelles. Chacun de ces domaines pouvant être plus ou moins intégré ou différencié. La notion d'intégration se rapproche du concept de couplage également utilisé dans les études sur les organisations hybrides. Par exemple, Pache and Santos (2013) qui ont étudié des entreprises d'insertion, ont montré que ces organisations hybrides intégraient les logiques contradictoires en les couplant de manière sélective.

Il existe donc une relation d'agence entre les organisations et les logiques institutionnelles. Les organisations ne se contentent pas de répondre à la complexité émanant des demandes institutionnelles contradictoires, elles se servent des logiques institutionnelles comme de boites à outils culturels (« *institutional toolkits* ») (Swidler, 2011) pour atteindre leurs objectifs. Adoptant une approche processuelle, Smets and Jarzabkowski (2013) montrent comment les acteurs, poussés par leur environnement compétitif, combinent différentes logiques en transformant progressivement les contradictions en complémentarités. Ici la nature des logiques est importante, « plus une logique est perméable, plus elle sera soumise à interprétations » (Kent & Dacin, 2013, p.727). Ainsi, les logiques dont les éléments sont couplés de manière souple sont davantage susceptibles d'être hybridées. Au regard des études empiriques sur le sujet, la logique marchande présente un niveau de perméabilité moindre. Lorsqu'elle est introduite dans des sphères telles que la culture (Glynn & Lounsbury, 2005), l'industrie du design (Durand, Szostak, Jourdan, & Thornton, 2013) ou la lutte contre la pauvreté (Kent & Dacin, 2013), la logique marchande tend à dominer les autres logiques. Ces résultats font écho à la littérature sur les coopératives qui étudie les tensions entre dimension sociale et dimension économique. La thèse principale de ce courant de recherche considère en effet que les coopératives qui se développent économiquement, en intégrant de plus en plus d'éléments de gestion finissent par perdre leurs caractéristiques coopératives et *in fine* à ne plus répondre à leur mission sociale (Batstone, 1983).

Le maintien de l'hybridité dans le temps afin de garantir l'atteinte des divers objectifs sociaux, économiques, environnementaux représente donc un enjeu pour les organisations hybrides. Les travaux empiriques en la matière ont mis en évidence le rôle primordial de la structure organisationnelle, des modes de management (Ashforth & Reingen, 2014 ; Cornforth, 1995) et de la gouvernance (Pache & Santos, 2013). Battilana and Dorado (2010) qui ont étudié des organisations de micro-finance, ont par exemple mis en lumière le rôle de la gestion des ressources humaines dans le maintien de l'hybridité.

Les organisations hybrides connaissent ainsi deux principales évolutions : la domination de la logique la plus solidement couplée et donc la sortie de l'hybridité, ou le maintien de l'hybridité *via* le développement de structures et modes de management spécifiques. L'étude de la coopérative d'activité et d'emploi francilienne, Coopaname, nous a permis de mettre en lumière une troisième évolution possible : une sortie choisie de l'hybridité afin de poursuivre un mouvement d'expérimentation. Il ne s'agit donc ni d'une sortie de l'hybridité subie, ni de développer des efforts au seul niveau managérial.

2. ETUDE DE CAS APPROFONDIE D'UNE COOPERATIVE D'ACTIVITE ET D'EMPLOI

2.1. Contexte

Notre recherche s'appuie sur une nouvelle forme organisationnelle, les coopératives d'activité et d'emploi (CAE) qui ont vu le jour au milieu des années 1990 en France afin de répondre au chômage et aux échecs des micro-entrepreneurs.

Jusqu'aux années 1960 la France bénéficiait d'une situation de plein emploi qui permettait de faire fonctionner son système assurantiel de type Bismarckien reposant sur le statut de salarié. Les changements économiques de ces dernières décennies ont cependant profondément déstabilisé ce régime social. Les taux de chômage durablement élevés que connait la France symptomatique de l'incapacité de l'Etat providence à s'adapter et à (re)créer des mécanismes de solidarité efficaces.

Afin de répondre à cet enjeu pressant, de nouvelles pratiques et organisations ont vu le jour. Les pouvoirs publics, soutenus par les entreprises et organisations de l'économie sociale et solidaire[39], ont ainsi encouragé deux approches : le micro-entrepreneuriat, qui vise à aider les personnes à créer leur propre emploi et l'insertion par le travail qui vise à aider les personnes à (re)trouver un emploi salarié. Si la première approche a connu un fort engouement, une grande partie des micro-entrepreneurs peinent à dégager un chiffre d'affaires suffisant. Quant à l'insertion par le travail, elle représente une chance pour de nombreuses personnes mais ne permet pas toujours d'accéder à une situation professionnelle stable (CDI, temps plein).

C'est dans le but de répondre aux limites de ces deux approches que la première coopérative d'activité et d'emploi a été créée à Lyon au milieu des années 1990. Un groupe d'organisations publiques, privées et de l'ESS ont créé cette nouvelle forme organisationnelle mixant entrepreneuriat, salariat et coopération afin de soutenir le nombre croissant d'entrepreneurs individuels.

2.2. Le cas Coopaname : collecte et analyse des données

Cette étude repose sur le cas de la coopérative d'activité et d'emploi, Coopaname. Cette coopérative créée à Paris en 2003 est aujourd'hui, avec plus de 800 membres, dont 221 associés et un chiffre d'affaires de plus de 9,5 millions d'euros, l'une des plus importantes CAE de France.

---

[39] L'économie sociale et solidaire (ESS) réunit les associations, coopératives, mutuelles, fondations et entreprises sociales. Ces organisations ont une finalité sociale et répondent à des modes d'organisation et de gestion spécifiques (participation des membres aux prises de décision, part des bénéfices dédiée à la longévité du projet, etc.)

Afin de comprendre le processus organisationnel qui la fonde, nous avons mené une étude de cas holistique (Yin, 2003) avec une approche longitudinale et abductive. Nous avons collecté les données qualitatives nécessaires afin de comprendre au mieux les processus en cours au sein de l'organisation. Adoptant une stratégie de théorisation ancrée (Corbin & Strauss, 2008 ; Langley, 1999), l'analyse des données s'est déroulée en deux temps. (1) De juillet 2011 à décembre 2013, nous avons collecté un premier ensemble de données dans une démarche exploratoire *via* deux focus groupes, des entretiens semi-directifs, des observations non participantes et des documents. Ce premier ensemble de données a été codé selon une démarche interprétative (Corbin & Strauss, 2008) *via* le logiciel Nvivo10. Suite à cette première étape d'analyse, nous avons identifié trois thèmes principaux : la diversité des pratiques et outils, un processus d'innovation continu et un vocabulaire spécifique soutenant un projet politique fort. (2) La seconde étape s'est déroulée de mars 2014 à septembre 2015 et a consisté à approfondir la compréhension du projet de la coopérative et de son fonctionnement. Nous avons collecté de nouvelles données *via* des entretiens semi-directifs (30 au total) avec les membres de la coopérative et ses partenaires, des observations non participantes (11 évènements) et des documents de communication interne, externe, de gouvernance et de régulation (400 pages environ).

Nous avons analysé ce deuxième ensemble de données *via* un mécanisme d'aller-retour entre les données et la théorie faisant ressortir les concepts de logiques institutionnelles et d'organisation hybride. La dernière phase de cette étape consistait à identifier les facteurs explicatifs de l'évolution de la CAE à travers une intégration théorique des codes initiaux (Corbin & Strauss, 2008). Nous avons finalement repéré deux processus se chevauchant : d'une part, la déconstruction de la forme hybride actuelle *via* des relations ambivalentes vis-à-vis des différentes logiques institutionnelles ; et d'autre part, la poursuite d'un mouvement d'expérimentation *via* la redéfinition du support discursif des CAE, les partenariats et l'expérimentation à un niveau méso. Ces processus ayant permis à la CAE de construire sa propre logique. Nous présentons les détails de ces différentes étapes dans la section qui suit.

3. CAE : ENTRE INSTITUTIONNALISATION ET EXPERIMENTATION

3.1. Née hybride

Face au taux de chômage élevé et aux limites des micro-entreprises et de l'insertion par le travail présentées précédemment, un groupe d'acteurs publics et privés a développé dans les années 90 une organisation expérimentale, une coopérative d'entrepreneurs. Cette première expérimentation a été pilotée par Elisabeth Bost qui avait déjà une expérience professionnelle de l'insertion et de la création d'entreprise et était consciente des limites de ces dernières. Dans son livre « Aux entreprenants associés. La coopérative d'activités et d'emploi. » (Bost, 2011), elle explique ses choix lors de la création de la première CAE. Contrairement à certains de ses partenaires, elle voulait soutenir des personnes aux profils différents et réunir une diversité de projets, sans discrimination au regard de leur statut initial ou des gains futurs possibles. De plus, le choix de la coopérative n'a pas été anodin. Ces organisations de l'économie sociale et solidaire sont en effet guidées par sept principes : adhésion volontaire et ouverte à tous, pouvoir démocratique exercé par les membres, participation économique des membres, autonomie et indépendance, éducation, formation et information, coopération entre coopératives et engagement envers la communauté[40]. Les CAE, contrairement aux autres organisations offrant des services d'aide aux entrepreneurs ou d'insertion par le travail, proposent ainsi à leurs membres de participer à la gouvernance de la coopérative en devenant coopérateurs.

Le parcours proposé aux membres de CAE est composé de trois étapes. Les nouveaux arrivants signent tout d'abord une convention ou contrat d'appui au projet d'entreprise, qui leur permet de conserver leur statut précédent et leurs droits tout en développant leur projet via la participation à des ateliers et réunions. Les entrepreneurs démarchent leurs clientèles avec leurs propres services et/ou produits et sous leurs propres marques. Les premières prestations ou ventes de produits entrainent la signature d'un contrat d'entrepreneur salarié. Le chiffre d'affaires généré par l'entrepreneur est ensuite transformé en salaire par l'équipe support de la coopérative (comptabilité, accompagnement, etc.). Dans un troisième temps, les entrepreneurs-salariés, tout comme les membres de l'équipe d'appui, peuvent devenir coopérateurs et prendre part à la gouvernance de la coopérative. Ainsi la CAE réunit des entrepreneurs aux compétences diverses qui travaillent de manière autonome mais au sein d'une entreprise leur offrant des services administratifs mutualisés. Les entrepreneurs sont responsables de leur activité, ils financent leur salaire et protection sociale avec leur propre chiffre d'affaires. Une part de celui-ci (en moyenne 10 %) est utilisée pour financer les services mutualisés. Enfin, la coopérative, qui offre des services d'intérêt général en apportant conseils et aide à toutes personnes avec un projet entrepreneurial, bénéficie également de financements publics (fonds européens, fonds régionaux, etc.).

---

[40] Alliance coopérative internationale (1995)

Les CAE reposent donc sur trois logiques institutionnelles : la logique entrepreneuriale s'articulant autour de l'institution pivot qu'est le marché ; la logique salariale construite autour de l'Etat-providence[41] ; et la logique coopérative bâtie sur les fondements de l'économie sociale et solidaire. Nous inspirant des travaux de Friedland and Alford (1991) et de Thornton, Ocasio, and Lounsbury (2012) nous décomposons les logiques institutionnelles en éléments symboliques et matériels (cf. tableau 1). Les pratiques entrepreneuriales sont légitimées par le besoin d'autonomie et s'incarnent par la contractualisation. Le salariat puise sa légitimité dans le besoin de protection qui est garanti par le droit du travail. La coopération est pour sa part légitimée par le besoin de faire partie d'un collectif et est opérationnalisée par les organisations de l'économie sociale.

Tableau 1 : Logiques institutionnelles hybridées par les CAE

Eléments constitutifs des logiques institutionnelles	**Entrepreneuriat**	**Salariat**	**Coopération**
Institution centrale	Marché	Etat providence	ESS
Construction symbolique (sens – source de légitimité)	Besoin d'autonomie	Besoin de protection	Besoin de collectif
Pratiques matérielles - Structures	Contrat	Droit du travail	OESS

Source : Boudes M. (2014) Repenser le travail à l'intersection des ordres institutionnels. Le cas des coopératives d'activités et d'emploi. Revue des Sciences de Gestion, n°269-270.

La CAE mêle ainsi la logique entrepreneuriale de ses membres, recherchant des opportunités professionnelles et développant de manière indépendante leurs activités ; la logique salariale sous-tendue par l'Etat-providence, en utilisant des fonds publics afin de proposer un accès libre et gratuit aux entrepreneurs, et permettant à ses membres d'accéder à la protection sociale nationale *via* le statut de salarié ; et la logique coopérative à travers la mutualisation des ressources telles que les services administratifs et les locaux.

[41] Il ne s'agit pas ici de l'emploi public mais des 'symboles culturels et des pratiques matérielles' (Thornton, Ocasio & Lounsbury, 2012) concernant le travail qui sont diffusés par l'Etat-providence à travers la société.

Les CAE en rassemblant des membres de professions différentes[42] offrent une dimension innovante supplémentaire par rapport à la logique coopérative « classique », mais réduisent la part de la logique professionnelle.

3.2. CAE : en voie d'institutionnalisation

Si les CAE et l'entrepreneuriat-salarié-coopératif ne sont pas aujourd'hui totalement entrés dans les mœurs, leur diffusion et leur légitimité en font des organisations hybrides en voie d'institutionnalisation selon les critères de Colyvas and Jonsson (2011).

Face aux limites des formes de travail présentées précédemment, les CAE se sont rapidement diffusées sur l'ensemble du territoire. Bien qu'il soit encore difficile d'avoir des chiffres fiables, la Confédération Générale des Scop estimait qu'il existait en 2016 200 établissements de CAE en France, qui réunissent environ 10000 membres dont 7000 entrepreneurs-salariés et 3000 personnes sous contrat d'accompagnement générant un chiffre d'affaires global d'environ 150 millions d''euros.

Cette diffusion s'est faite durant 20 ans dans le cadre d'un droit à l'expérimentation car ce n'est qu'en 2014 avec le vote de la loi relative à l'économie sociale et solidaire que les CAE ont obtenu un cadre juridique spécifique. Cette reconnaissance légale qui participe grandement à la légitimité des CAE, n'en fait pas *de facto* une forme d'organisation du travail largement reconnue. Les CAE ont encore à fournir beaucoup d'efforts pour être pleinement institutionnalisées. Cette institutionnalisation représente en quelque sorte une étape finale de stabilisation dans le cycle de vie de l'organisation hybride (Bouchard, Evers, & Fraisse, 2015). Ce qui est perçu pour beaucoup comme une consécration semble représenter pour d'autres une sorte de piège. Coopaname s'est en effet montrée très critique à l'égard de cette loi et méfiante quant à ses possibles retombées. Sa plus grande crainte : voir de nouveaux acteurs du secteur privé lucratif émerger et profiter du nouveau cadre juridique pour développer un nouveau marché comme l'illustrent les verbatim suivants :

« *Ce qui pose problème derrière c'est peut-être la logique actuelle de ce qu'on va appeler l'entrepreneuriat social à la française. Parce que dans d'autres pays ça veut dire autre chose. Mais l'entrepreneuriat social à la française qui consiste à dire, ben, comment le social devient un marché et comment on va créer là-dedans des start-up, des success-story* [...] » (ancien membre de l'équipe de direction).

[42] Si une majorité de CAE dites généralistes accueillent des membres de professions très diverses, certaines CAE sont spécialisées, telles les CAE du bâtiment ou des services à la personne, principalement pour des raisons réglementaires et assurantielles.

« *Je crois que le risque voilà, il est là, c'est qu'on voit s'engouffrer de nouveaux acteurs, non pas tant sur de la coopération d'activité et d'emploi, même peut-être qu'ils n'utiliseront pas ce cadre juridique là, mais de manière générale des acteurs qui seront à même d'offrir dans une logique de marché, un service à tous ces gens qui sont dans les zones grises de l'emploi* » (ancien membre de l'équipe de direction).

La coopérative a ainsi développé une stratégie de distanciation par rapport à l'institutionnalisation afin de poursuivre le mouvement d'expérimentation.

3.3. A la poursuite de l'expérimentation

Au regard des travaux sur les organisations hybrides, la coopérative aurait dû profiter de l'institutionnalisation de sa forme hybride pour se développer. C'est pourtant une tout autre trajectoire qu'a adoptée la coopérative qui a choisi de déconstruire son cadre hybride en voie d'institutionnalisation afin de poursuivre un mouvement d'expérimentation.

3.4. L'ambivalence comme outil de déconstruction de la forme hybride

Coopaname a été fondée en 2003 à Paris par Elisabeth Bost qui a développé la première CAE et a dirigé le premier réseau de CAE. A cette époque, il existait déjà une vingtaine de CAE, cependant dans un pays centralisé comme la France, la création d'une CAE dans la capitale était indispensable pour pouvoir attirer l'attention des pouvoirs publics et des médias. Coopaname, pensée comme une vitrine pour les CAE, a donc une place particulière dans le champ des CAE. En ce sens, l'analyse de la stratégie de Coopaname ne résume pas la stratégie des CAE françaises car chacune est unique.

L'analyse de nos données a révélé que Coopaname avait adopté une relation ambivalente avec les diverses logiques la composant. A la suite de Ashforth, Rogers, Pratt, and Pradies (2014) nous définissons l'ambivalence comme « des orientations simultanément positive et négative à l'encontre d'un objet » (ibid., p.1455). Les chercheurs néo-institutionnalistes n'emploient habituellement pas ce concept originaire de la psychologie lui préférant ceux d'ambiguïté (van Dijk, Berends, Jelinek, Romme, & Weggeman, 2011) ou d'incohérence (Kraatz & Block, 2008). Le concept d'ambivalence apparaît cependant plus adapté au cas présent, car il intègre la réflexivité des acteurs, leur « capacité à voir et réfléchir sur des systèmes de sens institutionnalisés et contradictoires » (Greenwood, Raynard, Kodeih, Micelotta, & Lounsbury, 2011, p.241). Alors que l'hybridité consiste à assembler les différentes logiques, l'ambivalence permet à Coopaname de souligner les tensions présentes dans chacune des logiques et par conséquent à déconstruire l'hybridité.

Au-delà des tensions entre les logiques qui pourraient être surmontées, comme présenté dans la littérature, par des efforts organisationnels et managériaux, la coopérative met en lumière un niveau de complexité supplémentaire à l'intérieur même des logiques comme illustré ci-dessous.

Salariat

Coopaname tient un discours de défense du droit du travail et des mécanismes de protection sociale nationale et utilise le salariat pour la sécurité qu'il procure aux travailleurs. Mais, elle souligne les lacunes et le manque de flexibilité du cadre salarial et propose à ses membres des mécanismes de solidarité à l'échelle de la coopérative. Elle critique aussi le lien de subordination propre au salariat. Bête noire de Coopaname, les membres de la coopérative sont encouragés à débattre du sujet. La CAE met donc en lumière la tension entre une approche protectrice et une approche aliénante du salariat comme ces *verbatim* l'illustrent :

« *Je l'ai toujours dit mais il ne fallait pas réglementer le statut d'entrepreneur-salarié, moi je pense que c'est une brèche qu'on a ouvert dans le droit du travail qui est extrêmement dangereuse [en souriant] C'est moi qui dis ça mais, mais nous on le fait. [rire]* » (ancien membre de l'équipe de direction).

« *Les coopératives ouvrières au milieu du 19 siècle se sont construites sur la revendication de l'abolition du salariat [...] A Coopaname, nous nous inscrivons dans cette histoire et cherchons à dépasser un type de rapport au travail aliénant [...] En attendant cette évolution que nous appelons de nos vœux – et de manière paradoxale – nous nous inscrivons pleinement dans le salariat, qui demeure le seul cadre où l'on puisse trouver des protections sociales [...]* » (Livret d'accueil).

« Session de formation intitulée : Les Coopanamiens sont-ils des salariés ?

1. Oui, pour le rattachement au régime de la sécurité sociale
2. Non, ce sont surtout des personnes en phase de devenir coopérateurs
3. Est-ce que l'un des projets de la coopérative n'est pas de porter une parole sur le lien de subordination ? »

Entrepreneuriat

La logique entrepreneuriale, caractérisée par l'autonomie et la prise de risque, s'est largement diffusée dans la société française. Coopaname reconnait ce besoin d'autonomie des personnes et entend répondre à cette aspiration en accompagnant la fluidité des parcours professionnels. Ses membres proposent leurs services et produits sous leurs propres marques et leurs salaires dépendent du chiffre d'affaires qu'ils réalisent. Dans le même temps, la coopérative oppose une vive critique au mythe du « tous entrepreneurs » qui s'incarne notamment par la promotion de l'auto-entrepreneuriat. Si ce statut facilite les procédures (démarches administratives simplifiées, avantages fiscaux, etc.) il ne permet pas aux nouveaux entrepreneurs d'acquérir les compétences nécessaires à la démarche entrepreneuriale et ne les protège pas contre la solitude. Les extraits ci-dessous illustrent la relation ambivalente de la coopérative à l'entrepreneuriat.

« *[...] c'est un discours qui a été porté très fort sur la création d'entreprise, la réussite individuelle, le bling-bling. Derrière il y a aussi toute cette culture-là. Voilà, comment est-ce qu'on allait aussi démonter un peu... en fait c'est dans ces univers là que la pensée dominante elle a un impact très important. Et du coup sur une vision de l'économie qui est une vision très marchande [...]* » (Membre de l'équipe de direction).

« *Rendre possible la multi-activité. S'il y a une vraie satisfaction à se donner les moyens de faire avancer son art et à « bien travailler », pourquoi s'enfermer dans une seule pratique ? [...] Voilà une idée que nous défendons à Coopaname : permettre à qui le souhaite et en a les capacités de gagner sa vie à la fois avec, pourquoi pas, de l'écriture, de l'électronique et des balades en âne* » (Livret d'accueil).

« *Dans la coopérative d'activités et d'emploi, chacun se rémunère individuellement à hauteur de ce qu'autorise le volume d'affaires qu'il génère. A première vue donc, il s'agit là d'un modèle coopératif très égoïste ! Cependant, les mécanismes coopératifs sont bels et bien présents : le résultat de fin d'exercice, issu de l'agrégation de l'ensemble des résultats déficitaires ou bénéficiaires de chacune des activités, est bien un résultat « collectivisé » qui alimente les réserves impartageables de la coopérative ainsi que le fond à partir duquel sera versée la participation à l'ensemble des salariés, que leurs activités propres aient été bénéficiaires ou déficitaires* » (Communication lors d'un colloque sur l'ESS).

Coopération

De par son statut coopératif, Coopaname fait partie de l'ESS et s'appuie largement sur ses principes. Elle promeut une culture coopérative à travers de nombreux instruments tels que des sessions de formations sur l'histoire des coopératives ou des universités annuelles où l'ensemble des membres de la coopérative est amené à débattre du projet collectif. Cependant, la CAE se montre très critique envers cette famille organisationnelle car bien que l'ESS soit parvenue à faire reconnaitre son poids économique, elle ne parvient pas à représenter un mouvement politique unifié. Ainsi en plein débat parlementaire sur la loi ESS,

Coopaname co-signait une virulente tribune dans Le Monde[43] appelant à substituer à l'économie sociale des « bonnes causes » une économie sociale « de combat ». Selon Coopaname, l'instrumentalisation de l'économie sociale par les pouvoirs publics pour créer des emplois et encourager l'entrepreneuriat a séparé les dimensions matérielles (organisations et pratiques) des dimensions symboliques (mythe de l'émancipation à travers la fin des relations de subordination) de l'ESS. C'est ce constat qui amène la coopérative à développer des pratiques et outils (groupe de travail, rapport de situation comparée, désignation des représentants par tirage au sort) pour essayer de mettre en cohérence ces deux dimensions.

« *Nous faisons l'hypothèse que les CAE, en cherchant les voies d'une réponse de l'économie sociale à l'atomisation des parcours professionnels, posent un questionnement de même ordre que celui des groupements ouvriers du milieu du XIXe siècle. Les pratiques qu'elles élaborent conduisent de la même manière à inventer une forme juridique qui emprunte autant à l'association qu'à la mutuelle ou à la coopérative de production* » (Communication lors d'un colloque sur l'ESS).

« *Il est temps de dire adieu à l'ESS en tant que rassemblement hétéroclite "d'entreprises sympas", pour faire vivre un projet politique porté bien au-delà de nos organisations par toutes celles et ceux qui veulent changer de société* » (Article co-écrit par l'un des anciens co-directeurs de Coopaname et publié par Le Monde).

« *Je crois que le mois le plus chargé c'est fin novembre et décembre. Novembre parce qu'il y a le mois de l'ESS, donc on est sur plein d'événements tout le temps.* » (Membre de l'équipe support).

« *La représentation institutionnelle du mouvement coopératif fait que, tu ne peux pas changer ça. C'est impossible. La structure même des fédérations d'entreprises fait que tu ne peux pas fédérer politiquement. Tu fédères techniquement, juridiquement.* » (Ancien membre de l'équipe de direction).

A travers ces différentes ambivalences la coopérative souligne les fragilités des logiques institutionnelles qui la constituent. Il en résulte une déconstruction de sa forme hybride puisque ses bases se montrent caduques. Forme hybride qui est par ailleurs en voie d'institutionnalisation *via* la loi ESS et les efforts de promotion des réseaux de coopératives. En déconstruisant sa forme hybride actuelle Coopaname souligne la nécessité de poursuivre l'expérimentation afin de

43 « Pour une économie sociale et solidaire de combat » E. Antoine et S. Veyer paru le 21 novembre 2013.

développer une forme d'organisation du travail alternative viable et plus satisfaisante.

Redéfinition du débat : de la création d'emploi à la transformation du travail

La coopérative assoit sa poursuite de l'expérimentation en redéfinissant les fondements discursifs des CAE. Le débat est ainsi déplacé. D'une focalisation sur l'emploi et le chômage, la coopérative a basculé vers la transformation du travail et les « zones grises de l'emploi » comprenant l'ensemble des formes de travail précaires (travail indépendant, contrat à durée déterminée, emploi à temps partiel, etc.). Cette redéfinition déplace le débat vers un niveau plus abstrait. La coopérative se prémunit ainsi, en partie au moins, de certaines critiques concernant son efficacité à créer des emplois, car ce n'est pas son but affiché. Cette redéfinition fait partie d'un processus plus large de construction symbolique qui donne sens à la poursuite de l'expérimentation (Nigam & Ocasio, 2010).

« *Les coopératives d'activité et d'emploi sont nées d'une culture entrepreneuriale [...] Et finalement nous on a été les premiers à dire, en gros, les entrepreneurs on s'en fout. C'est à dire que les gens qui viennent à nous, sont dans une démarche qui consiste à se mettre à leur compte, ils ne se vivent pas comme entrepreneurs. Ce sont avant tout des gens qui ont envie d'avoir un rapport différent à leur travail et donc la question n'est pas celle de l'entrepreneuriat, elle est celle du rapport au travail.* » (Ancien membre de l'équipe de direction).

3.5. Renforcement des racines coopératives

Alors que les CAE reposent de manière équivalente sur les trois logiques institutionnelles, Coopaname repose prioritairement sur la logique coopérative et subordonne les deux autres logiques (salariales et entrepreneuriales) à cette dernière.

Comme souligné dans la section précédente, la coopérative s'appuie fortement sur les principes coopératifs et s'évertue à renforcer ses racines coopératives. Nous avons identifié que Coopaname mettait en particulier l'accent sur le cinquième principe coopératif d'éducation, formation et information. La coopérative a en effet développé de nombreuses pratiques et outils afin de diffuser l'information, d'offrir des formations à ses membres, de leur permettre de s'exprimer et de prendre part aux débats qui animent la coopérative.

Selon la nouvelle logique en construction, la sécurité, aujourd'hui offerte par l'Etat-providence devrait à termes être atteinte, au moins en partie, par la coopération, le salariat n'étant qu'une pratique temporaire. De même, l'autonomie des entrepreneurs est soumise à la responsabilité par rapport au collectif. Les membres de la coopérative peuvent développer leurs propres projets, mais ils doivent suivre les règles collectives afin de ne pas mettre en danger la coopérative. De plus, alors que le statut d'entrepreneur-salarié n'a été reconnu par la loi qu'en 2014, certains membres de Coopaname appellent à la création d'un statut spécifique pour les coopérateurs.

« *La troisième étape pour Coopaname : dépasser cette idée de lien de subordination - réécrire le contrat de travail et le contrat d'accompagnement afin de les mettre en cohérence avec la situation existante, plus complexe que la simple dichotomie subordination/non subordination.* » (Notes prises lors d'une session de formation intitulée : « Les Coopanamiens sont-ils des salariés ? »).

« *Et puis on a aussi tout un travail [...] un nouveau modèle économique. Avec notamment, on l'a décidé sur le principe, d'une nouvelle cotisation qui peut être aussi une nouvelle façon de valoriser l'engagement et développer le marché interne. [...] quelque chose qui serait, par exemple pour quelqu'un qui s'investit en rien, qui reste dans son coin, qui n'a pas d'échange avec les autres, ben il paierait l'impôt, la nouvelle cotisation. Et puis, plus tu t'investis, plus tu fais marcher les collègues, tu leur vends, tu achètes tes trucs en interne, etc. moins il cotise. Et ça irait jusqu'à zéro euro de cotisation supplémentaire. C'est pour ça que je dis que c'est aussi un moyen de valoriser l'engagement.* » (Ancienne membre du conseil d'administration)

Partenariats et expérimentation de niveau intermédiaire

Ces dernières années, après avoir essuyé des critiques sur sa position dominante, Coopaname a noué des partenariats avec d'autres coopératives, mais aussi avec des associations et universités afin de poursuivre l'expérimentation autour du travail et des parcours professionnels à une plus large échelle.

Deux projets catalysent les énergies : le premier s'appelle la *Manufacture coopérative* ; son objectif est de développer de nouvelles formes de soutien aux petits groupes d'entrepreneurs. La coopérative s'est développée en proposant un accompagnement aux entrepreneurs individuels mais au regard du nombre croissant de groupes réclamant de l'appui, la coopérative a choisi de développer des outils appropriés à l'accompagnement de tels projets. Coopaname travaille donc actuellement en partenariat avec d'autres CAE et un laboratoire de recherche universitaire au développement de nouvelles pratiques et de nouveaux outils adaptés aux besoins spécifiques de ces petits groupes d'entrepreneurs.

Le second projet majeur de Coopaname s'appelle *Bigre !* Son but est de développer les services actuellement proposés afin d'accompagner et de sécuriser les parcours professionnels des personnes se situant dans les « zones grises de l'emploi ». Coopaname et ses partenaires ont ainsi adopté une stratégie que nous qualifions à la suite de Westley, Antadze, Riddell, Robinson, and Geobey (2014) de changement d'échelle (« *scaling-up* ») en contraste avec les stratégies de diffusion (« *scaling-out* »). Bien que ces projets ne soient encore qu'à leurs prémisses la force de cette stratégie réside dans son niveau d'action intermédiaire (Sainsaulieu, 2001). Située entre les demandes pressantes des individus et les politiques nationales, l'action de Coopaname et de ses partenaires gagne en légitimité.

« *Cette aspiration démocratique – car c'en est une – est déjà mise en pratique dans des centaines d'expériences et d'entreprises coopératives, collaboratives, autogérées qui fleurissent sur tout le territoire depuis une dizaine d'années. Localement, ces initiatives sont reconnues, soutenues. Mais il leur faut encore faire mouvement et se revendiquer en vrai projet politique de transformation sociale.*

C'est la voie empruntée par une dizaine de coopératives de production, engagées dans la construction commune de Bigre!, une « mutuelle de travail associé » qui rassemble déjà plusieurs milliers de membres. » (Article co-écrit par l'une des co-directrice et publié dans Le Monde).

CONCLUSION

Le cas de Coopaname nous a permis d'identifier comment une organisation pouvait s'émanciper de l'hybridité afin de poursuivre sa dynamique expérimentale. Cette stratégie comprend deux sous-processus : la coopérative a développé des relations ambivalentes avec ses logiques institutionnelles constitutives afin de déconstruire le cadre hybride en voie d'institutionnalisation, puis a redéfini le socle discursif sur lequel reposait les CAE afin d'assoir son mouvement d'expérimentation. D'un point de vue pratique, la coopérative a renforcé ses racines coopératives en développant de nouvelles pratiques et outils. Enfin, en nouant de nombreux partenariats la coopérative expérimente à un niveau intermédiaire entre les régulations nationales et les nouvelles attentes des citoyens. Cette stratégie rencontre toutefois quelques défis. Bien que les relations ambivalentes avec les logiques institutionnelles puissent renforcer la réflexivité des membres de la coopérative, celle-ci peut paraître incohérente vue de l'extérieur (Ashforth et *al.*, 2014). D'autre part, déplacer le débat à un niveau plus abstrait peut renforcer le mouvement d'expérimentation et le protéger de certaines critiques, mais cela peut aussi créer de la frustration si le modèle économique n'évolue pas aussi vite que le projet politique.

Apports pour les recherches sur les organisations hybrides

Alors que les chercheurs néo-institutionnalistes se sont principalement intéressés à la naissance des organisations hybrides (Smets & Jarzabkowski, 2013) ou au maintien de l'hybridité dans le temps (Battilana & Lee, 2014 ; Pache & Santos, 2010) cet article identifie une nouvelle évolution possible des organisations hybrides. De plus, cette recherche répond au récent appel de chercheurs comme Battilana and Lee (2014) afin de mieux comprendre le cycle de vie des organisations hybrides et notamment l'influence des nouveaux cadres juridiques propres à ces formes organisationnelles. Le cas des CAE permet en effet de voir que l'institutionnalisation n'est pas recherchée par toutes les organisations hybrides et peut même être perçue comme une menace plus qu'une garantie de développement. L'équilibre entre institutionnalisation et expérimentation semble ici s'opérer à l'échelle du champ avec d'une part des acteurs dédiés à chacun des mouvements (les réseaux institutionnels œuvrant davantage pour l'institutionnalisation, alors que les réseaux plus informels poursuivent l'expérimentation). Deux mouvements qui s'avèrent finalement être plus complémentaires que contradictoires.

Apports pour les recherches et pratiques coopératives

L'un des débats centraux pour les chercheurs et les praticiens de la coopération, et plus largement de l'ESS, concerne le maintien du projet coopératif et la façon d'échapper au « cycle de la dégénérescence » (Cornforth, 1995). Ce cycle qui mène progressivement les organisations de l'ESS à adopter les outils et pratiques managériales des entreprises à but lucratif, les amenant en fin de cycle à oublier le projet initial d'émancipation (Draperi, 2012). Dans cet article nous montrons que Coopaname s'appuie fortement sur les principes coopératifs et plus particulièrement sur deux d'entre eux : le cinquième principe d'éducation, formation et information et le sixième principe de coopération entre coopératives. La coopérative entretient sa gouvernance démocratique en s'appuyant sur le premier et étend son expérimentation grâce au second. Alors que les recherches sur la coopération se sont principalement focalisées sur la gouvernance et la structure financière des coopératives, le cas de Coopaname met en lumière l'importance d'autres principes (information, formation et inter-coopération) largement sous-estimés, qui semblent pourtant permettre de briser le « cycle de la dégénérescence ».

Limites et pistes de recherches futures

Dans cette étude nous avons identifié plusieurs processus qui pourraient faire l'objet d'investigations approfondies, comme par exemple l'usage de l'ambivalence pour déconstruire une organisation hybride. Au-delà, si l'étude de cas longitudinale permet d'identifier les composantes d'un processus, celle-ci nécessite par la suite de nouvelles recherches *via* des études de cas encastrées par exemple (Yin, 2003) afin de mieux comprendre l'articulation entre ces processus institutionnels et organisationnels avec les pratiques des membres et leurs identités.

BIBLIOGRAPHIE

ASHCRAFT, K. L., 2001, Organized dissonance : feminist bureaucracy as hybrid form, *Academy of management review*, 44(6), p. 1310-1322.

ASHFORTH, B. E. & REINGEN, P. H., 2014, Functions of Dysfunction : Managing the Dynamics of an Organizational Duality in a Natural Food Cooperative, *Administrative Science Quarterly*, 59(3), p. 474-516.

ASHFORTH, B. E., ROGERS, K. M., PRATT, M. G. & PRADIES, C., 2014, Ambivalence in Organizations : A Multilevel Approach. *Organization Science*, 25(5), p. 1453-1478.

BATSTONE, E., 1983, Organization and orientation : a life cycle model of French co-operatives, *Economic and Industrial Democracy*, 4, p. 139-161.

BATTILANA, J. & DORADO, S., 2010, Building sustainable hybrid organizations : the case of commercial microfinance organizations, *Academy of management journal*, 53(6), p. 21.

BATTILANA, J. & LEE, M., 2014, Advancing Research on Hybrid Organizing – Insights from the Study of Social Enterprises, *The Academy of Management Annals*, 8(1), p. 397-441.

BESHAROV, M. L. & SMITH, W. K., 2013, Multiple logics in organizations : explaining their varied nature and implications, *Academy of management review*, 39(3), p. 364-381.

BOST, E., 2011, *Aux entreprenants associés. La coopérative d'activités et d'emploi*, Editions Repas.

BOUCHARD, M. J., EVERS, A. & FRAISSE, L., 2015, Concevoir l'innovation sociale dans une perspective de transformation, *Sociologies pratiques*, 31(2), p. 9.

COLYVAS, J. A. & JONSSON, S., 2011, Ubiquity and legitimacy : disentangling diffusion and institutionalization, *Sociological theory*, 29(1), p. 26-53.

CORBIN, J. & STRAUSS, A., 2008, *Basics of qualitative research*, USA.

CORNFORTH, C., 1995, Patterns of cooperative management : beyond the degeneration thesis, *Economic and Industrial Democracy*, 16, p. 487-523.

DRAPERI, J.-F., 2012, *La république coopérative.*
DURAND, R., SZOSTAK, B., JOURDAN, J. & THORNTON, P., 2013, Institutional logics as strategic resources, *Research in the sociology of organizations*, 39A, p. 36.
FRIEDLAND, R. & ALFORD, R. R., 1991, Bringing society back in Symbols, practices and institutional contradictions In POWELL, W. W. & DI MAGGIO, P. J. (Eds.), *The new institutionalism in organizational analysis*, University of Chicago Press.
GLYNN, M. A. & LOUNSBURY, M., 2005, From the Critics' Corner : Logic Blending, Discursive Change and Authenticity in a Cultural Production System, *Journal of Management Studies*, 42(5), p. 1031-1055.
GREENWOOD, R., RAYNARD, M., KODEIH, F., MICELOTTA, E. R. & LOUNSBURY, M., 2011, Institutional Complexity and Organizational Responses, *The Academy of Management Annals*, 5(1), p. 317-371.
KENT, D. & DACIN, M. T., 2013, Bankers at the gate : Microfinance and the high cost of borrowed logics, *Journal of Business Venturing*, 28(6), p. 759-773.
KRAATZ, M. S. & BLOCK, E. S., 2008, Organizational implications of institutional pluralism In GREENWOOD, R., OLIVER, C., SAHLIN-ANDERSSON, K. & SUDDABY, R. (Eds.), *The handbook of organizational institutionalism,* Sage.
LANGLEY, A., 1999, Strategies for theorizing from process data, *Academy of Management review*, 24(4), p. 691-710.
NIGAM, A. & OCASIO, W., 2010, Event Attention, Environmental Sensemaking, and Change in Institutional Logics : An Inductive Analysis of the Effects of Public Attention to Clinton's Health Care Reform Initiative, *Organization Science*, 21(4), p. 823-841.
PACHE, A.-C. & SANTOS, F., 2010, When worlds collide : the internal dynamics of organizational responses to conflicting institutional demands, *Academy of management review* 35(3), p. 455-476.
PACHE, A. C. & SANTOS, F., 2013, Inside the Hybrid Organization : Selective Coupling as a Response to Competing Institutional Logics, *Academy of Management Journal*, 56(4), p. 972-1001.
SAINSAULIEU, R., 2001, *Des sociétés en mouvement, la ressource des institutions intermédiaires.*
SMETS, M. & JARZABKOWSKI, P., 2013, Reconstructing institutional complexity in practice : A relational model of institutional work and complexity, *Human Relations*, 66(10), p. 1279-1309.
SWIDLER, A., 2011, *Talk of love. How culture matters,* The University of Chicago Press.
THORNTON, P., OCASIO, W. & LOUNSBURY, M., 2012, *Institutional logics perspectives. A new approach to culture, structure and process.*

VAN DIJK, S., BERENDS, H., JELINEK, M., ROMME, A. G. L. & WEGGEMAN, M., 2011, Micro-Institutional Affordances and Strategies of Radical Innovation, *Organization Studies*, 32(11), p. 1485-1513.
WESTLEY, F., ANTADZE, N., RIDDELL, D. J., ROBINSON, K., & GEOBEY, S., 2014, Five configurations for scaling up social innovation: case examples of nonprofit organizations from Canada, *Journal of Applied Behavioral Science*, 50(3), p. 234-260.
YIN, R. K., 2003, *Case study research. Design and methods,* Sage.

L'INNOVATION SOCIALE ENTREPRENEURIALE : UN PROCESSUS D'INSTITUTIONNALISATION INACHEVÉ LES 10 ANS D'ALTER'INCUB, PREMIER INCUBATEUR RÉGIONAL D'ENTREPRISES SOCIALES

Nadine RICHEZ-BATTESTI
Aix Marseille Université et LEST-Cnrs
nadine.richez-battesti@univ-amu.fr
Delphine VALLADE
Université Paul Valéry-Montpellier et ART-Dév
delphine.vallade@univ-montp3.fr

INTRODUCTION

A l'automne 2007, Alter'Incub, le premier « incubateur régional d'innovation sociale » émerge en vue d'accompagner la création de nouvelles activités socio-économiques. 10 ans après, où en est-on ?

Porté par le syndicat professionnel des sociétés coopératives de production du Languedoc-Roussillon - l'Union Régionale des Scop (UR Scop L-R) -, ce dispositif vise à favoriser le développement d'activités nouvelles de par leur contenu et leur organisation. Ces activités sont rapidement qualifiées de projets entrepreneuriaux « d'innovation sociale ». Les porteurs de ce dispositif se sont efforcés de donner un contenu à ce terme. Le processus de caractérisation de ce contenu a reposé sur des négociations diverses avec la Région (ex-LR), avec des organisations représentatives de l'Economie sociale et solidaire (le CEGESS, le MOUVES, etc.) ou des agences d'expertise telles que l'AVISE… et jusqu'à l'Union Européenne[44]. Des compromis ont, à cette occasion, été passés. En effet, ces acteurs, publics et privés, inscrits à différentes échelles de territoires, ont eu en commun de progressivement valoriser l'innovation sociale et de l'intégrer au cœur de leurs feuilles de route à partir des années 2009-2010. Ce sont ces compromis et ces processus de fabrication que l'on étudie, en nous centrant sur leurs implications pour les porteurs d'Alter'Incub. Les enjeux ne sont pas

[44] CEGESS : Conseil des Employeurs, Entreprises et Groupements de l'Economie Sociale et Solidaire ; MOUVES : Mouvement des Entrepreneurs Sociaux ; AVISE : Agence de Valorisation des Initiatives Socioéconomiques

minces… Tout d'abord, avec l'innovation sociale, comme avec l'Economie Sociale et Solidaire (ESS) et le Développement Durable, nous faisons face à des termes devenus des lieux communs ou des « topoï » d'une certaine littérature, qu'elle soit professionnelle ou académique. Ces contenus n'étant pas stabilisés, on montre qu'ils font l'objet d'usages différenciés et de rapports de force débouchant conjointement sur des tensions et compromis.

Derrière ces rapports de force, négociations et constructions de compromis autour de l'innovation sociale, deux visions opposées sont en concurrence :

- D'un côté, ceux qui veulent pousser l'entreprise à se réformer vers plus de solidarité et vers un modèle « coopératif ».
- De l'autre, ceux qui voudraient se défausser d'un certain nombre de services publics en direction des entreprises.

Notre objet ne consiste pas ici à poursuivre la quête d'une « vraie » définition de l'innovation sociale. Bien au contraire, nous considérons que dans l'espace ouvert par ce terme se jouent des luttes de caractérisation. Nous ne procédons donc pas à une revue de la littérature sur la notion, mais cherchons à établir les enjeux liés aux usages de cette catégorie pour l'UR Scop (à l'initiative du dispositif) et les acteurs avec lesquels elle interagit. Nous cherchons à comprendre la manière dont les acteurs s'organisent pour enclencher un changement institutionnel et créer une institution. Le processus observé n'est pas lisse et sans conflits… La notion de « travail institutionnel » (Lawrence, Suddaby, 2006) permet d'en rendre compte. Elle retient le caractère collectif et complexe de cette modification de l'environnement par des acteurs (Ben Slimane, Lecat, 2010).

D'un point de vue méthodologique, le suivi longitudinal du dispositif, depuis sa conception jusqu'à nos jours (2007-2017), constitue notre point d'ancrage pour observer à la fois les acteurs à l'initiative d'Alter'Incub, les différents partenariats mis en œuvre pour fonder le dispositif et son écosystème, ainsi que les interactions entre les différents échelons territoriaux. Notre investigation a reposé sur la collecte de données d'activité de l'incubateur, des entretiens menés à différentes étapes auprès des professionnels exerçant (ou ayant exercé) des fonctions au sein du dispositif, des professionnels des collectivités territoriales et du champ de l'aide à la création d'entreprises innovantes ainsi que d'autres sources documentaires (littérature professionnelle : guides, rapports, etc.).

Nous présentons d'abord la trajectoire d'Alter'Incub à travers son modèle, les principales étapes de son développement et de son intégration à la politique régionale. Nous élargissons ce contexte au paysage national et européen des dispositifs d'appui à la création d'activités socioéconomiques innovantes. Dans un second temps, nous positionnons notre approche dans le cadre d'un institutionnalisme historique où la fabrication de catégories de l'action publique relève de pratiques situées, de controverses et de rapports de force. La troisième partie présente la construction des compromis qui se sont noués autour d'Alter'Incub et de sa conception de l'innovation sociale dans un contexte évolutif où, au fur et à mesure de la diffusion de cette catégorie, les compromis locaux sont réinterprétés. En conclusion, nous discutons les grandes tendances révélées par cette étude de cas, en soulignant la complexité de stratégies d'acteurs plutôt minoritaires (mouvement coopératif, ESS), dotés d'une force revendicative, mais dont les arbitrages sont percutés par le Nouveau Management Public.

1. ALTER'INCUB : UNE INNOVATION DANS LE CHAMP DES DISPOSITIFS D'APPUI A LA CREATION D'ENTREPRISES INNOVANTES ?

Le dispositif étudié prend place dans un contexte de croissance de « l'industrie » des incubateurs et pépinières (Albert et *al.*, 2002), lui-même lié au renforcement des politiques de l'offre (soutien aux entreprises et à la création d'activité). Si Alter'Incub se démarque au moment de sa création, dix ans après, il est noyé dans la multitude et l'omniprésence de l'innovation sociale.

1.1. Alter'incub, premier incubateur régional d'innovation sociale

Lorsqu'il émerge en 2007, Alter'Incub est le premier incubateur régional d'entreprises sociales. Si d'autres dispositifs expérimentaux existaient à l'époque (à HEC et l'ESSEC[45]), leur rayonnement n'était pas régional et leur configuration – adossés à une école – les distinguaient d'Alter'Incub, porté par le mouvement des coopératives de production. En outre, les incubateurs dits académiques, issus de la loi Allègre du 12 juillet 1999, fondés sur les liens sciences-industrie ne consacrent alors que 4 à 5 % de leur activité aux innovations issues des Sciences Humaines et Sociales (SHS), cœur d'activité d'Alter'Incub.

Telle qu'énoncée par ses fondateurs[46], l'originalité de ce dispositif est de faire le lien entre des besoins d'intérêts collectifs sur les territoires ou dans les secteurs d'activité et les objets de recherche des laboratoires SHS et/ou les pistes de R&D développées par des entreprises d'ESS. Il vise aussi plus classiquement à accompagner des équipes projets à concevoir des réponses économiques innovantes qui à la fin de la période d'incubation se traduiront par la création d'une entreprise. Le

[45] En 2005, Antropia ESSEC a été créé par la Chaire "Innovation et Entrepreneuriat social" de l'école supérieure de commerce. HEC crée en 2007 un incubateur dédié à ses diplômés, qui accompagne des projets dans le secteur des services, et notamment de futures entreprises sociales.

[46] Documents internes et entretiens exploratoires UR Scop 2007.

pari est donc de réussir le transfert d'innovation sociale, notamment depuis les travaux de recherche en SHS, au même titre que l'innovation technologique le plus souvent à vocation strictement commerciale et issue des sciences exactes. L'enjeu est de soutenir la création d'activité en réponse aux grands défis sociétaux (mobilité, vieillissement, climat, habitat, etc.) à partir d'entreprises privilégiant la dimension collective de leur fonctionnement en interne et avec leurs parties prenantes.

La conceptualisation de cet outil est intimement liée au statut de SCIC - Société Coopérative d'Intérêt Collectif - entreprise au service du développement local, fondé sur le multi sociétariat intégrant salariés et usagers, avec possibilité d'hybridation du capital public-privé. Le diagnostic préalable à l'émergence d'Alter'Incub articule en effet les spécificités du tissu économique régional et les besoins et motivations du mouvement coopératif (Richez-Battesti, Vallade, 2009). Celui-ci souhaite déployer Alter'Incub dans le cadre d'un ensemble de dispositifs favorisant la détection, la création, le développement et la pérennité d'entreprises sociales d'intérêt collectif.

Du point de vue fonctionnel, l'architecture du dispositif repose sur une triangulaire dynamique entre un territoire[47] (ou une filière) / la recherche / l'équipe de porteurs de projet : l'initiative peut venir de l'un des trois pôles qui, mis en lien avec les deux autres, débouchera sur un processus d'innovation sociale. Les projets sont sélectionnés par un comité pluriel (collectivités territoriales, Chambre de Commerce et d'Industrie, chercheurs, grandes entreprises de l'ESS, professionnels de la création d'entreprise, etc.), à partir d'une grille de critères proposée par l'UR Scop. A l'issue d'une période de pré-incubation de 3 mois, chaque projet est à nouveau auditionné pour un bilan intermédiaire et l'incubation peut se prolonger sur une durée totale de 18 mois alternant des temps d'accompagnement individuels et collectifs (formation, conseil, études de faisabilité, etc.). Plusieurs projets sont co-accompagnés par Alter'Incub et l'un des dispositifs d'appui académique plus axé sur l'innovation technologique rattaché à Synersud, réseau des incubateurs et pépinières de LR. En 10 ans, 36 entreprises ont vu le jour (Encadré 1). Sur les 3 dernières années, la moitié des entreprises créées sont des coopératives (Scop ou Scic).

---

47 Le territoire est entendu au sens de "projet de territoire" impulsé par des acteurs sociaux et éventuellement incarné par une collectivité locale (commune, Parc Naturel Régional, Pays, Communauté de communes, etc.).

Encadré 1 : Alter'Incub en dates et en chiffres

Grandes dates	
Janvier-juillet 2007	Phase préparatoire
Janvier 2008	Sélection et accueil des premiers projets
Décembre 2008	Fin de la période expérimentale. Création de RÉalis : Réseau Actif pour L'Innovation Sociale
2011	Première duplication d'Alter'Incub en Rhône-Alpes
2013	1ères Rencontres Internationales de l'Innovation Sociale & inauguration du Pôle RÉalis (hôtel et pépinière d'entreprises de l'ESS) Duplication d'Alter'Incub en Poitou-Charentes
2014	Création d'une communauté : un site web unique pour les 3 incubateurs labellisés Alter'Incub. L'UR Scop MP et la Région Midi-Pyrénées créent Catalis
2015	2èmes Rencontres Internationales de l'Innovation Sociale sur le financement de l'innovation sociale
Chiffres clés de Janvier 2008 à décembre 2016	
275 dossiers reçus 88 projets retenus après audition 47 projets accompagnés sur toute la durée de la convention 41 projets ayant abandonné ou « sortis » en cours d'incubation 36 entreprises créées	

Source : Documents internes Alter'Incub.

1.2. Alter'Incub, acteur de la politique régionale en matière d'innovation

La naissance d'Alter'Incub est liée à l'opportunité d'une mise à l'agenda d'une politique d'innovation sociale en région Languedoc-Roussillon[48]. Dans un contexte marqué par des rivalités entre territoires, la Région doit faire preuve d'inventivité. Elle retient la proposition du mouvement coopératif pour affirmer une conception élargie de « l'innovation pour tous ». Reconnue au niveau international pour ses

48 Pour l'analyse de cette politique régionale d'innovation sociale, voir Richez-Battesti N., Vallade D. (2012).

dispositifs d'appui aux entreprises (classiques) innovantes, la Région souhaite s'adapter à l'évolution des modèles économiques (développement durable, RSE...).

Suite à son changement de couleur politique, la collectivité crée, dès 2006, une délégation à l'ESS, au sein de la direction de l'économie. Elle renforce alors les partenariats avec ses acteurs fédératifs (CRESS, UR Scop, AIRDIE, etc.) en vue de promouvoir « des dynamiques entrepreneuriales socialement innovantes ancrées sur le territoire »[49]. En 2009, le Conseil régional décide d'inscrire plusieurs dispositifs dans son Schéma Régional de Développement Economique et de l'Emploi et dans sa Stratégie Régionale d'Innovation. Parmi eux, Alter'Incub, Coeptis (école de l'entrepreneuriat en ESS) et le Pôle RÉalis (hôtel et pépinière d'entreprises sociales) sont issus du programme de travail arrêté par l'UR Scop en 2007 : ils constituent trois piliers pour soutenir la création, le développement et la professionnalisation des entreprises coopératives, élargies par la suite à l'ensemble des entreprises de l'ESS.

Le terme innovation sociale, mobilisé dès 2008-2009, permet aux acteurs locaux de mettre en cohérence cet ensemblier auquel s'agrègent différents dispositifs et événements (Encadré 2). Cet étiquetage *a posteriori* donne une visibilité à cet « écosystème régional ». D'abord mobilisé comme une marque soulignant le caractère intégré des dispositifs, le réseau RÉalis devient ensuite le nom de l'hôtel et pépinière d'entreprises qui, finalement, sera directement porté par la Région.

Ainsi positionné, avec le soutien à la fois institutionnel et financier de la Région, Alter'Incub est le premier dispositif de l'ESS qui émarge au FEDER. Cofinancé par la Région, la Caisse des Dépôts et Consignation et l'Union Européenne dès son amorçage, l'incubateur déploie son activité de manière régulière sur la période 2007-2017 sans avoir à multiplier les partenariats financiers.

---

49 Extrait de la feuille de route de l'expérimentation du Pôle régional d'innovation sociale (PRIS), document interne, 2009.

Encadré 2 : L'écosystème de l'innovation sociale en Languedoc-Roussillon

▪ *Coeptis, l'école de l'entrepreneuriat en économie sociale*

Face aux besoins en termes de professionnalisation des cadres dirigeants et entrepreneurs de l'ESS, elle vise une double compétence en alliant des capacités en gestion de l'entreprise à des capacités favorisant des pratiques démocratique et sociale. Créée en 2009, l'école est organisée en SCIC, avec la Région comme l'une des parties prenantes. Suite au développement de son activité dans plusieurs régions de France, l'école est en difficulté de gestion. Elle est reprise par le réseau des IRTS-IFOCAS[50] depuis janvier 2016.

▪ *Alter'Incub : l'incubateur d'innovation sociale*

Alter'Incub s'appuie sur une relation triangulaire entre un territoire (ou filière), un porteur de projet et un ou plusieurs laboratoires de SHS. Le pari est le même que celui réalisé par les incubateurs d'innovation technologique, à la différence près de l'intégration dès l'amont, des territoires (collectivités) comme partenaires à part entière dans les projets d'entreprises. La Région est un acteur clé de son financement.

▪ RÉ*alis, la pépinière et hôtel d'entreprises sociales*

Comme les pépinières traditionnelles, le dispositif consiste en l'accueil, l'hébergement et l'accompagnement des porteurs de projet afin d'optimiser leur taux de réussite. L'innovation réside dans le fait de la dédier aux entreprises sociales, une première en France. Inaugurée en décembre 2013, elle est portée par la Région et reçoit aussi des financements européens (FEDER).

▪ *Le PRIS, Pôle Régional de l'Innovation Sociale*

Expérimenté en 2010, il vise à élargir la filière de l'innovation sociale aux entreprises déjà existantes notamment à partir de la formation des agents de développement. Il repose sur des liens étroits avec la recherche et avec les territoires. Initialement porté par l'UR SCOP, le PRIS devient en 2013 un département de Transfert LR, association impulsée en 2005 par l'Etat et la Région pour soutenir l'innovation et accompagner les entreprises.

▪ *COVENTIS : la convention d'affaires*

Cet événement favorise les flux d'affaires entre les organisations de l'ESS. La première édition a eu lieu en décembre 2008 à Montpellier et l'événement, coordonné par la CRESS, se renouvelle tous les 2 ans.

---

50 Institut Régional du Travail Social – Institut de Formation des Cadres de l'Action Sociale

▪ *La SCIC Réplic*

Société Coopérative d'Intérêt Collectif dont la Région est partie prenante, Réplic est un groupe coopératif de portage d'entreprises solidaires, comportant un volet insertion. Le développement du groupe passe par la duplication de modèles économiques. Sept ans après sa création (en 2005), le modèle économique de Réplic s'avère défaillant, la structure est fermée. 6 des 9 entreprises créées demeurent en activité en 2017.

1.3. Alter'Incub dans le paysage de l'accompagnement à l'innovation sociale : croissance, spécialisation et diversification des dispositifs d'appui

Au cours des 10 dernières années, si l'innovation sociale s'est diffusée de manière exponentielle dans la littérature universitaire (Gaidos, Palpacuer, 2016), elle a aussi pénétré le monde des politiques publiques aux différents échelons territoriaux (Richez-Battesti et *al.*, 2012 ; Gallois et *al.*, 2016). Sans entrer ici dans l'analyse de ses usages (voir Richez-Battesti et *al.*, 2012 ; Chochoy et *al.*, 2013), retenons que cette percée contribue à la reconnaissance des dispositifs d'accompagnement à l'innovation sociale, dans un contexte de valorisation qui facilite leur développement[51]. L'offre d'accompagnement et/ou de financement spécifiquement dédiée aux projets socialement innovants se structure tout au long de cette décennie, de manière accélérée depuis 2010-2011.

Cette offre s'inscrit dans la dynamique plus large de croissance mondiale de « l'industrie » des incubateurs et pépinières (Albert et *al.*, 2002)[52]. Celle-ci se déploie en deux vagues successives : au cours des années 1980-1998, la fonction d'hébergement juridique et immobilier est première et la quasi-totalité des financements émanent du secteur public ; à partir de 1998, on assiste au développement d'incubateurs privés à but commercial, les incubateurs académiques se multiplient et toute une série de dispositifs à l'initiative de collectivités, d'associations mais aussi d'entreprises ou d'investisseurs privés couvrant l'avant et l'après création d'entreprises innovantes se déploient. Cet engouement est lié au développement d'internet : il s'agit d'accélérer et d'industrialiser la fabrication des startups.

---

51 Voir en France, par exemple, la reconnaissance de l'innovation sociale par la loi ESS du 31 juillet 2014 ; voir aussi la *Social Innovation Europe* (SIE) ou encore Horizon 2020 à l'échelle de l'Union Européenne.

52 A l'échelle internationale, les "incubateurs" recouvrent à la fois les dispositifs d'appui à la création du projet et le segment post-création, que l'on connaît le plus souvent sous le nom de pépinière en France.

Ainsi dès la fin des années 1990, une première vague d'incubateurs spécifiquement dédiés à l'innovation sociale émerge en Angleterre, France, Roumanie, Hongrie, Pays-Bas, en majorité portés par des entrepreneurs sociaux. Avant même le lancement de la stratégie européenne (SIE) en 2010, ces dispositifs ont en commun la mise en réseau d'une pluralité d'acteurs en vue de créer des entreprises innovantes par leur impact social et environnemental. Plusieurs réseaux européens structurent aujourd'hui ces initiatives en vue d'échanger des outils et pratiques, de recenser les entreprises socialement innovantes et de favoriser leur changement d'échelle[53]. Depuis début 2016, Alter'Incub est devenu membre du réseau européen SIAN (Social Innovation Accelerator Network) développé par le projet européen BENISI[54].

En France, les dispositifs d'appui se multiplient également, aussi bien portés par des professionnels de l'innovation, de la création d'activité économique classique ou de l'ESS. Au-delà des incubateurs régionaux mis en oeuvre par les UR Scop, le réseau des écoles de commerce par exemple, propose des incubateurs dédiés à l'ESS, intégrant parfois un volet tourné vers l'entrepreneuriat social dans les quartiers dits sensibles[55]. Plus largement, l'AVISE recense une diversité de dispositifs centrés sur « l'accompagnement à la création d'activités d'utilité sociale », couvrant la détection de projets d'entreprise ou de territoire, les programmes d'accompagnement courts, la pré incubation, l'incubation, les couveuses, les pépinières et espaces de coworking[56]. En novembre 2016, l'agence dénombre une quinzaine de dispositifs comparables à Alter'Incub, qualifiés d'incubateurs ESS.

Par la nature de son promoteur, Alter'Incub se présente comme un dispositif novateur lors de son amorçage. Il va néanmoins être éclipsé sous l'effet de plusieurs dynamiques :

- A l'échelle internationale, européenne en premier lieu, les dispositifs d'appui à la création d'activités socioéconomiques innovantes se diffusent. Sous la bannière commune de l'innovation sociale, ils accompagnent alternativement des projets d'économie sociale et solidaire, des projets de type humanitaire, ou d'action sociale.

---

53 Voir par exemple, Social Innovation Exchange (SIX) : http://www.socialinnovationexchange.org/home ou Euclid Network : http://euclidnetwork.eu/

54 Le projet européen BENISI, financé par la DG Recherche et la DG Industrie a identifié 300 innovations sociales avec un fort potentiel de développement (création d'emplois), avec quelques entreprises issues d'Alter'Incub (http://www.benisi.eu/).

55 Par exemple, l'incubateur de HEC Paris dédié à l'entrepreneuriat social, StandUp inauguré en mai 2014.

56 http://www.avise.org/sites/default/files/atoms/files/20161201/avise_es_201611_carto_emergence_sensi_v2.pdf

- A l'échelle nationale, du fait de l'essaimage à la fois sous sa propre marque et sous d'autres, Alter'Incub n'est plus le seul et unique.
- Au sein des dispositifs de Languedoc-Roussillon, Alter'Incub n'est plus que l'un des maillons de la chaîne, avec une visibilité forte de la pépinière Réalis portée par la Région et située dans un bâtiment « vitrine » de l'entrepreneuriat et de l'innovation sociale sur le territoire.

Ces dynamiques révèlent-elles un processus d'innovation où une minorité parvient à faire bouger les lignes, puis est imitée pour asseoir enfin de nouvelles règles du jeu (Alter, 2002) ? Jusqu'à quel point le développement des incubateurs d'innovation sociale contribue-t-il au renouvellement des normes entrepreneuriales et du développement économique ?

2. L'INSTITUTIONNALISATION COMME CONSTRUCTION SOCIALE DE NORME PAR DES ACTEURS SITUES : INSTITUTIONNALISME HISTORIQUE ET TRAVAIL INSTITUTIONNEL

A partir du récit de ce dispositif, nous observons la contribution d'un acteur local à l'élaboration d'une catégorie émergente de l'action publique. Comment des pratiques situées, dans le temps et dans l'espace, remontent dans les structures sociales et impactent la construction d'un champ d'action publique qui se dote progressivement d'un périmètre, de professionnels, d'experts... ? Ce processus procède par l'élaboration de compromis à différentes échelles. Notre hypothèse est que l'institutionnalisation de l'innovation sociale entrepreneuriale résulte d'une série de compromis, mettant en jeu des négociations, des rapports de force (plus ou moins conflictuels ou pacifiés), avec des jeux d'acteurs dont les contours se reforment au fur et à mesure de l'évolution du processus.

Ce positionnement théorique et méthodologique nous engage tout d'abord à ne pas considérer l'innovation sociale comme pré existante mais comme catégorie socialement construite. Il nous amène ensuite à adopter une approche constructiviste où les acteurs sont aux prises avec des attachements, des rapports de pouvoir, des visions du monde différenciées. Nous retenons enfin que cet ancrage social agit comme une variable explicative des stratégies que ces acteurs déploient. La notion de « travail institutionnel » proposée par la sociologie pratique américaine (Lawrence, Suddaby, 2006) permet de rendre compte de ces processus dans leur complexité en pointant la multiplicité des pratiques et activités en jeu dans le changement institutionnel.

En renonçant à réifier l'innovation sociale, nous plaçons la focale sur le processus de fabrication des compromis, davantage que sur le résultat. Il s'agit d'observer comment se construit une nouvelle catégorie de l'action publique. « Cela implique de ne pas inférer la catégorie à une dimension ontologique, mais à une dynamique de catégorisation jamais totalement achevée. Cela signifie encore de raisonner en termes de processus, non de manière abstraite et générale, mais à partir des acteurs, de leurs activités, polémiques et controverses, référées à des situations et des cadres d'action particuliers » (B. Zimmermann, 2003). Dans ce processus, les niveaux micro et macro se construisent mutuellement à partir de l'action et des interactions structurantes des personnes. Au regard du terrain, il importe donc de voir quand, comment et pourquoi la catégorie émerge en considérant les jeux de contraintes des acteurs et les opportunités ouvertes par l'usage de cette catégorie.

Apport majeur de ces dernières décennies, l'importance des institutions et des organisations pour l'économie tend à être reconnue. L'institutionnalisme « pose la nécessité de penser le rôle des médiations entre structures sociales et comportements individuels pour comprendre ces derniers et leurs formes collectives d'expression. Ces médiations sont précisément les institutions » (Théret, 2000, p. 25). L'hypothèse d'acteurs socialement ancrés nous rapproche de l'institutionnalisme historique que Bruno Théret (2000) oppose à l'institutionnalisme du choix rationnel : les acteurs calculent certes sur la base de leurs intérêts mais ils sont équipés de vision du monde diverses selon leurs positions sociales et les contextes sociétaux ; leurs intérêts sont construits politiquement.

Dans ce cadre, les processus d'institutionnalisation contraignent et habilitent les acteurs. « Les règles, qu'elles émergent de manière *bottom-up* ou *top-down*, facilitent la coordination tout en étant traversées de rapports de pouvoir, de coopération et de conflit (dimensions cognitive et conflictuelle). Elles cristallisent des conflits et des visions du monde en tension qui contribuent à les faire évoluer. Elles ne sont pas le résultat de processus d'optimisation, mais de compromis et de bricolages » (Labrousse, 2014, p. 227).

La notion de « travail institutionnel » fait écho à cette démarche. Ben Slimane et Lecat (2010) explorent la multiplicité des activités qui le compose. La création institutionnelle par exemple engage toute une série d'actions : plaider en faveur du projet, définir, motiver, construire des identités, coupler les nouvelles pratiques avec d'anciennes, fournir aux acteurs les connaissances et les compétences nécessaires pour s'approprier l'institution… (Ben Slimane, Lecat, 2010, p. 61). Elle engage aussi des efforts de la part d'acteurs mus par un projet commun mais eux-mêmes hétérogènes dans leurs visées et façons de faire.

Dans ce sens, nous retenons la proposition d'Agnès Labrousse (2014) qui encourage les économistes à l'observation directe dans une perspective sociologique, voire ethnographique. Nous retenons aussi de cet auteur l'importance de la réflexivité du chercheur aux prises avec son terrain. La proximité des relations engagées par ces dix années de suivi du dispositif nous a donné un accès privilégié au terrain, mais nous a aussi associées à la production du discours du dispositif sur lui-même.

3. L'INSTITUTIONNALISATION D'ALTER'INCUB : DES COMPROMIS FRAGILES ET INSTABLES

Il s'agit ici de retracer l'histoire d'Alter'Incub en pointant les faits saillants de son processus d'institutionnalisation.

3.1. La construction d'un compromis fondé sur la reconnaissance du mouvement coopératif local

Dans une première étape, le travail institutionnel des porteurs de projet consiste à *définir, clarifier et diffuser* les enjeux de l'innovation sociale telle qu'appréhendée à travers Alter'Incub (Lanciano, Saleilles, 2011, p. 163). Cette étape nous renvoie à la phase de diagnostic, et donc aux raisons d'agir, qui précèdent l'émergence de la chaîne de dispositifs. Les acteurs font alors l'effort de casser les routines, de prendre de la distance et de construire une véritable vision de long terme (Ben Slimane, Lecat, 2010) en matière de coopérations territoriales et d'entrepreneuriat coopératif.

A partir de là, il s'agit d'asseoir la légitimité d'Alter'Incub par *un travail de médiation et d'enrôlement* des acteurs. Celui-ci opère à plusieurs niveaux. Tout d'abord, au sein même des instances du mouvement coopératif : il faut convaincre les équipes de professionnels au niveau local mais aussi les acteurs fédératifs (Confédération Générale des Scop) du caractère stratégique d'Alter'Incub : si l'innovation sociale ne constitue pas le « cœur de métier » des délégués régionaux, l'incubateur pourrait dynamiser le développement d'entreprises coopératives, en particulier celui des Scic dont le nombre est alors réduit[57].

En second lieu, le travail institutionnel concerne une pluralité d'acteurs externes, depuis les grandes entreprises de l'ESS (MAIF, MACIF, Caisse d'épargne), les professionnels de la création d'entreprises

[57] Fin 2006, on compte 98 SCIC en activité en France, contre 611 en fin 2016. Alors que le statut est adopté par la loi du 17 juillet 2001, le nombre d'entreprises progresse doucement puis à un rythme plus soutenu à partir des années 2014-2015.

(incubateurs académiques, pépinières, etc.), les collectivités publiques (collectivités locales, chambre de commerce, Caisse des Dépôts), qui s'inscriront dans une démarche de participation à différents stades du processus selon leurs logiques d'action respectives (voir Richez-Battesti, Vallade, 2009). Un effort particulier s'engage avec les instances Régionales où l'identification d'élus et de techniciens à même d'assurer le portage politique du projet s'avère déterminant. Lorsque le Conseil régional inscrit Alter'Incub au cœur de sa Stratégie Régionale d'Innovation, son engagement est fondé sur une vision commune : la valorisation des ressources territoriales en matière de recherche en SHS et le pari de leur transformation en entreprises, en particulier dans le tertiaire (vieillissement, mobilité, alimentation, habitat, etc.). « *Il ne s'agit pas de grossir les rangs de l'ESS mais de soutenir le développement économique local* »[58]. Aussi, très tôt, la Région négocie l'intégration de deux critères :

- D'une part, les projets sélectionnés doivent déboucher sur des créations d'emplois qui ne se limitent pas à celui du créateur.
- D'autre part, aucune obligation de statut n'est requise pour les entreprises créées. Le mouvement coopératif peut faire connaître ses statuts et sa philosophie, mais le dispositif s'engage à ne pas poser de contrainte sur la nature des entreprises créées. La question du mode de gouvernance collectif n'est donc pas balisée par des limites définies.

Dans une posture non-corporatiste, attaché à défendre l'intérêt de l'ESS dans son ensemble, le mouvement coopératif accepte ce compromis. « *Au-delà du nombre de coopératives, notre objectif est de poser un cadre où les gens coopèrent… Quelles conditions de coopération permettent au mieux de lancer et de développer les projets* »[59].

La diffusion du plaidoyer sur les enjeux d'Alter'Incub va précéder la définition véritable de l'innovation sociale entrepreneuriale. Comme le souligne l'un des fondateurs « *tout au long des premiers mois de l'incubateur, l'innovation sociale reste un OVNI* »[60]. En effet, la définition de critères et de règles (inductives) est issue des premiers comités de sélection. La production de référentiels communs s'appuie sur des négociations et des apprentissages collectifs au sein d'une communauté d'acteurs sensibilisés en amont. Le *processus de traduction* est essentiel à la fois pour la mobilisation de ces acteurs issus de mondes sociaux divers, et pour l'émergence d'une norme commune de projets retenus (Richez-Battesti, Vallade, 2016).

58 Extrait d'entretien avec un cadre territorial (septembre 2008).
59 Extrait d'entretien avec l'un des fondateur (juin 2012).
60 Entretien réalisé en juin 2012.

A l'issue de la phase expérimentale, la capitalisation de ces expériences permet au dispositif d'acquérir une certaine expertise, de produire des outils spécifiques à l'innovation sociale et de formaliser son modèle. Rapidement, l'incubateur attire l'attention, y compris à l'échelle nationale où la notion d'innovation sociale commence à se diffuser. Importée en particulier du Québec où les chercheurs du CRISES[61] l'articulent à l'ESS et aux nouveaux mouvements socio-économiques, l'innovation sociale n'a pas encore (en 2008-2009) de contenu réellement opérationnel dans le champ de la création d'entreprises. Alter'Incub apparaît alors comme un dispositif innovant, pionnier en matière de professionnalisation de ce champ. De concept, l'innovation sociale devient une catégorie d'action. Et, dans ce registre, il y a un espace à prendre que l'incubateur va contribuer à occuper. Différents groupes de travail se structurent en France, à l'initiative du MOUVES, de l'AVISE, mais aussi du CEGES qui prennent en main la qualification de l'innovation sociale par la construction d'outils de caractérisation : guides méthodologiques, guides de procédures et de « bonnes pratiques », grille des critères, etc[62]. S'ils restent dans des logiques indicatives, non coercitives, ces travaux contribuent à baliser le champ et font référence dans les réseaux professionnels (plusieurs agences régionales de la recherche et de l'innovation s'y réfèrent par exemple). Alter'Incub constitue un membre actif de ces groupes de travail, permettant à la Région LR une mise en visibilité de sa politique régionale d'innovation à travers des focus sur la chaîne de ses dispositifs (Encadré 2). Ainsi, alors même que le territoire se caractérisait par une faible structuration de l'ESS au début des années 2000, la Région se trouve propulsée sous les projecteurs nationaux et internationaux pour son savoir-faire en matière d'appui à l'innovation sociale.

Dès 2009, la notion se diffuse également à l'échelle de l'UE pour devenir, en quelques années, une catégorie phare de la stratégie européenne. Si les interférences entre Alter'Incub et cette dynamique européenne sont difficiles à cerner avec précision, quelques éléments permettent d'illustrer le rayonnement international de l'incubateur. En premier lieu, il a été une source d'inspiration et un espace d'observation pour l'Association des Régions de France (ARF) qui, en partenariat avec l'AVISE en 2012 a édité un fascicule sur l'innovation sociale comme levier pour le développement des territoires. La Région LR y occupe une place importante. Suite à cette publication, *via* l'ARF, les acteurs locaux ont été invités à Stockholm, Lisbonne, Berlin, ou encore Bruxelles pour transférer leur expertise. Plus récemment, c'est l'OCDE qui a valorisé

---

61 Centre de Recherche sur les Innovations Sociales, Université du Québec à Montréal.

62 Voir les 41 ressources disponibles sur : http://www.avise.org/ressources?field_taxo_thematique[0]=169

une présentation du modèle de l'incubateur (Richez-Battesti, Vallade, 2017). En second lieu, ce travail de reconnaissance institutionnelle à l'international s'est effectué par des événements tels que les Rencontres Internationales de l'innovation sociale, en 2012 et 2015, avec notamment la présence d'un Commissaire européen (Michel Barnier), de représentants de la Commission européenne et de dispositifs d'accompagnement issus de différents pays de l'UE.

Du point de vue du travail institutionnel, le pari est donc gagné. L'UR Scop parvient à faire bouger les lignes. La mobilisation de différentes organisations fédératives, consultatives ou représentatives a contribué à la construction d'un rapport de force permettant d'amorcer la reconnaissance, dans des espaces élargis, d'une innovation sociale inscrite dans l'ESS. Dans le même temps, la diffusion de cette notion hyper valorisée facilite les compromis. Alter'Incub est mis en avant du fait de son quasi-monopole en termes d'expertise sur l'innovation sociale... mais la rente de monopole est temporaire !

3.2. Déplacement du compromis

Après cette phase de médiatisation, l'incubateur poursuit sa professionnalisation. Celle-ci passe par une intégration accrue au réseau régional des incubateurs et pépinières, Synersud, au sein duquel la directrice d'Alter'Incub occupe les places successives de trésorière puis de présidente. Si elle assoit sa légitimité entrepreneuriale, cette position opère une forme d'institutionnalisation par « assimilation » du dispositif dont l'activité devient complémentaire à celle des incubateurs académiques et tend à perdre en spécificité.

Lors de la phase d'émergence d'Alter'Incub, le rapport innovation sociale/ innovation technologique était structurant à la fois dans une perspective analogique pour construire les outils professionnels de l'accompagnement de projets et dans une perspective de classification/taxinomie de l'innovation[63]. Aujourd'hui, les termes du débat et les représentations diffèrent. D'une part, l'innovation sociale ne s'oppose plus à l'innovation technologique, bien au contraire, puisqu'une multiplicité d'innovations sociales s'appuie sur le numérique notamment. D'autre part, l'innovation sociale, telle que le dispositif la mobilise, accorde une place déterminante aux critères économiques puisqu'il s'agit de déboucher sur des entreprises non subventionnées et des créations d'emplois. L'innovation sociale ne s'oppose donc pas non plus à l'innovation économique.

---

[63] En effet, au début des années 2000, la littérature sur l'innovation sociale oppose une innovation technologique issue des "élites scientifiques" (chercheurs, ingénieurs en R&D), à une innovation sociale venant "du bas", de par la créativité du monde social (Bouchard, 2007).

Ce mouvement se double de deux bifurcations par rapport au modèle initial :

- Malgré quelques expériences fructueuses, Alter'Incub a rapidement abandonné les liens systématiques avec la recherche en SHS comme composante nécessaire aux projets sélectionnés. Pourquoi ? D'une part, les motivations et incitations des chercheurs à s'investir dans le dispositif restent incertaines. Bien que maîtrisant les enjeux des filières et secteurs d'activité, les chercheurs peinent à envisager une posture d'entrepreneur. D'autre part, malgré un accueil souvent favorable du dispositif lui-même, le monde de la recherche en SHS n'est pas (encore ?) structuré autour de l'interface sciences-société[64]. Finalement, la proximité au monde de la recherche s'est réduite à la présence régulière d'universitaires dans les comités de sélection et/ou souhaitant étudier le dispositif.
- De même, la triangulaire côté « territoires » ne fonctionne que rarement tel qu'envisagée. S'ils soutiennent et s'associent parfois aux projets, les territoires ne s'impliquent que marginalement au titre de porteur de projet.

Ainsi, le compromis construit autour de l'innovation sociale se déplace. D'un objectif de développement de projets de territoire où l'intérêt collectif est fort et où la propriété collective du capital est constitutive de la dynamique entrepreneuriale, on glisse vers deux principaux types de modèles : d'un côté, le format start'up à fort potentiel dans le champ de l'environnement ou du social au sens large (santé, éducation, formation, loisirs...) et, de l'autre, des projets effectivement axés sur le renouvellement de filières (culture, énergie, habitat…) engageant des dimensions collectives et intégrant des innovations plus radicales en matière de transformation des rapports sociaux[65].

3.3. Un compromis difficile à élargir : quand l'innovation sociale échappe à une ESS elle-même ambigüe

La dernière période se caractérise par une forme de stabilisation du dispositif, mais aussi de dépossession, voire de retournement du compromis. Stabilisation car, au moment où la collectivité est amenée à

64 Voir le Livre blanc de l'ALLIS : *Prendre au sérieux la société de la connaissance* (mars 2017) qui présente des outils et dispositifs sur cette interface (Boutiques de sciences, coopératives de chercheurs, contrats CIFRE en SHS, etc.). http://www.alliss.org/

65 Deux exemples de projets illustrent cette tendance : *Clip'it* d'un côté, société par action simplifiée (SAS), qui a créé un jeu à partir du recyclage de bouchons dont elle fabrique les clés d'assemblage. *Les Fées Spéciales* de l'autre, Scop spécialisée dans la production audiovisuelle à partir de logiciels libres, associant les potentialités du numérique et de la création artistique.

réduire ses budgets de soutien auprès de chaque opérateur du territoire, Alter'Incub fait exception, son enveloppe est maintenue[66]. Son processus d'intégration au réseau des incubateurs et pépinières régional est abouti. Pour autant, cette interdépendance entre Alter'Incub et le Pôle RÉalis, et donc entre l'UR Scop et la Région, ne permet pas de poursuivre le travail institutionnel. En effet, au cours des 5 dernières années, le contexte et les dynamiques d'acteurs conduisent à une mise en conformité d'Alter'Incub à son environnement institutionnel, environnement dominé par le Nouveau Management Public. Cette tendance emprunte trois canaux dont les effets se cumulent au cours du temps :

- Tout d'abord, les comportements tendent à se normaliser, voire à se « bureaucratiser ». Si l'accompagnement gagne en technicité, cela se traduit par une tendance à la « gestion des enveloppes » davantage qu'à des logiques d'engagement auprès des projets sélectionnés.
- Au niveau de la sélection des projets, ensuite, les critères économiques et le potentiel de réussite à court terme deviennent essentiels. Une logique de sélection de « talents »[67] tend à prendre le pas sur une logique de veille et d'engagement en matière de R&D pour accompagner le renouvellement des filières. Pour ne pas être réduits au champ économique de la réparation, les acteurs de l'ESS avaient revendiqué une participation au développement économique. Ce positionnement s'est retourné contre eux : on leur demande désormais de favoriser les activités « à fort potentiel économique » ce qui les oblige à sacrifier les autres.
- Enfin, le travail de transfert d'expertise et l'effort de diffusion d'une certaine vision de l'innovation sociale vers d'autres réseaux d'acteurs marque un point d'arrêt lorsque le Pôle RÉalis prend le relai d'Alter'Incub en termes de visibilité sur le territoire. A partir de 2013-2014, les priorités changent. Alors même que les acteurs locaux reçoivent de multiples sollicitations en particulier à l'échelle européenne, le Directeur Général des Services de la Région stoppe le processus ; les préoccupations internes prennent le pas. Alter'Incub comme RÉalis sont « remis à leur place » au sein d'un service de l'ESS qui, dans son ensemble, représente tout juste 4 % du budget du Développement économique de la Région... Paradoxe, l'innovation sociale est pourtant omniprésente au cœur de la collectivité reconfigurée (Région Occitanie). Mais la catégorie embrasse large, depuis la GPEC (gestion prévisionnelle des emplois et des compétences) jusqu'à l'IAE (insertion par l'activité économique), en passant par l'entrepreneuriat associatif[68].... Finalement, le statut du Pôle RÉalis (service de la Région) se pose en obstacle au

[66] Entretiens décembre 2016 avec la directrice de l'UR Scop.

[67] Une extraction de données de l'incubateur montre que plus de 69 % des porteurs de projet ont au moins un niveau bac+4.

[68] Entretien avec la responsable du service ESS de la Région (janvier 2017).

travail institutionnel. Imaginé initialement sous format SCIC (avec Délégation de Service Public), agrégeant une diversité d'acteurs, la pépinière est amenée à se conformer aux seules priorités de la collectivité régionale.

DISCUSSION ET CONCLUSION

En pleine période de crise, les apports foisonnants de l'ESS en matière de circuits courts alimentaires, de production et de gestion des énergies renouvelables, d'habitats collectifs, d'accès à la culture, ou encore de recyclage apparaissent comme autant de solutions à soutenir sur les territoires. C'est dans cette dynamique que s'est inscrit Alter'Incub il y a 10 ans, avec l'ambition de renouveler le tissu économique à partir des besoins, mais aussi des idées et initiatives portées par des acteurs locaux tels que des collectivités territoriales, des chercheurs, des entrepreneurs. Premier maillon d'une chaîne de dispositifs, Alter'Incub donne alors corps à « l'innovation sociale entrepreneuriale ». Porté par cet élan, le mouvement coopératif parvient à convaincre les acteurs publics et en particulier l'Europe et la Région qui l'intègre dans sa « Stratégie régionale d'innovation ». Un processus de normalisation s'engage, où Alter'Incub est relayé et consolidé par d'autres acteurs au niveau national. Alors qu'elle est souvent locale et dominée, l'ESS acquiert par là une visibilité et une reconnaissance institutionnelle assez inédites.

Malgré ce remarquable travail institutionnel, le processus de normalisation de l'innovation sociale reste inachevé, plaçant les acteurs dans une situation de compromis fragile. Pendant cette phase de déploiement des dispositifs, un compromis se met en place : la Région accepte de soutenir cette ESS naissante pour autant que ce ne soit pas exclusivement en faveur d'entreprises coopératives mais aussi en faveur d'entreprises classiques. Celles-ci doivent être innovantes du point de vue de l'ESS, ce qui implique une norme où chacun doit parvenir à se définir. Cette nécessité engage un enjeu stratégique ambivalent avec à la fois la nécessité de qualifier l'innovation sociale et celle de maintenir une certaine perméabilité pour s'assurer une capacité d'adaptation face à une normalisation qui proviendrait d'acteurs plus puissants, dans une logique descendante.

En effet, dans le même temps, la notion est très fortement plébiscitée, tant par des auteurs (universitaires) que par des acteurs institutionnels dominants (Union Européenne tout particulièrement), qui progressivement, inscrivent toute une série de thématiques sous la problématique de l'innovation sociale (développement local, emploi, protection sociale, etc.) (Gallois et *al.*, 2016). Dans un contexte où l'action publique est dominée par le Nouveau Management Public, chacun réinterprète l'innovation sociale à l'aune de ses propres enjeux. Au niveau d'Alter'Incub, le refus d'une logique coercitive, au nom d'un principe d'ouverture, fait que de contraignante, la norme de création de ces entreprises tend à devenir « autorisante ». La norme tend donc à diluer l'innovation sociale, ses frontières deviennent floues.

Cependant, au cœur de cette ambiguïté, une tendance se dessine. Le soutien à l'ESS bascule au profit des entreprises privées classiques. Même si le mouvement coopératif marque son empreinte sur une partie des projets, les logiques d'impacts (social et environnemental) gagnent du terrain. De même, les projets entrepreneuriaux repérés par Alter'Incub, et donc subventionnés par la Région et l'Europe, tendent à adopter les statuts juridiques des entreprises privées, le plus souvent sous la forme de SAS. Finalement, Alter'Incub contribue à légitimer, *via* l'ESS, la prise en charge des besoins sociaux par des entreprises classiques. Comme le souligne l'un des fondateurs, « *ce qui était un risque est en train de se réaliser…* ».

BIBLIOGRAPHIE

ALBERT, P., BERNASCONI, M., GAYNOR, L., 2002, *Les incubateurs : émergence d'une nouvelle industrie*, Rapport Postel-Vinay, MEFI, avril.

ALTER, N., 2002, L'innovation : un processus collectif ambigu, in *Les logiques de l'innovation. Approche pluridisciplinaire*, La Découverte, pp. 13-40.

BEN SLIMANE, K., LECA, B., 2010, Le travail institutionnel : origines théoriques, défis et perspectives, *Management & Avenir*, vol. 37, no. 7, pp. 53-69.

BOUCHARD, M., 2007, L'innovation sociale en économie sociale, in KLEIN J-L., HARRISSON D. (dir.), *L'innovation sociale, Émergence et effets sur la transformation des sociétés*, Presses de l'Université du Québec, pp. 121-138.

CHOCHOY, N., BESANCON, E., GUYON, T., 2013, *L'innovation sociale. Principes et fondements d'un concept*, coll. L'Esprit Economique, série Economie et Innovation, L'Harmattan, 160 pages.

GAIDOS, A., PALPACUER, F., BALAS, N., 2016, Incubators for socially innovative projects : how can we explain the surge of the phenomenon ? Perspectives from four European incubators, *XVIe Rencontres du RIUESS*, Montpellier, 25-27 mai.

GALLOIS, F. LECAT C., et NIEDDU M., 2016, Mobilisation territoriale et mise en réseau des acteurs dédiés à la production d'innovation sociale : Une étude de cas, *Géographie, Economie, Société*, vol. 18, pp. 359-385.

LABROUSSE, A., 2014, Comment l'économie politique peut s'inspirer de la sociologie et renouer ainsi avec des traditions délaissées, mais fécondes, *Revue Française de Socio-Économie*, vol. 13, no. 1, pp. 225-240.
LAWRENCE, T.B., SUDDABY, R., 2006, Institutions and institutional work in CLEGG, S. R., HARDY, C., LAWRENCE, T.B., et NORD, W.R. (Eds.) *Handbook of organization studies, 2nd Edition*, Sage, London, pp. 215-254.
LANCIANO, É., et SALEILLES S., 2011, Le travail institutionnel du mouvement des Amap, *Revue Française de Gestion*, vol. 217, no. 8, pp. 155-172.
RICHEZ-BATTESTI, N., VALLADE D, 2017, «Alter'Incub, a french incubator network for social enterprise, *Good Practice Compendium for Boosting Social Enterprise Development*, pp. 93-100 OCDE, April.
RICHEZ-BATTESTI, N., VALLADE D., 2016, L'institutionnalisation d'un incubateur d'innovation sociale ? Des Conditions d'émergence à la circulation des normes, in BONNAL, P., CHEVALIER, P., DEDEIRE, M., SOURRISSEAU J-M., (dir.), *Production et circulation des normes pour l'action territoriale*, pp. 161-178, Presses Universitaires de la Méditerranée.
RICHEZ-BATTESTI, N., VALLADE D. 2012, Vers une politique publique de soutien à l'innovation sociale comme processus d'endogénéisation de l'attractivité du territoire ? Le cas de la région Languedoc-Roussillon, in HAMDOUCH A., DEPRET M-H., TANGUY C. (Eds.), *Mondialisation et résilience des Territoires : Trajectoires, dynamiques d'acteurs et expériences locales,* Chap. 13, Presses Universitaires du Québec, Montréal.
RICHEZ-BATTESTI, N., PETRELLA, F., VALLADE, D., 2012, L'innovation sociale, une notion aux usages pluriels : Quels enjeux et défis pour l'analyse ?, *Innovations*, vol. 38, no. 2, pp. 15-36.
RICHEZ-BATTESTI, N., VALLADE D., 2009, Économie sociale et solidaire et innovation sociale : Premières observations sur un incubateur dédié en Languedoc Roussillon, *Innovations*, vol. 30, n°. 2, pp. 41-69.
THERET B., 2000, Institutions et institutionnalisme : vers une convergence des conceptions de l'innovation ?, in TALLARD, M., THERET, B., URI, D., *Innovations institutionnelles et territoires*, L'Harmattan, Coll. Logiques politiques, pp. 25-69.
ZIMMERMANN, B., 2003, Eléments pour une sociohistoire des catégories de l'action publique, in LABORIER, P., TROM, D., *Historicités de l'action publique*, PUF, Paris, pp. 241-258.

LES ÉVOLUTIONS CONTRAINTES DES ENTREPRISES SOCIALES D'INSERTION PAR LE TRAVAIL

Patrick GIANFALDONI
Laboratoire Biens Normes Contrats (EA 3788)
Université d'Avignon
patrick.gianfaldoni@univ-avignon.fr

INTRODUCTION

L'insertion par l'activité économique (IAE) est un secteur professionnel composé de quatre types de Structure de l'IAE (SIAE) aux différences notables quant à leur statut, leurs modes de fonctionnement et de financement : les structures porteuses d'ateliers et chantiers d'insertion (SPACI), les associations intermédiaires (AI), les entreprises d'insertion (EI) et les entreprises de travail temporaire d'insertion (ETTI). Les SIAE « partagent une mission commune : lever les principaux obstacles d'accès à l'emploi des personnes en difficultés sociales et professionnelles et favoriser leur retour progressif sur le marché du travail « classique », par une mise en situation d'emploi assortie d'un accompagnement global (social et professionnel) » (DARES, mars 2011).

Au cours de la dernière décennie, l'IAE a connu des changements révélateurs de l'influence des pouvoirs publics et des stratégies des SIAE :

- Le secteur a été confronté à une modification progressive des modalités de financements publics, se traduisant par un glissement du non marchand vers le marchand ;
- L'obligation instaurée d'une « performance sociale » en matière d'insertion professionnelle a eu des retombées sur le comportement stratégique et l'organisation des opérateurs privés ;
- Ces derniers ont tendanciellement adopté un fonctionnement d'entreprise et visé une croissance de leurs capacités productives en lien avec les services d'insertion.

Au vu des changements contextuels et institutionnels repérés, les structures de l'IAE (SIAE) peuvent-elle relever de la catégorie d'entreprise sociale d'insertion par le travail (ESI) ? En observant leur diversité juridique, économique et sociotechnique, cette acception ne va pas de soi (Petrella, Richez-Battesti, 2016). Certes, les modifications de normes économiques sectorielles touchent l'ensemble des structures et les conduisent à évoluer, sous l'angle à la fois de leurs objectifs d'insertion version employabilité, de l'efficience productive version performance technique et de leur viabilité-pérennité économique version autonomie monétaire. De plus, on peut convenir que les pratiques et les formes entrepreneuriales dans l'IAE ne répondent pas aux seuls critères de production et d'échange caractéristiques de l'économie marchande ou de l'économie publique. Dans la mesure où elles ont pour but de fournir des services d'insertion professionnelle au bénéfice d'une population identifiée sans pour autant distribuer de profit, les structures privilégient une finalité sociale et des missions sociales au bénéfice d'une « communauté » (Defourny, Nyssens, 2008).

Une démarche consistant à qualifier les structures de l'IAE d'entreprises sociales d'insertion par le travail (ESI) ne nécessite-t-elle pas de préciser leurs dimensions sociale et économique ? Parmi les cinq indicateurs sociaux avancés par Borzaga et Defourny (2001), retenons un pouvoir de décision non basé sur la détention du capital, l'absence ou la limitation de distribution des bénéfices, l'objectif explicite d'un service socioprofessionnel en direction d'individus potentiellement précarisés, désaffiliés, désocialisés, et le développement d'activités utiles et innovantes socialement. En ce qui concerne les indicateurs économiques, relativisons et soulignons le caractère spécifique du risque économique et du degré d'autonomie, en raison des contingences économiques de marché et des délais de paiement, de l'instabilité et de la variabilité des financements publics (Buccolo, Eme, Gardin, 2012).

Dans cet article, nous procédons en deux étapes.

Dans un premier temps, nous caractérisons le secteur de l'IAE, la régulation publique tutélaire-concurrentielle et les incidences respectives de l'instauration de rapports quasi-hiérarchiques et quasi-marchands sur l'activité socio-productive des SIAE. Cette évolution institutionnelle explique l'adoption par les SIAE de normes stratégiques et de fonctionnement entrepreneuriales.

Dans un second temps, il s'agit de cerner les processus de concentration des ESI, car ils apparaissent comme le phénomène central des transformations structurelles en cours. A cette fin, nous identifions quelques propriétés des formes repérées : d'une part les alliances de coopération ; d'autre part les systèmes de coopération stratégique - groupes d'entreprises sociales et pôles d'entreprises sociales regroupées sur un territoire.

1. L'INSERTION PAR L'ACTIVITE ECONOMIQUE : UN SECTEUR PROFESSIONNEL EN MUTATION

Composé d'une diversité d'acteurs, publics et privés, l'insertion par l'activité économique est un secteur professionnel en profonde mutation, évolution à la fois surdéterminée par les injonctions d'efficience et d'efficacité émanant de l'action publique et marquée par des changements notables dans les organisations instituées privées tendant à adopter des règles-logiques-comportements d'entreprise.

1.1. Les caractéristiques du secteur

L'IAE se distingue de l'insertion sociale à proprement dite (assistance sociale, philanthropie sociale, hébergement et insertion sociale – CHRS, traitement des addictions, microcrédit social, …) et de l'insertion dans le secteur médico-social (ESAT, IME)[69]. L'IAE confronte deux conceptions de l'insertion par la remise au travail : d'un côté, une mission de service public d'insertion par l'emploi déléguée à des opérateurs privés mais définie et contrôlée par des financeurs et prescripteurs publics ; de l'autre, un ensemble d'activités professionnelles d'accompagnement par et dans le travail, codifiées et développées par une hétérogénéité de structures privées autonomes.

Le secteur professionnel de l'IAE est encadré par voie législative et réglementaire. La loi d'orientation relative à la lutte contre les exclusions du 29 juillet 1998 délimite le cadre juridique du secteur, en définissant ses missions et en identifiant les opérateurs privés en fonction de leurs activités marchandes ou d'utilité sociale. Au niveau territorial, différents acteurs publics usent d'un pouvoir de contrôle, de coordination et de pilotage sur ce qu'ils considèrent être des opérateurs privés délégués, par le biais à la fois de financements des postes d'insertion et d'accompagnateurs socio-professionnels et de prescriptions de parcours d'insertion pour des « bénéficiaires » de droits ou des « allocataires » d'aides. Les deux principaux financeurs sont d'une part les DIRECCTE[70], émanation de l'Etat et également organisme public conventionnant les opérateurs, et d'autre part les Départements (pour les allocataires du revenu de solidarité active – RSA). Quant aux prescriptions de parcours individualisés d'insertion, trois acteurs publics majeurs orientent les demandeurs d'emplois vers des opérateurs privés conventionnés : les agences locales de Pôle-emploi (service public de l'emploi), les unités territoriales des Départements, les dispositifs de Plan

[69] CHRS : centre d'hébergement et de réinsertion sociale ; ESAT : établissement et service d'aide par le travail ; IME : institut médico-éducatif.

[70] Directions régionales des entreprises, de la concurrence, de la consommation, du travail et de l'emploi.

local d'insertion par l'emploi (PLIE) établis à l'échelle intercommunale (Gianfaldoni, 2012a).

Quatre types de structures privées conventionnées couvrent largement le secteur. Les structures porteuses d'ateliers et chantiers d'insertion (SPACI) et les associations intermédiaires (AI) obéissent au principe de non lucrativité ou lucrativité limitée, au contraire des entreprises d'insertion (EI) et entreprises de travail temporaire d'insertion (ETTI) qui se rapprochent en tout ou partie de l'économie marchande. En 2014, 75 % des structures de l'IAE (SIAE) possèdent un statut associatif et 18 % un statut de société commerciale (SA, SARL, EURL, SCOP). Les AI, étant par essence des associations, ne représentent que 7 % de l'ensemble des SIAE alors que 49 % des SIAE sont des SPACI parmi lesquelles 86 % ayant opté pour un statut associatif. Les EI (25 % de l'ensemble) et ETTI (19 % de l'ensemble) sont quant à elles majoritairement des sociétés (Graphique 1).

L'activité des entreprises gérant des ACI ou des entreprises d'insertion (EI) revêt un caractère dual. De l'activité de production sont issus des biens et services produits (*output*) dans une grande diversité de secteurs mais cette activité constitue dans le même temps le support indispensable à l'activité d'insertion, à l'origine d'un *outcome*[71]. Au sein de ce type d'entreprises, les salariés en CDD d'insertion occupent un emploi transitoire dans l'objectif de retrouver un emploi stable. Leur projet d'insertion socioprofessionnelle confronté à l'activité de production de la structure d'accueil implique un binôme dans l'accompagnement : l'accompagnateur socioprofessionnel (ASP) – l'encadrant technique (ET). En étroite collaboration avec les ET, les ASP ont ainsi pour fonction de faciliter la resocialisation et la ré-affiliation des salariés en insertion dans des collectifs de travail et au travers de dispositifs de formation.

Les associations intermédiaires et les entreprises de travail temporaire d'insertion s'appuient sur un régime dérogatoire aux dispositions du droit du travail pour rendre effectif le principe de double contractualisation : un contrat d'usage (AI) ou un contrat de mission (ETTI) noué avec un salarié en insertion et, de manière simultanée, un contrat de mise à disposition passé avec des utilisateurs, pouvant être des particuliers (pour une grande partie des AI les services aux personnes), des associations, des collectivités territoriales ou encore des entreprises accueillantes (couramment dans le BTP pour les ETTI). La mise à

[71] Outcome ou impact social (Defourny, Nyssens, 2010), matérialisé par les effets induits de l'accompagnement sur les capacités, les qualifications, les compétences et l'accès à l'emploi des individus à (ré)insérer.

disposition induit une variante organisationnelle de l'accompagnement suivant une logique de flexibilité externe de l'emploi. Les AI et ETTI jouent un rôle d'intermédiaire du marché de l'emploi[72] en établissant les liens, par la prise en charge des formalités administratives et la définition de missions adaptées, entre des salariés en insertion peu qualifiés et des clients utilisateurs aux besoins ponctuels et irréguliers. Aussi, seule la fonction d'ASP est-elle internalisée dans les AI et ETTI.

Les SIAE dans leur ensemble sont en hausse de 13,7 % entre 2006 et 2014. A y regarder de plus près (Graphique 2), le nombre de SPACI a certes augmenté de 15 % mais une baisse est enclenchée (-4,2 %) au cours des deux dernières années. Si le nombre des EI est resté relativement stable sur la période (-2,7 %), leur diminution est notable depuis 2010 (-8,7 %). Quant aux AI, leur décroissance est sensible (-14,3 %) et régulière, tandis que les ETTI se voient renforcées (+16,7 %). L'accroissement des effectifs annuels en insertion de l'IAE (+60 % en huit années) s'accélère au cours des deux dernières années. Cette tendance repose essentiellement sur le doublement des salariés en insertion dans les SPACI (Graphique 3) : la baisse du nombre de SPACI et la forte hausse de leurs salariés en insertion conduit inévitablement à un accroissement de la taille des SPACI en activité. L'effet volume des salariés en insertion des EI et ETTI est nettement moins marqué alors même que leurs taux de croissance sont significatifs (+51 % et +50,5 %). Par contre, les AI perdent puis stabilisent des salariés en insertion (-12,6 % sur la période)[73]. Les deux branches associatives (SPACI et AI) apparaissent en 2014 comme étant le plus important pourvoyeur en équivalent temps plein insertion (70 %), constat renforcé par la réforme de 2014 incitant les SPACI à accroître le temps de travail des salariés en insertion (Cf. 1.2. à la suite).

Ces dernières années, le secteur de l'IAE est confronté à des modifications récurrentes de normes réglementaires et de modalités de financements publics, se traduisant avant tout par le développement de logiques marchandes. Parallèlement, l'obligation d'une « performance sociale » en matière d'insertion professionnelle a des retombées sur le comportement stratégique et l'organisation des opérateurs privés.

---

[72] Présence notable dans les secteurs connaissant des difficultés de recrutement et nécessitant des volants de main d'œuvre par période (surcroit d'activité, remplacement de personnel, travaux saisonniers, ...).

[73] Signalons un biais sur les emplois considérés en insertion selon les types de SIAE : le calcul est effectué en équivalent temps plein (ETP) de 35 heures pour les AI et ETTI, alors que la durée hebdomadaire de travail moyenne est nettement plus faible pour les ACI et les EI, respectivement de 24,6 h. et 31,6 h. en 2014.

1.2. L'influence significative de la régulation publique

En dix ans, la normalisation juridique s'est avérée un puissant vecteur politique de transformation économique du secteur (Cf. encadré). Progressivement s'est instauré un mode hybride de régulation publique (Gianfaldoni, Rostaing, 2010) : une logique de régulation tutélaire caractérisée par des mécanismes coercitifs d'intervention publique tendant à corréler les conventionnements et les subventions à la qualité des prestations de service d'insertion ; une logique concurrentielle caractérisée par des mécanismes compétitifs tendant à favoriser la valeur économique et l'efficience technique des biens et services produits. Désormais, tout en étant contraintes par des dispositifs d'évaluation de leurs pratiques d'insertion, les SIAE se trouvent aussi dans l'obligation de rechercher plusieurs sources de financement, publiques et privées, afin d'équilibrer leur budget et/ou stabiliser leur chiffre d'affaires. Les bases de leur modèle économique sont par là même déstabilisées[74].

Aussi, la régulation publique tutélaire-concurrentielle se traduit-elle simultanément par des rapports quasi-hiérarchiques, marchands et quasi-marchands entre pouvoirs publics, entreprises sociales installées dans le secteur et entreprises marchandes en phase de pénétration de ce qu'elles considèrent comme un segment ou une niche du marché (Gianfaldoni, 2012b et 2013).

D'une part, les rapports quasi-hiérarchiques s'établissent sur des relations de subordination entre acteurs publics et SIAE : transactions non marchandes administrées, par la voie de conventionnements et de financements publics de plus en plus conditionnés à des critères de viabilité économique des entreprises et d'employabilité des salariés en insertion. La culture de la subvention et de l'utilité sociale qui prévalait jusque-là se voit substituer par une culture du résultat et de la contractualisation par objectifs. La « performance sociale » attendue par l'Etat social actif[75] implique d'évaluer les effets de l'accompagnement en matière d'insertion à l'aide de critères et d'indicateurs. C'est pourquoi l'activité d'insertion des SIAE est mesurée depuis quelques années au travers de grilles paramétrées de *scoring* en « sorties emploi », résultats tangibles de leur mode d'accompagnement. Plus récemment (2014), la

---

74 Le constat est toutefois plus marqué dans le cas des associations porteuses d'ACI en raison de leur dépendance budgétaire vis-à-vis des financeurs publics (entre 65 et 80 % des budgets de fonctionnement des SPACI résultent de subventions publiques), de leur plus petite taille économique et d'un moindre temps de travail des salariés en insertion moins productifs et peu qualifiés.

75 Laville, Lemaître, Nyssens (2012, p.134-135) précisent qu'il s'agit d'une seconde génération de politiques actives focalisée sur les objectifs d'emploi et délaissant les politiques sociales en tant que telles.

« réforme » des financements de l'IAE représente une étape supplémentaire vers une simplification et une harmonisation des financements publics des SIAE. Se situant dans la droite ligne des objectifs d'évaluation des politiques publiques (définis par la loi organique relative aux lois de finances ; LOLF – 2001) et du nouveau modèle de la décision publique inspiré du *New Public Management*, la « réforme » introduit la modulation des financements qui illustre pleinement les liens présupposés entre employabilité et contractualisation dite incitative (Gianfaldoni et Morand, 2015 ; Morand et Gianfaldoni, 2017). Les financements sont composés d'un montant socle versé annuellement en proportion des emplois temps plein en insertion et d'un montant modulé compris entre 0 et 10 % du montant socle en fonction d'indicateurs considérés comme « mesurables et objectivables » et construit sur trois critères : la « situation des personnes a□ l'entrée », les « efforts d'insertion », « les résultats en termes d'insertion ».

D'autre part, il s'agit de distinguer les rapports marchands, avec comme corollaire une concurrence commerciale *stricto sensu* entre entreprises de nature différente sur des marchés privés, des rapports quasi-marchands à considérer comme des marchés institués par des acteurs publics. Le processus de marchandisation touche en premier lieu la production de biens et services. Ce qui était jusque-là considéré comme activité-support à l'activité d'insertion se métamorphose en activité-cible de pérennisation économique de l'entreprise. Les SIAE se tournent pour l'essentiel vers la commande publique dans le cadre de quasi-marchés. Les acteurs publics continuent à assumer la fonction de financement des biens et services publics tout en attribuant la production à une variété de fournisseurs indépendants de statut public ou privé, lucratifs ou non, mis en concurrence. Les transactions marchandes administrées reposent sur des appels d'offre génériques (mise en concurrence pour la prestation de travaux, fournitures ou services), des appels d'offre dédiés (comportant une clause sociale) ou des passations de prestations de gré-à-gré (transaction bilatérale).

Encadré : Le cadre législatif sous influence économique

- La loi de programmation pour la Cohésion Sociale promulguée le 18 janvier 2005 a conforté les moyens d'action du secteur tout en promouvant les logiques contractuelles : hausse de 35 % du nombre de postes financés dans les EI, généralisation des dispositifs d'accompagnement des AI, création d'une aide à l'accompagnement socioprofessionnel dans les ACI, doublement de la dotation de l'Etat au Fonds départemental d'insertion.
- Plus récemment, cinq nouvelles dispositions légales à visées économiques ont modifié les principes de fonctionnement des entreprises sociales du secteur :

1) En premier lieu, transcrivant la directive européenne 2004/18/CE relative à la coordination des procédures de passation des marchés publics, le décret du 1er août 2006 institue les règles de concurrence par la voie d'appels d'offre incorporant des clauses sociales et professionnelles.

2) La loi n°2008-1249 du 1er décembre 2008 renforce la politique d'activation de l'emploi avec la généralisation du revenu de solidarité active, complète le dispositif d'accompagnement avec l'obligation d'un suivi du parcours d'insertion par un référent et d'un tutorat exercé au sein des SIAE, et élargit les possibilités de parcours des salariés en contrat aidé à travers l'autorisation de périodes d'immersion auprès d'autres employeurs.

3) La circulaire DGEFP du 10 décembre 2008 relative aux nouvelles modalités de conventionnement des SIAE introduit des objectifs opérationnels en termes de sorties emplois systématiquement négociés, « sur la base d'un projet d'insertion territorialisé présenté par la structure, en lien avec les moyens mobilisés et associés à des indicateurs qui permettent d'apprécier les résultats finalement obtenus ».

4) La circulaire DGEFP n°2009-42 du 5 novembre 2009 relative à l'entrée en vigueur du contrat unique d'insertion (CUI) au 1er janvier 2010 stipule que la mise en place du CUI doit permettre de « rationaliser les dispositifs d'emploi et d'insertion », en simplifiant l'architecture des contrats aidés, et de créer un « nouvel instrument d'insertion », dans une optique de performance pour les politiques publiques et d'efficacité pour les employeurs.

5) Le décret n° 2014-197 du 21 février 2014 portant généralisation de l'aide au poste d'insertion et modifiant le financement des structures de l'insertion par l'activité économique affiche un objectif de simplification des modes de financement et des formes contractuelles, de consolidation des structures et de meilleure efficacité en direction des publics en insertion. La nouvelle réglementation introduit une modulation du financement public et une modulation possible de la durée du travail des personnes en insertion.

Ces dernières années, les besoins de diversification des sources de financement couplés à la recherche d'une hausse des revenus commerciaux s'accompagnent d'une quasi-concurrence sectorielle pour l'obtention de fonds publics raréfiés. Dans ce nouveau contexte économique, les SIAE balancent entre la figure ancrée de l'*Embedded Social Enterprise* et celle en devenir de l'*Integrated Social Enterprise* (Alter, 2006, p. 205). La première se caractérise par un encastrement des activités sociales et économiques, les principaux bénéficiaires étant les salariés en insertion de l'ESI. Dans la seconde, des activités génératrices de revenus sont certes liées à la mission sociale, mais l'objectif-cible devient la génération de nouveaux services, de nouveaux marchés et de profits à la fois pour pérenniser l'entreprise et financer le volet social et l'emploi de salariés en insertion. Le risque peut alors résider soit dans une dichotomie entre activités sociales d'insertion et activités économiques, soit au contraire dans l'usage intégré des salariés en contrat d'insertion comme ressources humaines à valoriser pour l'entreprise[76]. Par conséquent, les SIAE sont amenées à fonctionner tendanciellement comme des entreprises d'un genre particulier et dans ce sens elles peuvent être considérées comme des entreprises sociales d'insertion par le travail à quelques réserves près.

2. LES TRANSFORMATIONS STRUCTURELLES EN ENTREPRISES SOCIALES D'INSERTION PAR LE TRAVAIL

Le phénomène de transformations structurelles en entreprises sociales d'insertion par le travail est d'autant plus manifeste que celles-ci poursuivent une croissance de leurs capacités productives, imprimant une refondation de leurs bases institutionnelles et organisationnelles.

2.1. Les processus et formes de concentration

Le secteur de l'IAE est composé d'entreprises sociales dont la taille moyenne est de 33 salariés en insertion en 2013 (DARES analyses, juin 2015, n°46). Une partie d'entre elles relève ainsi de la petite, voir de la très petite taille (Graphique 4) : 91 % des ACI emploient moins de

[76] Dans la réforme de 2014, pour les SPACI, le passage d'un contrat unique d'insertion (CUI) / contrat d'accompagnement dans l'emploi (CAE) à des contrats à durée déterminée d'insertion (CDDI) est la marque d'une inflexion du rapport salarial, qui tend à se rapprocher de la norme d'entreprise, en particulier par le contrôle des absences des personnes en insertion au travers du financement de l'accompagnement totalement intégré dans l'aide au poste. La compensation des absences est prévue par la réforme avec les deux possibilités de recrutement de personnes supplémentaires (flexibilité externe) ou d'augmentation du nombre d'heures des salariés en insertion présents (flexibilité interne).

50 salariés en insertion et 27 % moins de 10 ; 95 % des EI emploient moins de 50 salariés et 56 % moins de 10. *A contrario*, 66 % des AI emploient plus de 50 salariés en insertion et 1 % moins de 10, alors que 62 % d'ETTI se situent entre 10 et 49 salariée en insertion. Ces écarts s'expliquent par le fait que l'insertion est postée suivant un contrat forfaitaire d'heures de travail dans les ACI et EI, à la différence des ETTI et AI pour lesquelles il s'agit de mises à disposition d'heures d'insertion.

Toutefois, sous la pression des logiques budgétaires et d'employabilité des acteurs publics, les ESI sont engagées dans des stratégies de croissance et de changement d'échelle économique. Les processus de concentration sectorielle ou intersectorielle suivent deux trajectoires de regroupement (Gianfaldoni, 2014) :

- Les alliances de coopération : accords formalisés de partenariat, co-traitance, sous-traitance ;
- Les systèmes de coopération stratégique : groupes d'entreprises sociales ou arrangements institutionnels et organisationnels entre entreprises sociales regroupées sur un territoire.

Il existe deux formes contractuelles d'alliances de coopération aux fondements et attributs bien distincts.

D'une part, les accords de partenariats locaux d'investissement et de gestion d'exploitation entre ESI permettent de mutualiser des ressources matérielles, humaines et monétaires. Ils peuvent se matérialiser par une mise en commun de bâtiment et de moyens logistiques, combiner des compétences complémentaires ou rechercher des effets de taille. Par l'intermédiaire d'un groupement d'intérêt économique (GIE), des ESI d'un même secteur d'activité peuvent se regrouper afin d'échanger des techniques et améliorer leurs politiques tarifaires et d'achat de fournitures.

D'autre part, pour répondre à la double exigence de performance économique insufflée par les quasi-marchés et de performance sociale instruite par la quasi-hiérarchie, les ESI ont eu tendance à nouer des accords de co-traitance et par extension des accords de sous-traitance avec des entreprises marchandes et capitalistes (EMC). Ainsi, les appels d'offre publics comportant des clauses sociales induisent des rapprochements entre ESI. De manière concomitante, les objectifs assignés de « sorties emplois », sous la double contrainte de la prise en compte de personnes difficilement insérables (atténuation du risque d'écrémage) et de la qualité requise de l'accompagnement (prime à l'effort d'encadrement), conduisent les ESI à collaborer et à se rapprocher des EMC pour innover sur les parcours d'insertion.

Les alliances coopératives sont renforcées par l'existence de réseaux locaux formels et informels (Graphique 5). Plus de 80 % des ESI sont adhérentes en 2012 à un réseau national formel[77] essentiellement en raison des services proposés (informations réglementaires, promotion de l'IAE, formation, et mise à disposition de guides et d'outils). Parallèlement 39 % des SPACI, 38 % des EI, 37 % des ETTI et 55 % des AI appartiennent aussi à un réseau formel localisé. De nombreux collectifs infra ou interdépartementaux se sont constitués pour assurer un rôle de médiation avec les collectivités territoriales (surtout les Départements) et les administrations déconcentrées de l'Etat (surtout les Dirrecte). Ils possèdent aussi un potentiel d'innovation sociale (veille sociale et appui technique) lié aux relations de proximité que leurs membres ont su nouer à la faveur de projets partagés (Gianfaldoni, 2012b). Les avantages retirés de l'intensification des relations sont d'autant plus forts que celles-ci s'inscrivent dans un réseau formel, à la fois dans une perspective de mutualisation de fonctions (chargés de mission, d'intermédiation, facilitateurs de clauses sociales), de développement d'une offre commune d'insertion ou de prestations en réponse à des appels d'offre.

Quant aux systèmes de coopération stratégique, la forme référentielle est celle d'« ensemblier »[78], « ensemble de structures conventionnées au titre de l'IAE » dont la création répond à des nécessités de viabilité économique (coûts de fonctionnement, besoins/risques de financements) ou d'insertion professionnelle. Ces dernières années, les groupes d'entreprises sociales d'insertion par le travail ont élargi leurs contours d'activité et leurs objectifs stratégiques par la voie de la diversification. Ces groupes adoptent un statut associatif ou de société pour l'ensemble des structures contrôlées. De surcroît, ils peuvent prendre le titre de groupes économiques solidaires (GES). L'accroissement de la taille donne lieu à des entités hybrides intégrant des entreprises marchandes, non marchandes fiscalisées et non fiscalisées.

Suivant une autre voie moins formalisée et centralisée de regroupement, des arrangements institutionnels et organisationnels

---

[77] DARES analyses, septembre 2016, n°052. Citons le Comité national des entreprises d'insertion (Cnei), Chantiers école (SPACI), l'Union nationale des associations intermédiaires (Unaï), la Coordination des associations d'aide aux chômeurs pour l'emploi (Coorace) ou encore la Fédération nationale des associations d'accueil et de réinsertion sociale (Fnars).

[78] D'après l'enquête de la DARES de 2012, 19 % des SPACI appartenaient à un ensemblier, 27 % des EI, 29 % des AI et 45 % des ETTI. Les « ensembliers » rassemblant les quatre types d'ESI ne sont que 15 % contre 41 % comptant deux types d'ESI.

territorialisés tendent à se matérialiser par des relations instituées de partenariat et un processus de polarisation entre ESI. Ils se distinguent des réseaux formels locaux de l'IAE, et dans un certain sens ils les dépassent, à la fois par les finalités affichées, les modes d'organisation et l'implication nécessaire de collectivités publiques territoriales et d'entreprises marchandes. Ces arrangements s'apparentent à de la quasi-intégration – entre intégration économique et rapports marchands – et conduisent à la création d'une entité juridique de gouvernance. Deux formes graduées d'institutionnalisation ont été repérées :

- Les entités territoriales d'appui technique / portage / animation sur l'accompagnement et de conception de microprojets associatifs et coopérations européennes[79] ;
- Les pôles territoriaux de coopération économique (PTCE) qui résultent de politiques de développement local et de volontés stratégiques d'acteurs publics et privés, prioritairement d'entreprises sociales, de collaborer étroitement sur un territoire déterminé dans le but d'exploiter conjointement des ressources et actifs complémentaires[80].

Les dynamiques de concentration débouchent sur des transformations d'envergure des ESI, qui dessinent des reconfigurations structurelles et engendrent des innovations socio-organisationnelles.

2.2. Des reconfigurations avancées

La course à la taille des ESI s'explique par l'aiguillon de la concurrence directe (dans les secteurs d'activité) ou indirecte (dans le secteur de l'insertion professionnelle), consolidé par les injonctions des prescripteurs/financeurs publics aux prestations commerciales et au rapprochement avec des EMC (entreprises marchandes et capitalistes)[81]. Les processus de constitution de groupes par croissance interne ou externe sont à bien différencier des démarches de mise en commun de compétences et d'outils de gestion entre ESI indépendantes sur un territoire.

Ainsi, dans la première direction, la reconfiguration en groupes d'entreprises sociales d'insertion par le travail s'accompagne de la création d'une structure centrale (association mère ou société holding),

---

79 Illustration par l'association La CLAIE, Coopération Locale et Appui aux Initiatives dans l'Economie sociale et solidaire, dans les Alpes-Maritimes (http://agence-claie06.org).

80 Se reporter au dossier consacré aux PTCE dans la Recma, Revue internationale de l'économie sociale, n°343, janvier-février 2017.

81 La réforme de 2014 accélère la disparition des ESI de très petite taille, en favorisant celles qui atteignent une taille minimale optimale (voir Gianfaldoni, Lerouvillois, 2015, sur les EI-ETTI) et en accentuant les problèmes de trésorerie des SPACI.

qui supervise des associations filles et/ou des sociétés filiales. Poursuivant les investigations initiées en 2014 (Gianfaldoni, Lerouvillois, 2015), huit types de groupement peuvent être identifiés :

- La figure du groupe associatif spécialisé dans une seule branche professionnelle est désormais très rare : citons *Acta Vista* (de 2002 jusqu'en 2015, année d'absorption par le groupe *SOS*).
- Le groupe constitué en société (coopérative ou non) opérant exclusivement dans une seule branche : la Scop *Juratri* ou la société ID'EES comme groupes d'EI.
- Le groupe associatif intégré opérant dans plusieurs branches de l'IAE et composé exclusivement d'associations non fiscalisées ou séparant associations fiscalisées et non fiscalisées, interconnectées à une association-mère par l'imbrication des conseils d'administration et des conventions de gestion : *Terre d'Emplois*, *DéFI*, *GDID, GESSA.*
- Le groupe associatif mixte opérant dans plusieurs branches de l'IAE et composé d'associations fiscalisées et/ou non fiscalisées et de sociétés commerciales, interconnectées ou contrôlées financièrement par une association-mère : *Isactys, VitamineT*, *La Varappe.*
- Le groupe actionnarial mixte opérant dans plusieurs branches de l'IAE et composé d'associations fiscalisées et de sociétés commerciales, contrôlées par une société-mère (SA, SAS, GIE) : *Cap Emploi Services* et *Archer.*
- Le groupe coopératif mixte opérant dans plusieurs branches de l'IAE et composé d'associations fiscalisées et de sociétés constituées en Scop, contrôlées par une société constituée en SCIC : *AART.*
- Le groupe associatif de taille moyenne, ancré territorialement et opérant dans l'action sociale dont l'IAE suivant une diversification mineure (activités proches ou imbriquées), composé d'associations et/ou de sociétés : *Val Horizon*, *MSA services Limousin.*
- Le groupe associatif de très grande taille nationale, érigé en conglomérat dans l'action sociale et plus largement dans différents secteurs de l'économie sociale dont l'IAE, suivant une diversification majeure, composé d'associations et de sociétés contrôlées par une association-mère : *SOS et La Croix Rouge française.*

La propriété de la Holding peut reposer sur la participation croisée de capitaux non coopératifs, coopératifs ou associatifs. Concernant les rapports de propriété, le maillage de liens humains versus liens financiers dans les conseils d'administration est censé annihiler ou limiter les stratégies de capitalisation. Ce sont des liens verticaux soit de haut en bas, les membres du conseil d'administration de l'association mère étant cooptés dans chacune des associations filles, soit de bas en haut par une représentation de chaque association fille dans l'instance politique du groupe. Pour autant, au sein des groupes mixtes, les liens d'interférence entre propriété de personnes et propriété de capital mettent en présence des logiques non lucratives avec des logiques lucratives, pouvant dès lors modifier la nature même du projet social originel des groupes.

Il est admis qu'à travers l'intégration intra-sectorielle, les ESI recherchent une taille critique ainsi que la captation de financements publics par effets de seuil. L'appartenance à un groupe donne simultanément accès à un système d'information, une ingénierie de formation et d'apprentissage, des outils de suivi des parcours et d'évaluation des compétences. Elle ouvre aussi la voie à une spécialisation de l'accompagnement socioprofessionnel non plus par établissement ou par type d'ESI mais par filière professionnelle et d'insertion. Dans ce domaine, la taille améliore sensiblement les modalités de l'insertion : soit par l'organisation d'un parcours d'insertion interne au groupe ; soit en facilitant les relations professionnelles avec les entreprises implantées sur le territoire et des filiales de groupes industriels, le groupe apparaissant plus attractif en disposant « d'un vivier conséquent de salariés en insertion » pouvant être recrutés[82].

La croissance des Groupes d'ESI suit des logiques d'agglomération territoriale (implantation sans rapport aux propriétés et besoins territoriaux) ou des logiques de spécialisation sectorielle et de spécification territoriale (en lien avec les ressources et actifs territoriaux). Deux trajectoires se dessinent :

- Un développement exogène spatialisé correspondant à l'implantation d'entreprises « allogènes » ou le rachat d'entreprises têtes de pont territoriales, et obéissant à des stratégies de captation de marchés ou de prédation : Groupes d'ESI de très grande taille du type *SOS*.
- Un développement endogène localisé reposant sur des entreprises « autochtones » ou « indigènes » possédant collectivement des capacités, constitutives d'un « milieu » socioculturel, à révéler des ressources spécifiques et à valoriser des actifs spécifiques pouvant aller jusqu'à une requalification du territoire : Groupe d'ESI de moyenne taille du type *GDID* ou de grande taille du type *Archer*.

Suivant une seconde direction, les pôles territoriaux de coopération économique (PTCE) relèvent de la conception du développement endogène localisé. Dans une perspective d'ancrage territorial, cette voie de reconfiguration donne lieu à des écosystèmes productifs locaux, regroupant une diversité d'acteurs classés en quatre grandes catégories : les organisations de l'ESS (OESS) ; les entreprises hors ESS ; les collectivités territoriales ; les organismes de recherche, d'enseignement

82 Rapport de l'Inspection générale des affaires sociales (IGAS), 2015, Innovations et expérimentations dans le secteur de l'insertion par l'activité économique, décembre.

supérieur et de formation. L'organisation productive des PTCE peut se rapporter à un découpage en secteur(s) ou en filière, sur la base de micro ou petites entreprises coopérant sur des segments de valeur à faibles qualifications et rentabilités (Gianfaldoni, 2016). Une large palette de produits est couverte, de la production de biens et services traditionnels à de nouvelles opportunités industrielles (traitement-valorisation des déchets, éco-matériaux et éco-rénovation). Les PTCE se caractérisent par une gouvernance partenariale mixte territorialisée nécessitant la création d'une association porteuse ou incitant à la création-transformation en société coopérative d'intérêt collectif (SCIC). Ce mode de gouvernance allie un fonctionnement qualifié de collectif-démocratique et un partenariat entre entreprises possédant un statut associatif ou de société en rapports de coopération technique, fonctionnelle et stratégique (Gianfaldoni, 2017).

L'insertion par l'activité économique (IAE) est un dénominateur commun aux PTCE pris dans leur diversité. L'entreprise sociale ou le groupe d'entreprises sociales, se présentant comme l'autorité de gestion légitime et le pivot de l'organisation productive du PTCE, peut être issu de l'IAE ou contrôler des entreprises sociales d'insertion (ESI), alors que d'autres PTCE maillent des entreprises de petite taille dont des ESI. L'insertion se révèle *a minima* un apport en ressources humaines à moindre coût pour la production ou peut s'avérer l'un des objectifs cibles dans le cas où le pôle dépasse les logiques de sas et imbrique action sociale, action économique et développement territorial.

Dans son étude des PTCE intégrant la dimension IAE, Masure (2015) a ainsi identifié trois positionnements stratégiques vis-à-vis de l'IAE : dans certains cas, les ESI n'ont qu'une contribution fonctionnelle à la création d'activités à travers une ingénierie directe de projets d'activité ou par l'intermédiaire d'un entrepreneuriat collectif sur un territoire (en lien avec une boutique de gestion, une coopérative d'activité et d'emploi, pépinière) ; dans d'autres cas, le PTCE a été créé dans le cadre de stratégies de redéploiement des ESI, de la recherche de nouveaux métiers émergents au renforcement de leur modèle économique ; enfin quelques PTCE régénèrent le projet économique et social des ESI par les partenariats initiés avec les entreprises marchandes et les mutualisations réalisées. Bénéficiaires associés « de processus de développement économique local qui dépassent leurs activités de base, les SIAE s'ouvrent à de nouvelles perspectives », le PTCE se révèle alors « un processus d'échanges multiples qui peut (les) amener à se décentrer pour s'engager dans des entreprises sociales nouvelles » (Masure, 2015).

CONCLUSION

Les transformations structurelles en entreprises sociales d'insertion par le travail (ESI) sont intrinsèquement liées à une dynamique de concentration du secteur de l'IAE, qui se concrétise par des formes de regroupement et de polarisation territoriale. Il s'ensuit une complexification des modes de gouvernance assortie d'une déformation des modèles économiques par essence hybrides et problématiques car composites, instables et surdéterminés par diverses variables institutionnelles. Pour reprendre la grille d'analyse en blocs proposée par Osterwalder et Pigneur (2010) et adaptée aux OBNL (organismes à but non lucratif), le modèle économique des ESI s'écarte sensiblement du *business model* marchand quant à la création, répartition et capture de la valeur. Toutefois, les groupes d'ESI tendent à accroître l'apport en ressources marchandes et quasi-marchandes, réduisant par là même la part des allocations publiques (directe ou par voie de défiscalisation). De plus, l'extension des alliances coopératives et des coopérations polarisées et territorialisées potentialise de nouveaux flux de revenus et élargit d'autant la chaîne de valeur (*value architecture* selon l'expression de Müller, 2012).

Le changement d'échelle entraine par conséquent des innovations organisationnelles perceptibles au travers de la rationalisation des tâches fonctionnelles et opérationnelles. Ainsi les regroupements d'ESI permettent des rendements croissants sur le volet administratif (dossiers de subvention), commercial (réponse aux appels d'offre, partenariats techniques et recherche de mécénat) ou managérial (tableaux de bord, contrôle et évaluation). Les fonctions de gestion financière ou ressources humaines sont mutualisées, l'administration commune permettant une consolidation du modèle économique. Les postes d'accompagnement socioprofessionnel sont rendus transversaux à plusieurs établissements d'un groupe, créant ainsi de la polyvalence et une organisation du travail plus efficiente.

De manière concomitante au changement d'échelle, le renouvellement des dispositifs d'insertion traduit une mise en tension du modèle social qui les sous-tend et produit des innovations sociales. La substitution de logiques d'*empowerment* par des logiques d'*employment* conduit non seulement à des glissements de sens de l'insertion mais aussi à des altérations significatives de l'accompagnement socioprofessionnel. Les personnes en contrats d'insertion ne représentent plus un « public » désaffilié socialement (allocataires, bénéficiaires) mais un salariat « précasalarisé » devant revêtir un ensemble de compétences comportementales minimales requises. Par suite, cette bifurcation d'objectifs - de la remobilisation-éducation au travail à la projection -

priorisation vers l'emploi - remanie de manière substantielle les contenus de métier d'accompagnateur socioprofessionnel (ASP), affectant y compris leur mode et profil de recrutement. Cette orientation est illustrée dans les ESI par le remplacement des conseillères en économie sociale et familiale (CESF), aux valeurs humanistes et militantes, par des conseillers en insertion professionnelle (CIP), ces derniers possédant une formation courte en management-droit-commerce visant à les spécialiser par filière professionnelle et débouchés d'entreprise. Dans le même temps, des innovations sociales viennent se cristalliser paradoxalement dans les nouveaux dispositifs d'insertion : (1) ACI hors les murs, (2) CDDI - Groupe Economique Solidaire, (3) Expérimentation des parcours d'insertion à durée adaptée (EPIDA), (4) Convergence (expérimentation de stabilisation par le travail des personnes issues de la rue ou sans solution de logement durable), (5) Expérimentation groupes d'insertion.

Pour finir, les formes de concentration des ESI font apparaître des stratégies d'opportunités et des effets de débordement sectoriel professionnel. Ainsi, en incorporant des logiques de grande entreprise, les ESI modifient leur mode d'organisation et de gestion mais plus encore refondent leur finalité. Elles s'inscrivent dans une économie sociale d'entreprise (ESE) porteuse d'opportunités en termes d'insertion professionnelle et de coordination marchande, jusqu'à développer des activités productives sans lien préalable avec l'IAE. Doit-on alors considérer cette trajectoire de rupture, à la fois marquée par l'adoption de matrices managériales et favorisée par les reconfigurations structurelles, comme un mouvement d'élargissement ou plutôt de dépassement de l'IAE ?

BIBLIOGRAPHIE

ALTER, K., 2006, Social Enterprise Models and Their Mission and Money Relationships, A. Nicholls (ed.), *Social Entrepreneurship, New Models of Sustainable Change*, Oxford University Press, 203-211.
BORZAGA, C., DEFOURNY, J., 2001, *The emergence of the social enterprise*, Routledge, London.
BUCCOLO, E., EME, B. GARDIN, L., 2012, Les entreprises sociales et l'insertion par l'activité économique en France, L. GARDIN, J.-L. LAVILLE, M. NYSSENS (dir.), *Entreprise sociale et insertion. Une perspective internationale*, Desclée de Brouwer, 185-216.
DEFOURNY, J., NYSSENS, M., 2008, Social Enterprise in Europe: Recent Trends and Developments, *Social Enterprise Journal*, vol.4, n°3, 202-228.

DEFOURNY, J., NYSSENS, M., 2010, Social Entreprise, Hart K., Laville J.-L., Cattani D. (eds.), *The Human Economy : A Citizen's Guide*, Polity Press, Cambridge, 284-292.
GIANFALDONI, P., 2012a, Une approche socioéconomique de l'accompagnement dans l'insertion par l'activité économique, *Revue de droit sanitaire et social*, n° 6, novembre-décembre, 1001-1009.
GIANFALDONI, P., 2012b, Les attributs de l'innovation sociale dans l'insertion par l'activité économique, *Innovations – Journal of innovation economics*, n° spécial *L'innovation sociale : acteurs et système*, n°38, vol.2, 129-150.
GIANFALDONI, P., 2013, Les enjeux identitaires des entreprises sociales françaises, *Entreprendre & Innover*, n°17, avril, 35-43.
GIANFALDONI, P., 2014, La constitution de groupes associatifs dans l'insertion par l'activité économique, *RECMA – Revue Internationale d'Economie Sociale*, n° 333, juillet-août, 91-106.
GIANFALDONI, P., 2016, Le pôle territorial de coopération économique : une forme originale de polarisation en économie sociale et solidaire, L. LETHIELLEUX et M. COMBES-JORET (dir.), *Formes et fondements de la créativité dans l'Economie Sociale et Solidaire*, Epure éditions, 185-197.
GIANFALDONI, P., 2017, Le PTCE comme forme spécifique de polarisation : quels principes novateurs de structuration et de gouvernance ?, *RECMA – Revue Internationale d'Economie Sociale*, n° 343, janvier-février.
GIANFALDONI, P., MORAND, P.-H., 2015, Incentives, Procurement and Regulation of Work Integration Social Enterprises in France : Old Ideas for New Firms? , *Annals of Public and Cooperative Economics, vol. 86, 2*, 199-219.
GIANFALDONI, P., LEROUVILLOIS, P., 2015, L'impératif de croissance des entreprises sociales d'insertion par le travail, P. GLEMAIN ET E. BIOTEAU (dir.)., *Entreprises solidaires. L'économie sociale et solidaire en question(s)*, Presses Universitaires de Rennes, 31-47.
GIANFALDONI, P., ROSTAING, F., 2010, L'Insertion par l'Activité Economique comme espace d'action publique : entre politique publique et gouvernance, *Politiques et Management Public*, volume 27, n°1, 143-165.
LAVILLE, J.-L., LEMAITRE, A., NYSSENS, M., 2012, De la société civile aux politiques publiques : le défi de l'institutionnalisation, L. GARDIN, J.-L. LAVILLE, M. NYSSENS (dir.), *Entreprise sociale et insertion. Une perspective internationale*, Desclée de Brouwer, 125-153.
MASURE, B. (dir.), 2015, *Investigation des modèles économiques des pôles territoriaux de coopération économique (PTCE) intégrant la dimension insertion par l'activité économique*, Rapport final financé par la DIRECCTE Ile-de-France, septembre.
MORAND, P.-H., GIANFALDONI, P., 2017, Insertion et employabilité : les paradoxes de la contractualisation incitative,

D. GLAYMANN et F. MOATTY (dir.), *Le Piège de l'employabilité. Critique d'une notion au regard de ses usages sociaux*, Presses Universitaires de Rennes (PUR), septembre, 139-152.
MÜLLER, S., 2012, Business Models in Social Entrepreneurship, C. K. VOLKMANN, K. O. TOKARSKI, K. ERNST (eds.), *Social Entrepreneurship and Social Business*, Springer Gabler, Germany, 105-131.
OSTERWALDER, A., PIGNEUR, Y., 2010, *Business Model Generation. A Handbook for Visionaries, Game Changers and Challengers*, John Wiley & Sons.
PETRELLA, F., RICHEZ-BATTESTI, N., 2016, Patterns of evolutions of social enterprises in France: a focus on work integration social enterprises, *International Review of Sociology*, Vol. 26, n°2, 234-246.

ANNEXES

Graphique 1 : Répartition du nombre de SIAE, de salariés et d'ETP (en %)

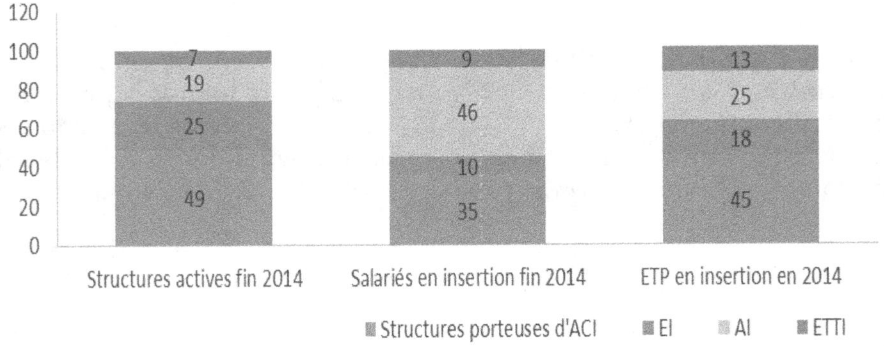

Graphique 2 : évolution des SIAE actives en fin d'année

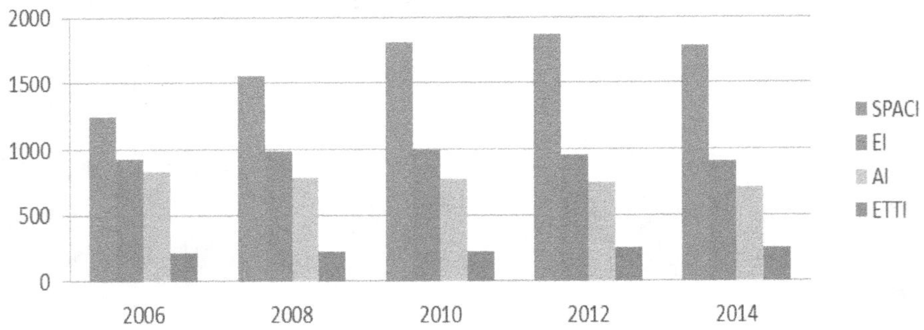

Graphique 3 : évolution des effectifs en insertion dans les SIAE

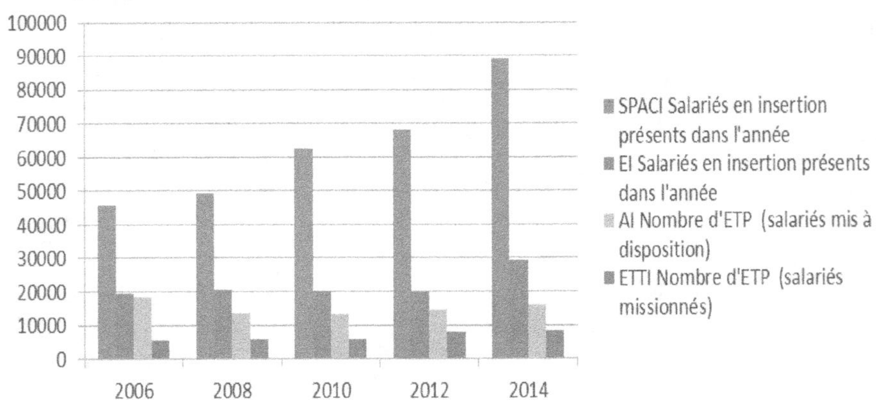

Graphique 4 : Répartition des SIAE selon le nombre de salariés en insertion (en %) au 31 décembre 2014

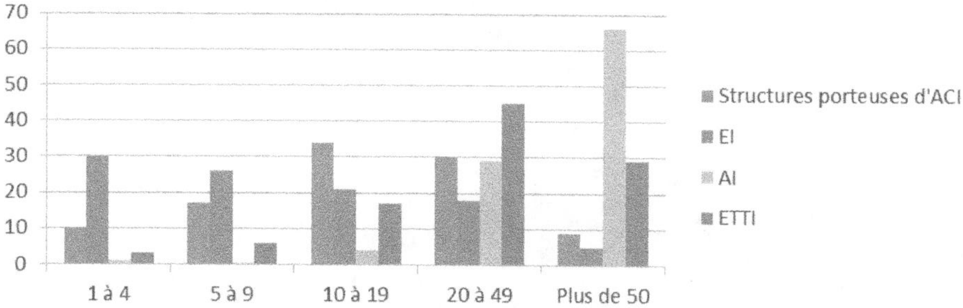

Graphique 5 : Appartenance à un réseau local de l'IAE

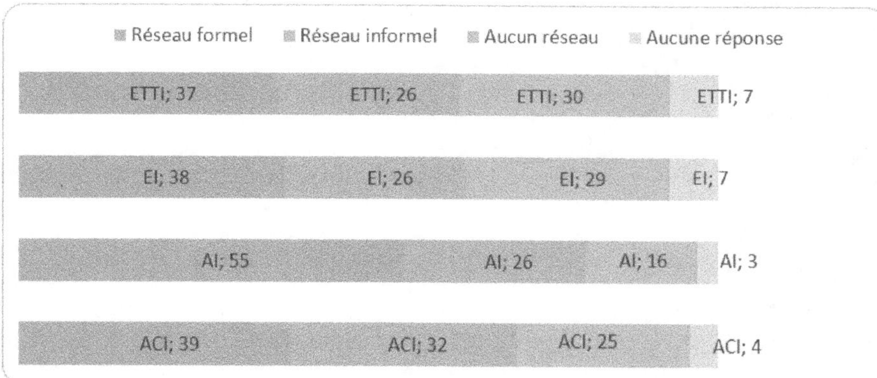

Champ : ESI conventionnées en 2010 n'ayant pas cessé leur activité à la date de l'enquête.
Source : DARES, enquête auprès des SIAE, 2012

FAIRE DU *BUSINESS* POUR LE SOCIAL OU GRACE AU SOCIAL : L'EXEMPLE DE L'INCLUSION FINANCIERE

Isabelle GUERIN
IRD-Cessma
isabelle.guerin@ird.fr
Magdalena ISAURRALDE
Ehess
magdalena.isaurralde@ehess.fr
Mariam SANGARE
IRD-Cessma
sangarem@hotmail.fr

INTRODUCTION

Inconnu du public il y a vingt ans, le microcrédit s'est considérablement étendu pour devenir un outil de développement à part entière, largement soutenu par la plupart des organisations bilatérales et multilatérales d'aide au développement, par des organisations de la société civile, par de nombreux Etats et, plus récemment, par des fonds d'investissements privés. En 1998, moins de dix millions de clients avaient été recensés. En 2005, le cap des cent millions était franchi. Aujourd'hui, ils seraient plus de deux cent dix millions.

Dans sa version initiale, le microcrédit contemporain recouvrait une multiplicité de pratiques, d'outils, de méthodes mais aussi d'idéologies. On y retrouvait des adeptes de la « république des villages » d'inspiration gandhienne ou de la théologie de la libération, des organisations caritatives et religieuses y compris issues des fractions les plus conservatrices de l'Église catholique comme les Légionnaires du Christ. On y trouvait également des promoteurs de l'économie sociale et solidaire, soucieux de construire des modèles économiques alternatifs au marché et de transformer les rapports sociaux. Sans tomber dans la nostalgie d'une période révolue, force est de constater que le secteur s'est sensiblement transformé et regroupe aujourd'hui essentiellement de fervents disciples de l'initiative privée individuelle et du libre marché. Le *business social*, l'*impact financing* et l'approche « *bottom of the pyramid* » (BoP, « bas de la pyramide »), chacun à leur manière, ont largement investi ce nouveau secteur d'activité. Au-delà des singularités de chaque terme, tous ont pour point commun de miser sur les principes de la propriété privée, de la libre concurrence et de l'équilibre des coûts, voire de la rentabilité pour le BoP.

Au nom de l'efficacité et de la massification de l'offre, l'idéologie marchande, largement promue par une entité comme le Consultative Group to Assist the Poor (CGAP)[83], s'est imposée comme une norme. Malgré des mises en garde répétées quant à la compatibilité entre mission sociale et rentabilité financière, elles ont progressivement irrigué l'ensemble du secteur. Utilisant des données récentes à l'échelle globale ainsi qu'une monographie argentine, cet article décortique la construction de ces marchés émergents. Du côté de l'offre, on observe une diversification continue, facilitée par les nouvelles technologies et promue par une large diversité d'acteurs, au sein de laquelle les « Fintech » (compagnies de technologie financière) occupent une place de premier choix, et où le microcrédit productif n'est plus qu'un service parmi d'autres. On parle d'ailleurs « d'inclusion financière » et non plus seulement de microcrédit. Mais cette diversification est tirée davantage par un besoin de croissance que par une volonté réelle de répondre à des besoins insatisfaits. En effet, si l'on examine de près la « demande », celle-ci est généralement beaucoup plus limitée que ce qu'imaginent les promoteurs, ou décalée par rapport aux services proposés. L'ajustement entre offre et demande, loin d'être spontané, repose dans certains cas sur le rôle clef de certaines entités locales – individus (souvent de sexe féminin), groupements plus ou moins institués, ONG – dans la construction de la confiance indispensable à la création puis au bon fonctionnement de ces marchés et au respect des engagements. Ce rôle est ambigu, peu visible, mal rémunéré et encore moins reconnu, notamment lorsqu'il est assumé par des femmes : il interroge sur la manière dont le capitalisme, à travers les organisations de microcrédit et ses financeurs, renouvelle les modalités d'appropriation d'une certaine forme de travail gratuit.

---

[83] Le Consultative Group to Assist the Poor (CGAP) est un réseau informel regroupant certains des praticiens et bailleurs les plus en vue du secteur du microcrédit. Créé en 1995, le CGAP est hébergé par la Banque mondiale mais jouit néanmoins d'une certaine indépendance.

1. DES LOGIQUES DE PLUS EN PLUS CAPITALISTES ET MARCHANDES

Le paysage de l'inclusion financière et ses évolutions récentes mettent en évidence son dynamisme, sa capacité de renouvellement et de diversification, mais aussi l'importance grandissante des logiques capitaliste et marchande.

1.1. Une clientèle moins « sociale »

D'après la dernière Campagne du Sommet du microcrédit (CSM), fin 2013, date des dernières données disponibles, le nombre d'emprunteurs a atteint le record de 211 millions pour un cumul de 3 080 instituts de microfinance (IMF) dans le monde (Reed, 2016)[84]. Après les effets de crises successives sur de larges marchés (notamment l'Andhra Pradesh en 2010, mais aussi le Pakistan, le Nicaragua, la Bosnie et le Maroc) ayant conduit à une baisse du nombre de clients en 2011, le marché est reparti à la hausse, avec néanmoins un taux de croissance moins soutenu que les années précédentes. De 2003 à 2007, le nombre de clients enregistrés a connu une croissance annuelle moyenne de 13,9 %, contre seulement 1,5 % sur la période 2009-2013 (Reed, 2016).

Pour la CSM, les femmes et les « pauvres » sont supposés illustrer la vocation « sociale » du secteur. Sur les 211 millions de clients identifiés, 157 millions, soit près de 75 %, sont des femmes, sachant qu'une bonne partie des organisations, notamment des ONG mais pas seulement, ciblent volontairement et parfois exclusivement, la clientèle féminine. Quant aux clients classés comme les « plus pauvres[85] », ils constitueraient plus de la moitié (54 %) des clients. Leur importance, à la fois relative et absolue, est toutefois en baisse. Après une hausse annuelle de 14,9 % sur la période 2003-2007, la part des plus pauvres connaît un déclin continu ces dernières années, diminuant en moyenne de 3 % par an sur la période

[84] Quantifier avec précision le nombre d'usagers de la microfinance est une gageure et toutes les données avancées doivent être prises avec précaution. Nous utilisons ici trois types de données. Celles des Campagnes du Sommet du microcrédit, organisées annuellement depuis 1997 et qui recensent chaque année, sur une base *déclarative*, les organisations existantes et le nombre de personnes qu'elles servent. Le Microfinance Information eXchange (MIX) est plus restrictif mais aussi plus fiable : il valide puis centralise sur une plate-forme internet des indicateurs (surtout financiers mais aussi sociaux) d'organisations de microfinance souhaitant communiquer sur leurs activités. En 2012, la plate-forme centralise les informations de 1 166 organisations, qui regroupent 92,4 millions de clients pour un portefeuille d'encours de prêts de 90,5 milliards de dollars. La troisième source de données est l'enquête ménage Findex réalisée à l'échelle mondiale avec le soutien de la Banque mondiale, en 2011 puis en 2014.

[85] Les « plus pauvres » sont identifiés ici comme les personnes vivant en dessous du seuil journalier de pauvreté de 1,90 dollar.

2009-2013 (Reed, 2016). La réduction en valeur absolue est continue depuis 2010. Quant aux femmes, leur importance stagne. Deux raisons principales sont évoquées pour justifier ce désintérêt (qui reste somme toute relatif) pour les pauvres : la saturation de certains marchés ayant connu un dynamisme inégalable dans le passé, comme l'Inde ou le Bangladesh, mais aussi la difficulté croissante à cibler cette clientèle, notamment dans les zones rurales, à un coût acceptable (Reed, 2016).

1.2. La quête de profit

L'évolution du statut légal des organisations indique un glissement notable vers la recherche de lucre. Les institutions financières non bancaires (IFBN), à caractère commercial, sont désormais les plus représentées parmi les institutions constituant la base du MIX[86]. En 2015, elles représentent 43 % des organisations recensées, suivies par les ONG (30 %) et les banques (14 %). Inversement, les organisations à but non lucratif perdent du terrain. Entre 2002 et 2015 (voir graphique 1), les organisations de type bancaire ont doublé en importance (6 % à 14 % pour les banques ; 22 à 43 % pour les IFBN). En retour, les caisses rurales ont quasiment disparu (passant de 11 à 2 %) ; les coopératives ont aussi perdu de leur importance (de 24 à 12 %), et la tendance est également à la baisse chez les ONG, même si c'est dans une moindre mesure (de 40 à 30 %). Si les particularités régionales nous amèneraient à nuancer ce tableau, il reste que la tendance vers une approche plus lucrative est incontestable et générale.

86 Voir note 2.

Graphique 1. Évolution du nombre d'organisations par statut (2002-2015)

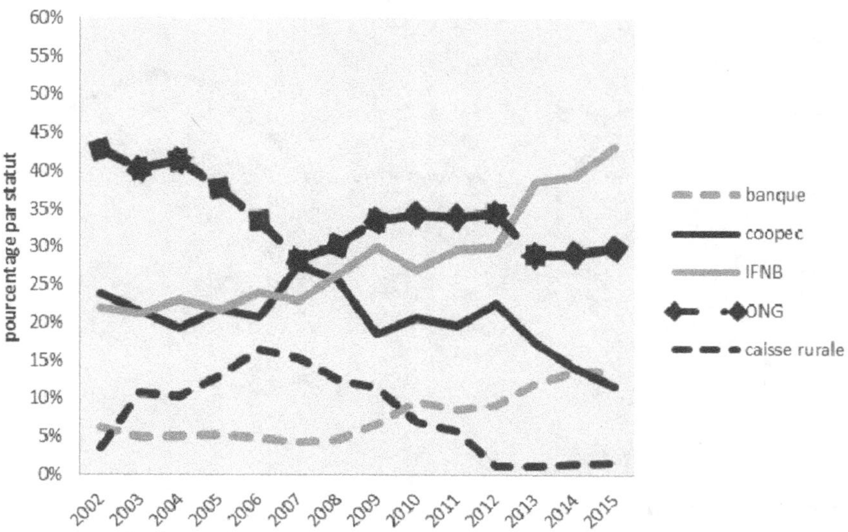

Source : nos calculs avec les données du MIX 2016.

Le niveau élevé des taux d'intérêt sur les microcrédits a toujours été et reste une source de débat. Selon l'idéologie marchande, la concurrence est censée diminuer les prix. Si cela a peut-être été le cas dans certaines régions comme la Bolivie, globalement, le coût des services[87] reste très élevé, avec une moyenne annuelle de 25 % (la médiane est de 24 %) sur la période 2003-2015. Comme dans bien d'autres secteurs, la concurrence peut tout aussi bien engendrer des pratiques d'entente et d'oligopole qui permettent le maintien de tarifs élevés (Karnani, 2011, p. 45-47).

Quant à l'évolution globale des revenus issus des intérêts, elle n'est pas à la baisse, mais plutôt à la stagnation (voir graphique 2), voire à l'augmentation pour les organisations à but non lucratif, probablement en raison de leurs difficultés croissantes à accéder à des financements bon marché.

[87] Cette moyenne a été calculée à partir du rendement du portefeuille des IMF (qui inclut taux d'intérêt et commissions diverses), et non pas des taux annoncés aux clients. Ces derniers sont souvent moindres que les coûts réels et peu transparents, car au taux d'intérêt notifié se rajoutent fréquemment des frais de dossier, d'assurance ou des pénalités de retard. Par ailleurs, nombre d'IMF exigent de leurs clients qu'ils épargnent un montant minimum, bloqué tout au long du prêt. Le taux annoncé ci-dessus n'inclut pas le coût de cette épargne obligatoire et certains considèrent que le taux d'intérêt moyen serait plutôt d'environ 45 % (Sinclair, 2012).

Graphique 2. Évolution des revenus d'intérêt en % du portefeuille brut de prêt (2007-2015)

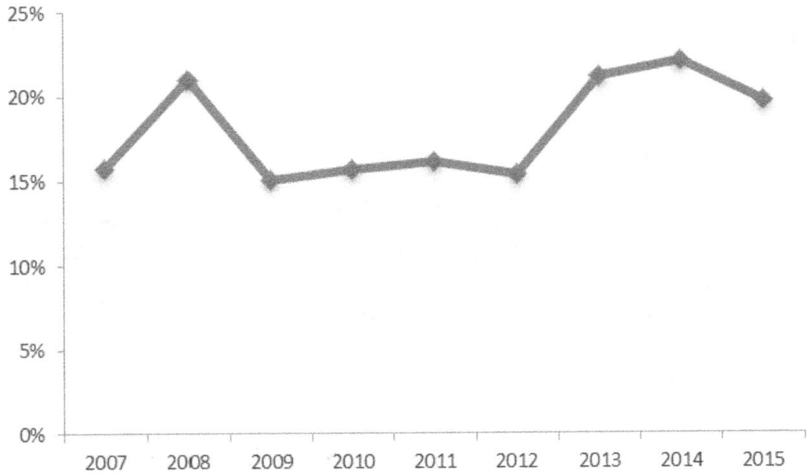

Source : nos calculs avec les données du MIX 2016.

Les perspectives d'avenir : un marché illimité ?

Selon les dernières données Global Findex, en 2014, 62 % des adultes dans le monde ont désormais un compte auprès d'une institution et/ou d'un opérateur de compte mobile, soit 20 % de plus qu'en 2011 (Demirguc-Kunt *et al.*, 2015). Malgré cette augmentation sensible, il resterait encore deux milliards d'exclus bancaires. Deux facteurs ont contribué à cette amélioration récente, tout en laissant entrevoir des perspectives d'expansion qui semblent illimitées pour les promoteurs de l'inclusion financière.

Le premier facteur est le couplage croissant entre l'octroi de prestations sociales publiques et l'ouverture d'un compte bancaire. Un nombre grandissant de pays des Suds mettent en place ou renforcent leurs politiques sociales *via* des transferts sociaux directs aux familles souvent sous condition – dans le prolongement du programme social brésilien « Bolsa Familia » (Fiszbein et Shady, 2009) – et le paiement de ces transferts par virement bancaire est de plus en plus fréquent (et obligatoire). En Inde par exemple, près de 250 millions de comptes bancaires ont été ouverts de cette manière au cours des deux dernières années. Si cette forme de bancarisation, dont on connaît encore mal les conséquences, est censée permettre des gains de temps et une meilleure transparence des transactions (dans des contextes où la corruption est légion), elle ouvre aussi la voie à des formes inédites d'endettement et de contrôle, puisqu'il est désormais possible de saisir les comptes pour garantir les remboursements.

Le second facteur est la finance numérique. Selon le rapport 2015 du Global System for Mobile communications Association (GSMA),

411 millions de comptes financiers mobiles ont été ouverts en 2015 dans le monde – soit une augmentation de 31 % par rapport à l'année précédente – et 271 services financiers mobiles sont opérationnels, dont 52 % en Afrique subsaharienne. Au niveau mondial, 2 % seulement des adultes ont un compte mobile, combiné ou non à un compte auprès d'une organisation financière, mais cette proportion atteint 12 % en Afrique subsaharienne. Dans cette région, la finance numérique a grandement contribué à augmenter l'inclusion financière, qui est passée de 24 % en 2011 à 34 % en 2014 (Global Findex 2014). Les services financiers mobiles nourrissent l'espoir de diversifier l'offre, diminuer le coût et élargir l'accès aux populations les plus enclavées, pour lesquelles une infrastructure physique reste difficile, car incompatible avec les exigences actuelles de pérennité financière. Limités au départ à des opérations de transferts et de dépôt-retrait de liquide, les services mobiles proposent aujourd'hui bien d'autres composantes, comme le crédit, l'assurance ou encore le paiement marchand. Cette diversité est toutefois très inégale selon les pays, pour des raisons principalement de législation. Par ailleurs le coût, difficile à estimer de manière fiable, reste élevé, notamment lorsque les services se diversifient et s'orientent vers les paiements marchands ou le paiement des transports. Enfin de fortes inégalités d'usage persistent, notamment géographiques (47 % d'utilisateurs ruraux, alors que le rural continue de concentrer une large partie des populations pauvres) et de genre (37 % de femmes utilisatrices), voire même se creusent (GSMA, 2015).

Parmi les autres sources de diversification, il faut noter le glissement du microcrédit dit « productif » – présumé générer des revenus directs *via* la création ou la stabilisation d'une microentreprise – vers le crédit « consommation ». Longtemps considéré comme une dérive, le microcrédit consommation est de plus en plus reconnu comme un service à part entière sans pour autant que les coûts, qui deviennent alors encore plus problématiques, ne soient questionnés. Le prêt spécifiquement dédié à la consommation occupe une part croissante des services officiellement proposés (voir graphique 3). Ces données doivent être distinguées de l'usage effectif des microcrédits, dont on sait qu'une large part est dédiée à des usages « sociaux » ne générant pas de revenus directs. Cette part est bien souvent supérieure à 50 %[88], que les microcrédits soient labellisés « productifs » ou non.

[88] Pour des détails sur ce point, voir Guérin, 2015, p. 78-79.

Graphique 3. Évolution des prêts dédiés à la consommation en % du portefeuille brut de prêt (2010-2015)

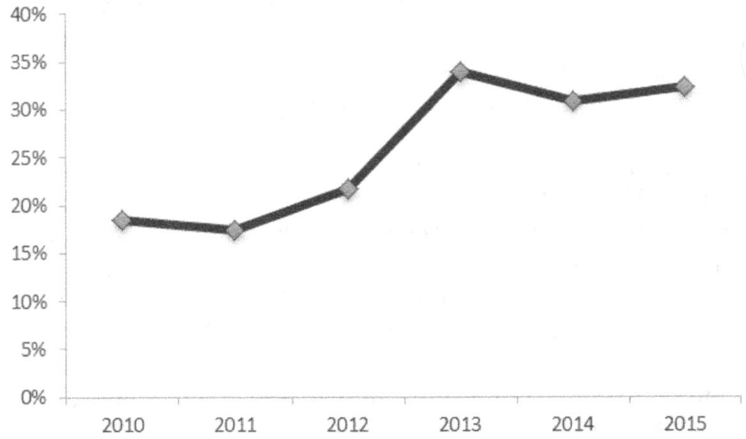

Source : nos calculs avec les données du MIX 2016.

La micro-assurance fait aussi partie des nouveautés de ces dix dernières années. Existant sous différentes configurations à l'instar du microcrédit (individuelle, communautaire, publique, privée, mixte), les produits d'assurance devraient permettre aux populations de gérer les risques multiples auxquels elles sont confrontées. Les produits les plus répandus sont liés à la santé et à l'agriculture. Notons tout d'abord qu'une large part d'entre eux relève en fait d'assurances-décès destinées aux emprunteurs du microcrédit, souvent obligatoires[89].

Les promoteurs mettent la plupart du temps l'accent sur le potentiel du marché et les avantages dont jouissent les organisations de microfinance comme distributeurs des produits d'assurance (proximité et connaissance des clients, avantage concurrentiel en milieu rural, etc.), alors que les besoins réels des populations et leur appréhension des produits proposés, éléments déterminants de leur adhésion, passent en second plan quand il s'agit d'élaborer les services. En définitive, la complexité technique de certains produits comme la micro-assurance indicielle agricole et la qualité médiocre des infrastructures de santé justifient une adhésion encore faible, notamment dans la durée.

Le microcrédit est également plébiscité pour appuyer la mise en œuvre de services de base comme l'approvisionnement en eau potable, l'assainissement, l'électricité ou le gaz. Les préoccupations des promoteurs financiers, soucieux d'élargir leur marché, semblent répondre à celles des différentes parties prenantes de ces services de base, qu'il s'agisse des autorités publiques, des ONG, ou des entreprises privées. Là où ni l'Etat, ni le marché, ni les partenariats public-privé usuels n'ont

[89] Pour une analyse chiffrée précise, voir la thèse d'Annabelle Sulmont (2014).

réussi à résoudre la question du financement de ces services de base, le microcrédit n'est-il pas « la » solution (Morvant-Roux *et al.*, 2016) ?

Les modalités de mise en œuvre de ce type de microcrédit sont multiples, et les enjeux fort variables en fonction du coût supporté par les populations et de l'usage des microcrédits, selon qu'ils sont dédiés au financement des infrastructures, et/ou des raccordements individuels au réseau, ou encore à la consommation mensuelle. Concernant l'eau ou l'assainissement, un risque majeur a déjà été relevé dans plusieurs régions : conditionner l'accès à ce type de services à l'octroi de microcrédit a pour effet direct d'en privatiser l'accès, alors que les enjeux en matière de santé publique sont pourtant fondamentaux (Mader, 2016). On peut aussi s'interroger sur les risques d'exclusion des plus démunis et sur la hiérarchisation des besoins, qui, dans certains cas, est dictée par les perspectives de profit des opérateurs et non par le bien-être des populations. Nous y reviendrons plus loin à travers une étude de cas.

Ce bref panorama du secteur met en lumière une course en avant dans l'élaboration d'une offre de services toujours plus diverse, mais dont les coûts demeurent élevés alors même que les nouvelles technologies devraient permettre des gains sensibles de productivité, avec la conviction profonde que ces services répondent à une demande soutenable et qu'ils feront le « bien ». La surestimation des capacités locales d'absorption du crédit – et donc l'insoutenabilité de la demande – a été observée dans de nombreuses régions, avec des conséquences en matière de surendettement des populations qui a été largement documentée (Fouillet *et al.*, 2016 ; Guérin, Labie et Servet, 2015).

Lorsque la demande n'existe pas spontanément, il faut la créer, de gré ou de force (Morvant-Roux et Roesch, 2015). C'est cette dimension, souvent invisible, de la construction de ces marchés en émergence, que nous développons maintenant en nous appuyant sur un cas argentin combinant microcrédit et accès au gaz.

2. LA CONSTRUCTION SOCIALE ET POLITIQUE DES MARCHÉS DE L'INCLUSION FINANCIÈRE. UN CAS ARGENTIN

Des hommes, mais aussi des femmes, consacrent une énergie considérable, bien souvent passée sous silence, pour attirer des clients potentiels puis les fidéliser. Les agent.es de crédit jouent ici un rôle décisif, mal reconnu. Il faut « attraper le marché » disent les agents indiens face à la concurrence féroce à laquelle ils font face. Il faut « créer des besoins », disent ceux de République dominicaine, qui peinent à remplir leurs objectifs alors qu'une bonne partie de leur salaire en dépend. Les agents en question sont plus souvent des hommes, même si la part de femmes n'est pas négligeable (19 % à l'échelle mondiale), notamment au Moyen-Orient et en Afrique du Nord où elle atteint 44 % (voir graphique 4).

Graphique 4. Pourcentage de femmes agentes de crédit en 2015 par région.

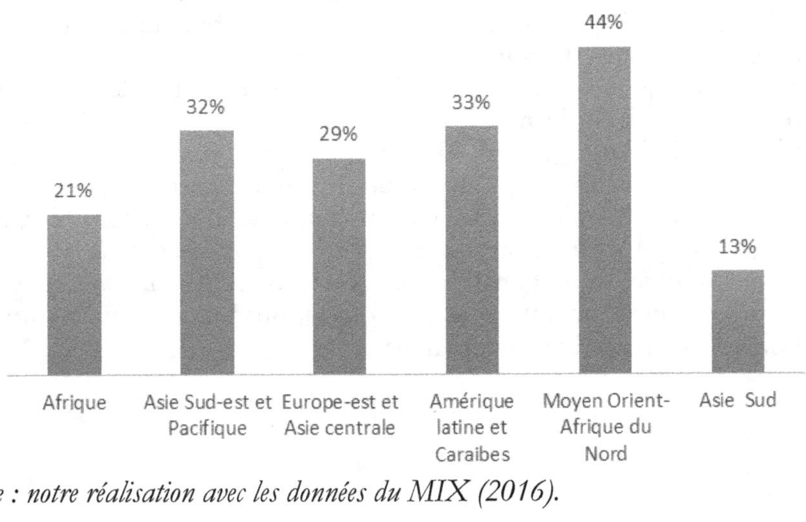

Source : notre réalisation avec les données du MIX (2016).

Dans certains cas, la fabrique des marchés ne repose pas uniquement sur les épaules des agent.es, mais sur d'autres réseaux locaux, déjà constitués ou créés *ex nihilo*, au nom de la « participation » des populations locales et même de leur « émancipation », et qui sont dans ce cas bien souvent très féminins. Le cas argentin développé ici est à cet égard exemplaire, tout en illustrant des tendances plus larges sur lesquelles nous reviendrons en conclusion.

Les observations restituées ci-après émanent d'une enquête qualitative conduite à l'intérieur du Gran Buenos Aires en 2012, sur une période de douze mois, dans des quartiers informels de la périphérie ouest (municipalité de Moreno). Dans cet espace péri-urbain, se déploient depuis les années 2000, à l'initiative d'une ONG locale - Fundación ProVivienda Social - des projets d'amélioration de l'habitat visant à étendre un réseau de gaz de ville et à raccorder individuellement les logements des habitants, moyennant une contribution financière sous forme de microcrédit pour les frais de connexion et une participation active de ces derniers dans l'organisation locale.

Partant de l'observation du déroulement des projets de gaz à Moreno, notre enquête s'est efforcée de comprendre les logiques sous-jacentes à la demande du service dans le cadre de l'organisation de quartier - le fidéicommis - créée à cet effet. Structurée autour d'une observation participante au sein de l'ONG, complétée par quarante monographies de famille (futurs usagers et foyers exclus du projet d'extension de gaz), notre enquête analyse les mécanismes de « participation » des habitants du quartier (« *vecinos* »)[90], en particulier des femmes, et surtout le travail considérable qu'elles fournissent pour soutenir une demande de service fluctuante voire en crise au moment de l'exécution effective des travaux d'infrastructure.

2.1. Un microcrédit pour accéder au gaz : quelle demande ?

Municipalité péri-urbaine de la région métropolitaine de Buenos Aires (Gran Buenos Aires) et chef-lieu de « l'arrondissement » (« *partido* ») homonyme, Moreno se situe à environ 45 km du cœur de la capitale. À l'extrémité nord de cet arrondissement, Cuartel V, localité de 10 000 habitants est connue, dans l'univers des ONG locales, comme un lieu d'expérimentation de projets associatifs, en particulier les partenariats pour le gaz. Ces projets sont organisés par une ONG, la Fundación Pro Vivienda Social (ci-après la Fondation), qui a appuyé successivement l'institutionnalisation des fidéicommis au travers d'une intermédiation juridique et financière à laquelle les habitants ont activement contribué.

L'activité de la Fondation à Cuartel V, démarre dans les années 1990, période d'extension du modèle libéral en Argentine et de recrudescence de la pauvreté urbaine dans la région métropolitaine de Buenos Aires. L'ONG compte alors moins de dix collaborateurs et son objet social est alors tourné vers l'octroi de microcrédits affectés à la construction de logements, dans des quartiers pauvres de Moreno. Grâce au soutien de programmes fédéraux pour l'habitat et de fonds privés, le programme « Solidarios » a permis rapidement à la Fondation de couvrir une partie du territoire de Cuartel V et des communes environnantes à travers une

[90] Les habitants s'auto-désignent par le terme de « *vecinos* » qui renvoie, en espagnol, tant à la condition d'habitant qu'à la relation de voisinage.

activité de crédit conséquente (8 000 microcrédits au titre de l'habitat). Pratique courante dans le secteur, la Fondation a pour cible principale des femmes réunies en groupes de trois à cinq personnes. Les microcrédits octroyés sont destinés à l'achat de matériaux de construction dans une logique d'appui aux initiatives locales existant dans ces quartiers, la maison étant le projet d'une vie.

Durant cette période, Cuartel V est un laboratoire participatif, avec une centaine d'associations œuvrant dans le domaine social, pour pallier les effets des déséquilibres du marché de l'emploi (plus d'un tiers des habitants était alors au chômage ou sous-employé) et des conséquences socio-économiques qui pèsent sur l'économie des familles. Par exemple, une trentaine de *comedores* (réfectoires dédiés à la distribution alimentaire) facilitent l'aide aux familles les plus démunies. Comunidad Organizada, un des réseaux actifs sur l'arrondissement de Moreno, regroupe principalement des femmes participant de diverses initiatives locales et qui ont, pour certaines d'entre elles, des liens bien établis avec l'ONG du fait de leur implication (voire leur *leadership*) dans les groupes solidaires du programme de microcrédits.

Répercussion de la situation économique globale, le « marché du gaz » à Cuartel V, connaît une forte instabilité vers la fin des années 1990/2000. Non seulement les bonbonnes sont rares sur les points de livraison dans le quartier, mais cette rareté induit des pratiques spéculatives localement. Á cette époque, il y a bel et bien une demande pour le gaz, qui répond à un besoin de cuisiner et de se chauffer correctement et régulièrement. On comprend par ailleurs aisément l'origine de l'association entre l'ONG et les habitants de Cuartel V : en contact direct avec l'ONG par le biais des groupes solidaires, les femmes membres de Comunidad Organizada ont trouvé au sein de cette alliance un vecteur pour rendre visible et légitime cette demande.

Les projets d'infrastructure sont organisés autour d'une figure juridique – le fidéicommis – qui lie les habitants, l'ONG et l'opérateur privé GasBan. Le fidéicommis agit ici comme une structure de gestion décentralisée pour la construction du réseau : l'entreprise de gaz s'engage à assurer l'extension du réseau auprès des futurs usagers et les intègre, ce faisant, dans l'organisation de la demande du service de gaz à travers la recherche d'adhésion. Ils sont alors liés par l'obligation de contribuer financièrement, à la fois aux travaux d'installation domiciliaire et à l'extension du réseau. Le fidéicommis agit ainsi, en deuxième lieu, comme instrument de levée de fonds. Il est dépositaire des flux financiers alloués par des bailleurs multilatéraux sous forme de dette, et propose un microcrédit pour le raccordement domiciliaire aux foyers adhérents. La viabilité d'un tel montage réside en la capacité de l'organisation à réaliser des économies d'échelle en intégrant le plus grand nombre de futurs usagers. Le rôle des habitants du quartier est clairement défini : adhérer, faire adhérer et financer. Une adhésion minimale est prévue pour couvrir les coûts d'extension du réseau, et elle est fixée à 65 % des maisons du quartier. Ce seuil est une disposition légale. L'exécution des travaux est également dépendante de flux financiers futurs dans le cadre d'une garantie collective.

La période d'observation coïncide avec la phase amont d'un premier projet de gaz et la mise en œuvre d'un deuxième projet, dans deux espaces géographiques proches (moins de 5 km les séparent). Au moment de l'enquête, ces deux projets ont subi des difficultés majeures liées à l'attente des financements. En effet, en raison de la situation économique et financière argentine post-crise de 2001, les bailleurs multilatéraux ont durci les conditions d'allocation de capitaux aux projets de développement dans ce pays, devenu désormais un pays « à risque » après son défaut de paiement de la dette souveraine.

Les initiatives pour le gaz subissent de plein fouet la conjoncture financière argentine : le premier projet que nous avons observé dans sa phase amont est toujours en attente d'un bailleur pour commencer à exécuter les travaux d'infrastructure (cette phase amont aura duré plus de six ans). Le deuxième projet (en cours d'exécution) aura été mis en attente pour les mêmes raisons – c'est-à-dire l'attente du financement. Après avoir réussi à négocier la contrepartie exigée par la Banque interaméricaine auprès d'un pool de banques locales, sa mise en œuvre a lieu désormais dans un contexte où, tant les besoins matériels des habitants que leurs modes de consommation, ont grandement évolué.

L'effet du temps a également un impact sur la demande locale de service, car l'enjeu énergétique a sensiblement évolué. Divers facteurs peuvent être identifiés dans la variation de la demande.

Les facteurs relationnels apparaissent au premier rang, avec une confiance des habitants qui s'est amenuisée au fil des années d'attente. Parallèlement, deux autres paramètres d'ordre conjoncturel ont une incidence plus objective dans les choix et les préférences des habitants. Parmi ces derniers, une sortie relative de crise et des transferts sociaux ciblant les populations vulnérables ont une incidence positive dans l'amélioration des conditions de vie des habitants de Moreno et permettent de développer d'autres formes de consommation énergétique. Enfin, à cela s'ajoute le poids des subventions à l'énergie pratiquées par le gouvernement depuis 2005. Celles-ci modifient considérablement l'enjeu énergétique au niveau local. Au dire des familles, la disponibilité des bonbonnes de gaz n'est plus un problème, contrairement à la situation des années 2000. Ces dernières se vendent aujourd'hui facilement dans les principaux points de vente. La bonbonne « sociale » de 10 kg, adoptée dans le cadre des subventions à l'énergie pour les secteurs populaires est vendue au moment de l'enquête à 25-30 pesos et les cylindres de 45 kg sont vendus au prix moyen de 200 pesos dans les stations-essence. Par ailleurs, l'effet d'une énergie à moindre coût facilite le repli vers le réseau électrique, installé dans les quartiers.

D'autres modes de consommation se développent, avec une utilisation plus importante de l'électrique comme complément au gaz (pour la production d'eau chaude par exemple) dans un contexte de progression des branchements sauvages au réseau.

Pendant les visites de quartier de *manzanas* (pâtés de maison), la réception des habitants n'est pas toujours bienveillante et révèle parfois des rancœurs ou de la lassitude, ce qui se traduit par un « non » de la tête esquissé derrière une fenêtre, ou des phrases peu aimables plaçant la proposition du service au même niveau que les « promesses électorales ». La réaction de certains habitants rend compte de confusions ou d'assimilations conscientes avec des projets émanant du secteur privé (l'équipe projet désignée comme « les gens du gaz » ou « l'entreprise du gaz »), et des initiatives municipales inachevées :

« *C'est quoi ton truc du gaz ? Moi j'y crois pas une seconde... si ça fait des années qu'on nous promet l'eau et ça s'est pas fait…* [l'habitant signale une petite grille par terre qui porte le nom de l'ancienne compagnie d'eau, Aguas Argentinas, privatisée dans les années 1990, redevenue publique récemment] ... *C'est comme le rond-point là* [qui marque la limite entre les arrondissements de José C. Paz et de Moreno], *ils se sont disputés pendant des années, ils nous disaient que c'était fait... et rien. Toujours le même truc.* » (Un habitant de Mayor del Pino, quartier de Cuartel V, rencontré lors d'une tournée.)

« *Vous, vous êtes comme une entreprise du gaz, c'est du commercial votre affaire* [« *negocio* »]. *Tu bosses avec l'entreprise de gaz* [en s'adressant au promoteur-constructeur]. » (Une autre habitante de Mayor del Pino, rencontrée lors de l'ouverture d'une *manzana*.)

Lorsque le *vecino* est favorable à l'arrivée du gaz, son acceptation ne s'accompagne que rarement, si ce n'est jamais, d'un enthousiasme débordant pour le projet et son organisation. Dans ces cas, nous avons le plus souvent entendu dire que le gaz « était pratique » ou que le gaz était « commode » ou qu'il représentait « un progrès pour le quartier » sans lier l'arrivée du service au travail d'une organisation en particulier, ou au *fideicomiso de vecinos*. Qu'il s'agisse d'un accueil favorable ou pas, le discours de l'habitant met l'accent sur le temps passé, ce qui se traduit par des réactions sans équivoque : « *Vous arrivez enfin ? Ça fait un sacré moment qu'on attend le gaz.* » ou « *On n'y croyait plus.* » Ceux qui ont été moins engagés dans les phases amont du projet – qu'on repère aisément par des phrases du type « *les réunions du fidéicommis... ah...oui, j'ai dû y aller une fois pour voir ce que c'était* » – ne distinguent pas forcément la singularité de ce type de projet de quartier. Parler du « fidéicommis », dont le nom même est difficile à prononcer – on entend couramment *fidel-comiso* à la place de *fideicomiso* – révèle tantôt une incompréhension, tantôt un manque d'intérêt. On peut d'ailleurs douter qu'un montage juridique aussi sophistiqué ait pu autrefois être assimilé dans toute sa complexité, alors que ce dispositif n'est pas toujours bien assimilé par les agents eux-mêmes.

Á l'occasion des tournées de *manzanas,* nous avons également noté que la première question posée par l'habitant dans l'interaction avec l'ONG est celle du prix de la connexion et des modalités de financement proposées. La grande majorité des *vecinos* a une idée approximative de ce prix qui date, soit du moment où se faisaient les réunions de groupe, surtout vers 2007-2008, soit des renseignements qu'ils ont obtenus auprès des habitants dont les *manzanas* ont pu accéder au gaz (celles qui ont un nombre suffisant d'adhésions et dont les foyers sont éligibles). De la même façon que les questions financières sont celles qui suscitent les premières réactions, le financement est la première source d'auto-exclusion. Ce type de réaction, on la distingue chez des personnes âgées, souvent des femmes seules (veuves) ou des personnes qui souffrent de handicaps. Lorsqu'elles acceptent d'interagir avec l'équipe projet, elles déclarent volontiers qu'elles ne sont pas « *en capacité d'assumer cette dépense* ». Il est d'ailleurs intéressant de remarquer que dans leur langage, elles utilisent d'ordinaire le mot de *gasto* (« dépense »), ce qui nous interroge sur la façon dont cette population perçoit le service (plutôt un luxe). Derrière une déclaration de « manque d'intérêt » se cache ainsi une évaluation d'un manque de capacité ou un refus de souscrire au crédit : pourquoi s'engagerait-on dans une relation de crédit alors qu'on vit seul.e et que le gaz finalement, on a vécu longtemps sans ?

2.2. La construction du marché : « participation » ou travail gratuit ?

Le travail que nous avons observé au sein de l'ONG est divisé spatialement. À l'entrée du local situé sur la route provinciale, deux bureaux font office d'agence client auprès des habitants. Ces derniers s'y rendent régulièrement pour payer leur microcrédit au gaz. Vers le fond du local, une pièce est dédiée au *back-office* où une dizaine de femmes traitent les dossiers de crédit et une autre pièce est dédiée à la planification des opérations de gaz. Dans le *back-office,* travaillent deux types d'agent.es autour du gaz.

Les *promoteurs-constructeurs* (selon l'appellation officielle de l'ONG) ont vingt-trois ans au plus. Ils réalisent leur stage de formation technique auprès de l'ONG dans le cadre de leur formation avec une école technique locale partenaire de l'ONG. Ils perçoivent un salaire de 2 500 pesos[91].

---

[91] Pour donner un ordre d'idée des salaires sur base de l'extraction faite à partir de la base de données de l'ONG, le salaire moyen pour un homme est d'environ 3 900 pesos mensuels, celui d'une femme de 1 300 pesos (en incluant les transferts sociaux).

Les *développeuses de quartier* sont quant à elles des habitantes de Cuartel V qui ont participé de loin aux projets de l'ONG (ce n'en sont pas les promotrices historiques). Ces dames sont plus âgées que les promoteurs-constructeurs. Celles qui réalisent les visites domiciliaires ont entre 40 et 55 ans. Elles ont reçu des formations en communication et en bureautique. Elles interagissent directement avec l'habitant. Un groupe de femmes plus jeunes, également habitantes, réalise en agence un travail comptable et bureautique plus complexe, au sein du *back-office* telles les requêtes sur des bases de données, l'analyse de solvabilité des ménages, etc...

Dans leur quotidien professionnel, le langage que ces deux populations utilisent est très codifié et difficilement accessible pour toute personne ne connaissant pas le projet. Ici, on parle des travaux d'installation du gaz en cours, des connexions internes des foyers, des rendez-vous fixés avec les habitants pour effectuer les visites domiciliaires. On peut entendre par exemple des questions posées collectivement du type : « *On est déjà passé faire l'interne de X* [pour la connexion interne au gaz] *dans la manzana Y ?* » ou « *On a déjà fait le devis pour un tel ?* » ou encore « *On est à combien d'adhésions pour la manzana Z ?* » Les échanges au sein de l'équipe portent également sur des aspects d'exécution du projet moins techniques : on parle des documents légaux ou civils qu'on va chercher à droite et à gauche chez l'habitant à qui on a déjà rendu visite, des *manzanas* qu'on « ouvre » et qu'on « ferme ». Dans le langage de cette population « ouvrir une *manzana* » signifie « aller chercher les adhésions pour le gaz » ou relancer les habitants qui ont donné leur avis d'intention favorable au début du projet, donc, pour le cas de Unión por los Vecinos en Acción, il y a déjà quelques années. On parle d'ailleurs « d'adhésion au gaz » plutôt que « d'adhésion au fidéicommis ».

Le travail des habitants intégrés dans l'équipe projet, et désormais rémunéré par l'ONG, ne reflète qu'une partie des efforts accomplis pour la mise en place du fidéicommis Unión por los Vecinos en Acción. L'observation des interactions entre l'ONG et les *vecino*s a rapidement permis de constater que le personnel « recruté » a en effet remplacé un personnel « de l'ombre » composé d'une trentaine de femmes dont le rôle a été essentiel pour la construction de la demande de gaz, d'une part, et pour asseoir la légitimité du projet, de l'autre. Le travail accompli par ces anciennes « promotrices de quartier », s'est étalé sur une période de six ans, correspondant à la période d'attente du financement des bailleurs, nécessaire à l'exécution des travaux.

Piliers historiques du quartier et inscrites dans d'autres réseaux locaux, ces femmes se sont mobilisées pour chercher la promesse d'adhésion des habitants en amont du projet. Ce faisant, l'ONG les a exposées à des tâches délicates, comme l'évaluation financière des foyers et l'analyse des situations domestiques (socio-économiques et sanitaires) pour garantir l'existence « d'une demande potentielle » justifiant l'objet du fidéicommis. Dans les témoignages recueillis, ces femmes décrivent leur travail à l'aune d'un niveau de sollicitation considérable exprimé par le travail effectué dans le quartier auquel s'ajoutent des réunions hebdomadaires, un suivi régulier des actions au sein de l'ONG et des événements exceptionnels comme les campagnes pour le gaz dont nous décrivons le déroulement plus loin.

Mettant l'accent sur l'absence de reconnaissance du travail volontaire, leur discours se réfère néanmoins à des « promesses » de rémunération non satisfaites par l'ONG (un salaire, des bénéfices matériels) laissant entrevoir des vecteurs de mobilisation qui ont pu être utilisés pour créer des incitations. Aux attentes matérielles s'ajoutent les attentes symboliques issues de leur contribution à la vie du quartier.

A ce travail de l'ombre, mené en amont du projet, se combinent au moment de sa mise en œuvre véritable des techniques de vente supposées convaincre les derniers récalcitrants, tout en excluant les plus démuni.es. En dehors du ciblage « porte à porte », la vie des projets de gaz est rythmée par plusieurs campagnes « Quiero Gas », (« je veux le gaz »), que l'on peut décrire comme des véritables campagnes *marketing*. Ces dernières sont organisées le samedi et déploient simultanément plusieurs équipes d'agents sur différents points. Elles sont égayées par le son d'un mégaphone qui est transporté dans un petit camion qui fait le tour du quartier, au rythme d'un *jingle* « Quiero Gas » conçu pour l'occasion, sur fond d'une musique pop, à l'image des vendeurs ambulants qui proposent de l'électroménager dans le quartier. Le message promu lors des campagnes vante la facilité du processus d'adhésion et les conditions de l'amélioration de l'habitat :

« *Ce que nous vous proposons aujourd'hui, Madame, Monsieur, c'est d'accéder au gaz à moindre coût. Vous aurez également le bénéfice d'une gazinière contenue dans le pack et de facilités pour arranger votre cuisine. Le tout pour la modique somme de 10 000 pesos remboursable en mensualités.* » (Propos tenus par un agent de l'ONG pendant la campagne de mai 2013).

L'adhésion aux fidéicommis pour le gaz suppose un engagement au crédit pour financer le raccordement domiciliaire et une participation aux coûts d'infrastructure. À l'intérieur de la parcelle, il s'agit des interventions faites par des techniciens experts du gaz, qui sont chargés d'effectuer les vérifications d'étanchéité, mesurer et poser les tuyaux et, enfin, effectuer les raccordements des appareils domestiques. Au moment de l'observation, le capital demandé aux ménages varie entre 10 000 pesos et 12 000 pesos, payable sur un échéancier de douze à quarante-huit mensualités avec un taux fixe de 35 % annuel. Ce capital inclut une participation fixe aux coûts d'infrastructure et un capital variable en fonction de la tuyauterie nécessaire aux raccordements internes. À ce coût, il faut bien évidemment ajouter le service de gaz et les frais de rénovation de l'électroménager. Adossé à la connexion interne, un financement de biens de consommation liés à la provision du gaz est proposé aux ménages pour jouir pleinement des bénéfices du service. Ce crédit se présente comme un « pack » contenant une gazinière et un chauffage pour la pièce principale.

En définitive, ce projet qui se voulait au départ « social » et orienté sur la prestation d'un service alors considéré comme nécessaire à la survie quotidienne, s'est progressivement transformé en un « service de luxe ». Plus encore, sa mise en œuvre, laborieuse et chaotique, aura mobilisé pendant plusieurs années de nombreuses femmes, et ceci de manière invisible.

CONCLUSION

Á travers un panorama global de l'inclusion financière et de ses transformations récentes, puis une étude de cas précise étudiée sous l'angle ethnographique, cet article met en lumière un phénomène largement sous-estimé dans le monde du *business social* : la demande est loin d'être spontanée et naturelle. Ici en l'occurrence, une demande existait à un moment donné, puis elle a disparu mais le projet s'est maintenu. Cette situation est loin d'être unique ; on l'observe avec le microcrédit dans certaines régions lorsque les emprunteurs réalisent que le microcrédit ne répond pas à leurs attentes. Ailleurs, la demande est parfois décalée (microcrédits supposés « productifs » mais qui visent en fait à couvrir des dépenses de consommation quotidienne ou des latrines améliorées qui répondent à une demande de statut plus que de santé). Elle est parfois inexistante, soit qu'elle soit illégitime d'un point de vue des normes locales (dette qui est source de disgrâce et de déshonneur ; dette féminine qui suscite des résistances de la part des hommes ; micro-assurance qui attire le mauvais œil) ou bien qu'il y ait trop d'incertitude sur un bien ou un service non seulement nouveau mais dont la qualité est douteuse (qualité des services de soin pour la micro-assurance santé, qualité des infrastructures d'eau ou de gaz, etc.).

La sociologie économique a largement mis en évidence le rôle des médiations sociales dans la construction des marchés, *a fortiori* lorsque les biens ou services échangés sur ces marchés sont source d'incertitude ou de résistance morale[92]. Une question moins souvent posée par ce type de littérature est le *coût* de ces médiations sociales et les implications en termes de partage de la valeur, ainsi que leur dimension plus ou moins démocratique (qui décide finalement de la nature de la demande ?).

De la même manière, les promoteurs du *business social* savent parfaitement que le marché doit être construit et qu'il n'est pas spontané. Coimbatore Krishna Prahalad par exemple, initiateur de l'approche BoP,

92 Pour une synthèse en français, voir Steiner (2011).

et dont la méthode a largement été diffusée, explicite très clairement le rôle crucial des ONG et des « communautés locales » dans l'élaboration de nouveaux *business* modèles. Elles sont, dit-il, « les leaders en matière d'expérimentation des marchés BoP » (Prahalad, 2010, p. 56). Les « communautés locales » sont supposées jouer un rôle clef à différentes étapes : identifier les besoins locaux (ce qui évite des études de marché coûteuses et peu concluantes puisque les critères habituels sont inadaptés pour saisir les subtilités socioculturelles auxquelles les normes occidentales sont inaccoutumées) ; diffuser l'information (là aussi, compter sur les réseaux locaux et le bouche à oreille évite des campagnes publicitaires onéreuses et aux effets incertains) ; et enfin, distribuer les produits, en s'affranchissant de détaillants dont la proximité avec les clientèles locales n'est pas garantie.

Là encore, les questions de compensation du travail ainsi fourni, mais aussi des modes de délibération et d'élaboration – et leur dimension démocratique ou non – sont éludées. Comme le suggèrent divers travaux[93], ces marchés émergents « pro-pauvres » ne peuvent être source d'émancipation et de justice sociale que s'ils reconnaissent explicitement leur adossement à d'autres principes d'échange (ici en l'occurrence, il s'agit du principe de réciprocité) et ne les subordonne pas aux logiques de concurrence et de propriété privée. Il semble également indispensable de promouvoir des espaces de délibération et de discussion permettant d'élaborer des services réellement adaptés à des contextes sociaux, culturels, économiques et politiques singuliers. Il n'y a rien de nouveau dans ce plaidoyer, qui anime les milieux du développement depuis plus de cinquante ans, mais au vu de la prédominance des logiques marchandes, il n'a jamais été autant d'actualité.

BIBLIOGRAPHIE

DEMIRGÜÇ-KUNT, A., KLAPPER, L., SINGER, D. et VAN OUDHEUSDEN, P., 2015, *The Global Findex Database 2014, Measuring Financial Inclusion around the World*, World Bank, Development Research Group, Finance and Private Sector Development Team, The World Bank Policy Research Working Paper, n° 7255, avril, Washington DC, 97 p.

FISZBEIN, A. et SHADY, N. R. (dir.), 2009, *Conditional Cash Transfers, Reducing Present and Future Poverty*, World Bank, coll. « A World Bank Policy Research Report », Washington DC, XVIII-361 p.

FOUILLET, C., 2007, « La gestion des risques climatiques : quel rôle pour la microassurance ? », *Autrepart*, vol. XLIV, n° 4, p. 199-212.

[93] Voir par exemple Laville (2010) ; Hillenkamp et Servet (2016).

FOUILLET, C., GUERIN, I. MORVANT-ROUX, S. et SERVET, J.-M., 2016, « De gré ou de force : le microcrédit comme dispositif néolibéral », *Revue Tiers Monde*, vol. CCXXV n° 1, janvier-mars, p. 21-48.
HILLENKAMP, I. et SERVET, J.-M., 2016, « La tragédie du marché. Comment tenir compte de la construction sociale des marchés », *Notes et études de l'Institut Veblen*, 16 p., http://veblen-institute.org/La-tragedie-du-marche.html?var_mode=calcul (consulté le 10 janvier 2016).
KARNANI, A., 2011, *Fighting Poverty Together : Rethinking Strategies for Business, Governments, and Civil Society to reduce Poverty*, Palgrave Macmillan, New York, 297 p.
GLOBAL SYSTEM FOR MOBILE COMMUNICATIONS ASSOCIATION (GSMA), 2015, *2015 State of the Industry Report on Mobile Money*, GSMA, 73 p., www.gsma.com (consulté le 10 janvier 2016).
GUERIN, I., 2015, *La microfinance et ses dérives : émanciper, discipliner ou exploiter ?*, Paris et Marseille, Demopolis et Institut de recherche pour le développement (IRD), 291 p.
GUERIN, I., LABIE, M. et SERVET, J.-M. (dir.), 2015, *The Crises of Microcredit*, Zed Book, Londres, xi-207 p.
LAVILLE, J.-M., 2010, *Politique de l'association*, Le Seuil, Paris, 354 p.
MADER, PH., 2015, *The Political Economy of Microfinance : Financialising Poverty*, Palgrave, Londres, XI-284 p.
MICROFINANCE INFORMATION EXCHANGE (MIX), 2014, *Global Outreach and Financial Performance Benchmark Report - 2014*, Microfinance Information Exchange, 34 p., www.themix.org (consulté le 10 janvier 2016).
MORVANT-ROUX, S., MADER, Ph., BARON, C., 2016, *Market-Based Financial Interventions for Basic Services at the Bottom of the Pyramid : Key Lessons for Future Action and Research*, Université de Genève, Université de Bâle, Laboratoire d'étude et de recherche sur l'économie, les politiques et les systèmes sociaux (Lereps, Toulouse), octobre, 25 p., http://www.cartiercharitablefoundation.org/uploads/media/564eebf1158e3.pdf (consulté le 20 février 2017).
MORVANT-ROUX, S. et ROESCH, M., 2015, « The Social Credibility of Microcredit in Morocco after the Default Crisis », *in* GUÉRIN *et al.* (dir.), *The Crises of Microcredit*, Zed Book, Londres, p. 113-130.
PRAHALAD, C. K., 2010, *The Fortune at the Bottom of the Pyramid. Eradicating Poverty through Profits*, 5e éd., revue et mise à jour, Wharton School Publishing (WSP), Upper Saddle River (NJ), XXII-407 p.
REED, L. R., 2016, *The State of the Microcredit Summit Campaign Report 2015*, Microcredit Summit Campaign (MSC), Washington DC, 42 p., https://stateofthecampaign.org/2015/12/09/read-the-full-2015-report/ (consulté le 10 janvier 2016).
SERVET, J.-M., 2015, *La Vraie Révolution du microcrédit*, Odile Jacob, Paris, 250 p.

SINCLAIR, H., 2012, *Confessions of a Microfinance Heretic. How Microlending lost its Way and betrayed the Poor*, Berret-Kohler Pub., San Francisco, XVIII-268 p.
SULMONT, A., 2014, *Assurer les pauvres ou s'assurer des pauvres : les tourments de la micro-assurance. À partir de l'analyse des projets de la micro-assurance santé et migration au Mexique*, Thèse de doctorat en sociologie, Université Paris I Panthéon-Sorbonne.
STEINER, Ph., 2011, *La sociologie économique*, 4e éd., La Découverte, coll. « Repères : sociologie », Paris, 125 p.
SYMBIOTICS et CONSULTATIVE GROUP TO ASSIST THE POOR (CGAP), 2016, *Microfinance Funds : 10 Years of Research and Practice*, White Paper, décembre, 76 p., http://symbioticsgroup.com/wp-content/uploads/2016/12/Symbiotics_10yMIV_whitepaper2.pdf (consulté le 20 février 2017).

FINANCES SOLIDAIRES ET GESTION DES BIENS COMMUNS : L'EXPERIMENTATION DU FONDS DE DOTATION ANGERS MECENAT.

Pascal GLEMAIN
LiRIS EA 7481
Université Rennes 2[94]
pascal.glemain@univ-rennes2.fr
Valérie BILLAUDEAU
ESO UMR6590 CNRS
Université d'Angers[95]
valerie.billaudeau@univ-angers.fr

INTRODUCTION

Nous devons à E.Oström, Prix « Nobel d'économie » 2009 délivré par la Banque de Suède, la théorisation de la gouvernance des biens communs à partir de la gestion des ressources naturelles. L'approche néo-institutionnaliste de l'auto-organisation et de la gouvernance dans les situations de ressources communes qu'elle défend, semble pouvoir être élargie à l'univers de la Finance dans la mesure où, dans un contexte de barbarie financière[96] pour les uns ou d'économie casino[97] pour les autres, il nous faut « identifier la manière dont un groupe d'appropriateurs se trouvant dans une situation d'interdépendance peut s'organiser et se gouverner lui-même afin d'obtenir des bénéfices conjoints permanents alors que chacun est confronté à la tentation de resquiller, de « tirer au flanc » ou d'agir de manière opportuniste » (Oström 2010, p.43), afin de pallier les insuffisances de la finance de marché à financer les activités

[94] Maître de Conférences-HDR en Gestion, HDR en ESS, Co-Directeur du LiRIS EA 7481, membre du RIUESS. Université Rennes 2. UFR Sciences Sociales (AES). Place du Recteur Henri Le Moal. CS24307. 35043 Rennes cedex.

[95] Maître de Conférences en Sciences de la Communication, Université d'Angers. ISTIA, 62 Avenue de Notre Dame du Lac. 49000 Angers.

[96] Nous faisons références ici aux 4400 milliards de dollars américains (USD) qui chaque jour transitent par les marchés financiers à l'échelle de la planète, dont seulement 10 % financent l'économie réelle.

[97] Il s'agit ici de la thèse de la financiarisation « spéculative » de nos économies et de nos sociétés.

structurant l'économie réelle portée par les petites entreprises et les entreprises sociales (associations, coopératives) au niveau local.

Par « appropriateurs », nous comprenons, au sens d'Oström, des « communautés de citoyens » qui prélèvent des unités de ressources d'un système de ressources. Mais, pour qu'il y ait « appropriateurs », il faut qu'il y existe conjointement des « fournisseurs » qui offrent eux une « ressource commune » à s'approprier, c'est-à-dire : « un système de ressources suffisamment important pour qu'il soit coûteux (mais pas impossible) d'exclure ses bénéficiaires potentiels de l'accès aux bénéfices liés à son utilisation » (Oström, 2010, p44). Appliqués au monde de la Finance, si la finance de marché se nourrit des flux d'unités de ressources, nous posons l'hypothèse selon laquelle la finance citoyenne (solidaire ou participative)[98] relève, elle, plutôt d'un système de fourniture d'un « bien commun », c'est-à-dire d'un bien collectivement utile et désirable : la capacité de financement solidairement appropriable par les organisations qui agissent au service d'un projet de territoire (petites entreprises et associations).

Depuis les années 1980, en France[99], s'est développé un univers des finances solidaires à partir d'un jugement citoyen d'utilité sociale et de dotation commune pour financer un modèle de développement local, économiquement viable et socialement soutenable. Au sein de ce système financier singulier, « l'argent n'est pas le maître mais seulement l'instrument » pour reprendre la devise du Mouvement des CIGALES. Il devient à ce titre un « bien commun » dans la capacité de financement local qu'il représente. Or, avec Cordonnier (2012, p.4)[100], nous savons que : « les biens communs font l'objet d'une délibération collective entre acteurs visant à dégager les finalités du développement économique » et de la cohésion sociale, rajouterions-nous. La finance solidaire se situe bien dans cette finalité du développement économique mais, avec une dimension territoriale véritablement marquée (Taupin et Glémain, 2007 ; Glémain et Bioteau, 2015). En effet, les réseaux de finances solidaires, tels que : France Active, s'affichent et sont perçus par les administrations publiques locales comme de véritables réponses aux enjeux territoriaux

---

98 La finance solidaire est celle des CIGALES, des réseaux France Active ou Initiative France, des acteurs identitaires régionaux comme Herrikoa (Pays Basque) ou bien Femù Qui (Corse), ou d'obédience religieuse tels que : CCFD-SIDI ou Oïkocrédit. La finance participative est celle de la foule (*Crowdfunding*) et de l'Equity crowdfunding (ECF) (Crapsky *et al.*, 2015 et 2016)

99 La première C.I.G.A.L.E. (club d'investisseurs pour une gestion alternative et locale de l'épargne) date de 1983 (Cigale Château d'Eau à Paris), fruit de l'Association Locale pour le Développement d'une Economie Alternative (ALDEA) en 1981 (Russo, 2007).

100 « Eclairages sur la notion de biens communs », 8p. http://www.socioeco.org/bdf/fr/corpus_document/fiche-document-735.html

du développement de l'économie de proximité (sociale et géographique) et de l'ESS. Avec la Loi de Modernisation de l'Economie (Loi n°2008-776 du 04 août 2008), cet univers des finances solidaires s'est enrichi d'un nouvel acteur : les Fonds de Dotation (FdD), en même temps que se développaient les univers de la finance éthique (ISR) et de la finance participative (*crowdfunding*).

Ce nouvel acteur constitue-t-il une révolution dans l'univers de la finance citoyenne en général, et de la finance solidaire en particulier ? Constitue-t-il un nouveau fournisseur territorialisé de biens communs de financement aux services d'appropriateurs porteurs de création ou de consolidation d'emplois non délocalisables ? Est-il lui-même un bien commun en faveur d'une coopération de parties prenantes citoyennes au service du développement territorial ? En d'autres termes : En quoi les fonds de dotation (FdD) constituent-ils une révolution dans l'univers de la finance citoyenne pour financer le développement local et ce, malgré leur moindre médiatisation relativement à la finance participative ou par la foule (*crowdfunding*) ?

Afin d'apporter des éléments de réponses à cette question centrale de recherche, nous procédons en trois temps. Tout d'abord, nous proposons un état de l'art de la littérature relative aux financements alternatifs qui nourrissent la quête d'une finance plus responsable au service de l'économie territorialisée et de la cohésion sociale locale. Ensuite, nous présenterons l'analyse que nous avons conduite du Fonds de Dotation angevin : Angers Mécénat, comme système de ressources financières au service d'un bien commun : le territoire local. Enfin, nous proposerons une discussion sur la gouvernance de ces systèmes de ressources communes solidaires en France dans la cadre du financement des entreprises d'ESS.

La méthodologie que nous adoptons dans le cadre de ce papier de recherche se situe au carrefour à la fois de la recherche-action critique et de la recherche intervention par la posture que nous avons de chercheur-acteur, et de l'étude de cas en sciences humaines et sociales appliquées à l'économie sociale et solidaire (ESS) en vue d'une montée en généralisation à partir d'un terrain de recherche encore exploratoire.

1. A LA RECHERCHE D'UNE FINANCE CITOYENNE RESPONSABLE AU SERVICE DU DEVELOPPEMENT TERRITORIAL LOCAL.

Depuis les années 1980, nous assistons à l'émergence de nouveaux univers financiers alternatifs rassemblés en « finance solidaire » (Vallat et Guérin, 1999). L'idée consiste dès cette époque à développer de nouveaux moyens de financement en mobilisant l'épargne solidaire au service de la solidarité internationale et de l'emploi, pour un autre développement local plus soutenable. La plupart des acteurs de la finance solidaire de l'époque se développe alors sous statut d'association loi 1901 ou bien de société coopérative financière avec pour finalité d'avoir accès aux banques coopératives en particulier (Taupin et Glémain 2007, pp.651-652), pour lever du financement conjoint au profit des petites entreprises locales et des associations gestionnaires (et/ou employeurs) créatrices de dynamiques socio-économiques locales. Pour autant, si la volonté de rendre l'argent intelligent et solidaire (Vigier, 2003) est au cœur de leur philosophie et a permis leur expansion, il n'en demeure pas moins que les besoins en financement locaux ont continué à croître dans un contexte de restriction des investissements et des financements en fonds publics du côté des collectivités locales (Antoniolli *et al.*, 2002). Il en résulte que les entreprises locales de proximité sociale et géographique (TPE et associations) se trouvent de plus en plus en besoins de financement non satisfaits. La situation est telle que près de 9 % du total des associations ont disparu depuis 2005, faute de financement et d'une taille suffisante pour se soumettre et répondre aux appels d'offre de ces mêmes administrations publiques locales. Le dernier rapport du Haut Conseil à la Vie Associative (ex-CPCA) de 2014 souligne d'ailleurs cette tendance lourde de la mutation du financement des entreprises sous statut associatif sur la période 2005-2011(tab.1) :

Tableau 1 : Part des financements publics et privés dans les associations en France, en %

2005	2011
Financements Publics	
51 *Dont subventions publiques : 34* *Dont commandes publiques : 17*	49 *Dont subventions publiques : 24* *Dont commandes publiques : 25*
Financements Privés	
49	51

Source : d'après HCVA (2014).

La révolution managériale en cours se traduit par une mutation profonde du financement des associations, qui ne dépend plus désormais de la qualité du projet associatif global, mais bien de la capacité de celles-ci à répondre à des objectifs stipulés dans les appels d'offre sous commandes publiques. Cette orientation favorise la montée d'un régime concurrentiel qui permet à des entreprises lucratives de se positionner sur les créneaux à marge (*silver economy*), délaissant les activités économiques à compensation bénévole aux entreprises associatives (portage de repas à domicile). La situation est réellement préoccupante, car : « à continuer à considérer que toutes les associations se valent et peuvent faire l'objet d'initiatives privées lucratives, l'on perturbe les équilibres naturels de péréquation sociale et l'on risque de rejeter à la charge de la collectivité ou pire à son propre sort (faute de moyens financiers pour les collectivités) une part de plus en plus croissante de la population » (HCVA 2014, p.5). La « *welfare society* » ne serait donc plus ni une utopie ni une gabegie, mais bien la recherche d'une nouvelle forme de gouvernement de solidarité sociale !

Dans ce contexte, même si les acteurs de la finance solidaire se sont investis dans le financement de la dynamique économique locale, il semble qu'il faille aujourd'hui consolider la croissance interne[101] des TPE et des associations sur les territoires car, ce sont elles qui sont en charge de l'emploi et de la cohésion sociale territorialisés. A titre d'exemple, la délégation ligérienne de France Active : le FONDES, en 2015, a aidé non seulement à la création ou la consolidation de 3933 emplois mais également au financement de 1196 entreprises, pour un montant de 9,6 millions d'euros engagés (FONDES, 2015)[102]. Nécessaires mais pas suffisantes, les finances solidaires s'ouvrent à d'autres solutions telles que : les prêts participatifs ou les fonds d'innovation sociale (tab.2).

---

[101] Investissements en renouvellement, investissement en fonds propres, investissement en expansion.

[102] Dans son Rapport d'Activité 2015, on apprend ainsi que le profil type de la TPE est une EURL intervenant dans les services avec un effectif moyen de 1,3 ETP pour un besoin de financement initial de 40000 euros. L'association elle intervient plutôt dans le cadre des services aux personnes avec un effectif moyen de 19 ETP pour un prêt hors garantie de l'ordre de 31264 euros.

Tableau 2 : Eléments caractéristiques des Prêts participatifs et des Fonds d'Innovation Sociale en France.

Prêt Participatif	Fonds d'innovation sociale
- Offrir aux Petites et Moyennes Entreprises des prêts partenariaux sur le moyen et le long terme, - S'appuyer sur la Bpi pour octroyer du prêt participatif social et solidaire de 10 à 50Keuros, remboursable à horizon de 7 ans, - Renforcer ses fonds propres, financer ses investissements en croissance, et prévenir les problèmes récurrents de trésorerie, - Contrat de prêt qui génère une créance subordonnée (les créanciers sont les premiers remboursés, avant les prêteurs), - **Acteurs** : France Active, IDES, Initiative France.	- Créer un fonds pour financer l'innovation sociale, - Innovation sociale = nouvelle solution apportée à un problème social (idée, produit, service), - Avances remboursables sur projets qui ne sont portables ni par l'Etat, ni par le marché, - Montant d'au plus 200 000 euros, - **Acteur** : Conseil Régional.

Source : Auteurs.

Avec Cordonnier (2012, p.6), nous savons : « qu'il n'existe généralement pas de fabriques à biens communs, auxquelles nous pourrions déléguer leur production ». Cela signifie que les biens communs sont « plutôt le résultat d'un bon agencement des parties prenantes du développement économique ». Deux remarques sont à faire ici. D'une part, les acteurs des finances solidaires ont souvent été considérés comme des fabriques à biens communs : un financement local dédié à l'économie réelle locale et à la cohésion sociale locale. Cependant, la finance solidaire c'est du financement ET de l'accompagnement dans une même prestation de service financier solidaire au profit d'entreprises (TPE, PME et Associations) locales. Dimension souvent oubliée, l'accompagnement est présent tout autant dans les dispositifs de Business Angers (BA) que d'Equity Crowdfunding (ECF) (Deffains-Crapsky *et al.,* 2016), et donc de finance solidaire. Or, l'accompagnement est polysémique. Il ne constitue pas une fonction en soi parce qu'il est d'abord une démarche qui « place (un sujet) sur une voie où tout ce qui est attendu lui appartient mais, lui est fortement suggéré par l'environnement sociopolitique » (Paul 2015, p.22). L'accompagnement ne se définit ainsi pas aussi facilement qu'on ne laisse entendre.

Paul (2015, p.21) nous rappelle que la notion d'accompagnement « joue plusieurs de plusieurs langages. L'un est éthique : l'accompagnement y est promu par le langage de l'empathie et de l'écoute. L'autre est politique : comme pari social, il devient une modalité de régulation de ce que la société ambitionne, c'est-à-dire que les individus soient autonomes, responsables, capables de se prendre en main. Le troisième serait technique : dans une société réduite à une collection d'individus, l'accompagnement permettrait un traitement individualisé des problèmes, une personnalisation des démarches, mais en fonction des exigences collectives. Et le quatrième serait pratique : par l'injonction faite aux professionnels de répondre à ces attendus sociopolitiques ». Les finances solidaires, telles que nous les observons depuis une quinzaine d'années maintenant, articulent ces langages pour en faire des dispositifs d'accompagnement à la création d'entreprise individuelle donc de son propre emploi dans le cadre de TPE faute d'opportunité en termes de salariat, ou bien des dispositifs d'accompagnement à la consolidation de la trésorerie domestique quand c'est le microcrédit personnel garanti qui est concerné (FIMOSOL, 2010 et 2012 ; Gloukoviezoff, 2011). Dans les deux dispositifs, c'est la consolidation de l'estime de soi qui est au cœur du modèle. L'ambition d'être des financeurs solidaires pour l'emploi est au cœur du langage politique non seulement des réseaux comme France Active, mais également de Mouvements comme celui des CIGALES qui constituent de véritables leviers pour entreprendre autrement (Russo, 2007). Mais, si les dispositifs d'accompagnement et de financement solidaires sont devenus nécessaires au développement local dans le cadre d'un soutien à la création ou à la consolidation d'emplois dans les entreprises de proximité (TPE et associations), il s'avère qu'ils demeurent insuffisants. La loi de modernisation de l'économie de 2008, dite Loi LME[103], a souhaité ouvrir le champ du financement de l'entrepreneuriat individuel non seulement en créant le statut d'autoentrepreneur, mais également en cherchant à enrichir l'univers de la finance locale en général et solidaire en particulier, en les dotant d'un nouvel acteur : le Fonds de Dotation (FdD). Quelques neuf mois après son lancement, nous décomptions en 2009, en France, 164 dépôts de statuts pour créer un Fonds de Dotation. Ces derniers ont connu un grand succès depuis leur création en août 2008, puisqu'ils continuent à se créer, chaque mois, autant de fonds de dotation que de fondations par an : entre 20 et 30.

---

[103] Art.140 et 141 de la Loi n°2008-776 du 04/08/2008.

Tableau 3 : Nombre total de fondations et fonds de dotation au 31 décembre 2014

(hors fondations abritées à l'Institut de France)

Statut juridique	2011	2012	2014
Fondations reconnues d'utilité publique	617	626	621
Fondations d'entreprise*	293	313	344
Fondations abritées	901	972	1161
Fondations de coopération scientifique	31	37	41
Fondations partenariales	12	23	29
Fondations universitaires	27	27	20
Fonds de dotation	852	1222	1793
Total des fondations et fonds de dotation	2733	3220	4009

**Nota : Ces données sont à lire par statuts juridiques. Ainsi le nombre de fondations d'entreprises, ne compte-t-il pas toutes les fondations effectivement créées par des entreprises : on en retrouve en réalité parmi les fondations reconnues d'utilité publique, parmi les fondations abritées, les fondations partenariales et parmi les fonds de dotation.*

Source : Observatoire de la Fondation de France et Centre Français des Fonds et Fondations.

Au 31 janvier 2015, selon les données de l'Observatoire de la Fondation de France (2015), ce sont plus de 2000 fonds qui ont été recensés, concernant des secteurs d'activités très variés mais solidaires, comme : la culture, l'intervention sociale, l'environnement, l'énergie, les solidarités[104]. Pourquoi cet engouement plus significatif encore, que celui du financement par la foule ?

La Loi LME définit le Fonds de Dotation (FdD) comme : « une nouvelle personne morale de droit privé fondée sur la propriété impartageable des profits, à l'instar des fondations, des associations, mais également des mutuelles et des coopératives. Il a pour but de financer les activités d'intérêt général et/ou des organisations sans but lucratif exerçant des activités d'intérêt général ». Le Fonds de Dotation apparaît dès lors comme un être hybride qui se crée comme une association et se finance comme une fondation (Amblard, 2010), dont la finalité est le financement d'activités d'intérêt général (Fonds de Dotation « opérationnel ») ou bien d'entreprises sociales portant activités d'intérêt général (Fonds de Dotation « relais »).

Par « intérêt général », il convient d'entendre : toute activité à lucrativité limitée, à gestion désintéressée, et à objet social étendu. Le FdD apparaît ainsi comme un outil clé du financement des entreprises sous statut Loi 1901 en particulier, et qui font face depuis 2005 à une montée de la part de financement privé dans leur bilan (HCVA, 2014).

[104] http://www.economie.gouv.fr/daj/fonds-dotation

En 2012, suite à une initiative de la plateforme locale d'ESS : l'Inter Réseau de l'Economie Sociale et Solidaire en Anjou (IRESA), et avec le soutien d'Angers Loire Métropole (ALM), un Fonds de Dotation territorial « relais » est créé : Angers Mécénat. La plateforme locale de l'ESS, l'IRESA, était déjà consciente de la montée en puissance des difficultés de financement des structures de l'ESS sur son territoire, et des contraintes économiques à venir encore plus fortes. C'est à ce titre qu'elle a imaginé la création d'un Fonds de Dotation « territorial », comme source de financement de l'ESS et de ses entreprises. Sa qualité « territorialisée » en fait un Fonds de Dotation relais singulier à analyser.

La méthodologie de recherche que nous adoptons est celle de la recherche-intervention dans la mesure où nous cherchons à produire les connaissances à partir du terrain, conformément à la pratique de la recherche en économie sociale et solidaire. L'ESS est un secteur où les « chercheurs s'inscrivent dans la perspective d'une production des connaissances qui soient utiles, à la fois, aux acteurs de terrains et intéressantes du point de vue des sciences de gestion » (Pérez 2008, p.103), il en va des sciences de gestion comme des sciences de la communication dont relèvent les auteurs. En outre, dans la mesure où l'une des auteurs est vice-présidente de l'IRESA à l'origine du Fonds de Dotation « territorialisé » et que l'autre est fortement impliqué dans les réseaux de Finances Solidaires[105], nous pourrions considérer que la posture adoptée est celle d'une relation interactive avec notre terrain de recherche et les problèmes qu'y rencontrent les acteurs « à la Girin » sous une « rationalité interactive » (Hatchuel, 1999). Girin (1986) caractérise cette posture de recherche à partir des quatre éléments suivants qui correspondent bien à notre démarche :

- Nos connaissances sont élaborées à partir d'un travail de terrain,
- Notre travail de terrain peut être infléchi en fonction des faits et des situations que nous rencontrons,
- Les acteurs de terrain sont fortement impliqués dans le processus de déroulement de la recherche (nous avons été tous les deux en interaction étroite avec l'un des présidents fondateurs) : définition de la problématique de recherche qui nous a été suggérée à partir de la question de la gouvernance des biens communs, et l'élaboration d'outils de gestion qui pourraient aboutir à de nouvelles pratiques et de nouvelles stratégies,
- Nous conservons en qualité de chercheurs la responsabilité de la construction théorique résultant des analyses conduites dans ce processus de recherche interactif.

105 Administrateur du FONDES depuis 2006, et porte-parole de FINANSOL en région depuis 2014.

Bien sûr, cette démarche n'est pas sans poser de problème épistémologique car, c'est une démarche dite « chemin-faisant », qui se distingue à la fois de l'observation participante, de la recherche-action, et de la conception « en chambre » de modèles et outils de gestion (David, 2000) (tab.4) :

Tableau 4 : Un cadre intégrateur pour quatre démarches en sciences de gestion

		Objectif	
Démarche		*Construction mentale de la réalité*	*Construction concrète de la réalité*
	Partir de l'observation des faits ou d'un travail de groupe sur son propre comportement	**Observation participante ou non (I)** Elaborer un modèle descriptif du fonctionnement du système étudié.	**Recherche-action (IIb)** Aider à transformer le système à partir de sa propre réflexion sur lui-même, dans une optique participative
	Partir d'une situation idéalisée ou d'un projet concret de transformation	**Conception « en chambre » de modèles et outils de gestion (IIa)** Elaborer des outils de gestion potentiels, des modèles possibles de fonctionnement, sans lien direct avec le terrain.	**Recherche-intervention (III)** Aider, sur le terrain, à concevoir et à mettre en place des modèles et outils de gestion adéquats, à partir d'un projet de transformation plus ou moins complètement défini.

Source : David (2000, p.14).

L'idée consiste bien ici à aider l'IRESA à consolider le développement sur le territoire angevin d'un nouvel outil de finance solidaire *ad hoc* au profit des organisations non profitables, structures qui agissent pour l'économie de proximité (sociale et géographique) et la cohésion sociale, en articulation avec les autres outils et acteurs de la finance solidaire ligérienne.

2. LE FONDS DE DOTATION, ANGERS MECENAT : QUELLES UTILITES ET DOTATION COMMUNES ?

Pour faciliter son lancement en 2012, plusieurs Sociétés d'Economie Mixte (SEM) ont été contributrices à la constitution du Fonds de Dotation, accompagnées par des sociétés commerciales et des structures de l'économie sociale et solidaire. Ce montage a pu se faire sur les préceptes des « communs », à savoir : « des pratiques sociales qui cherchent à mettre en place une gouvernance collective afin d'assurer l'accès à certaines ressources et un mode d'allocation de ces ressources entre les acteurs concernés qui ne repose pas à titre principal sur le marché ou la redistribution publique » (Coriat, 2015). L'objectif de ce Fonds de Dotation territorial, le deuxième en France après celui de Lille, est d'accompagner les changements socio-économiques sur le territoire (local) de l'agglomération angevine. Son objectif est bien de soutenir le financement de projets innovants inscrits dans le territoire de l'agglomération angevine et « porteurs de solidarité et de responsabilité sociale et environnementale », en s'appuyant sur le mécénat. Le Fonds de Dotation relais vise à accompagner les grands changements socio-économiques du territoire.

A ce titre, Angers Mécénat constitue un exemple de Fonds collectif territorialisé qui permet de répondre efficacement à des objectifs de cohésion sociale locale, et de dynamique entrepreneuriale sociale collective locale. Récent dans le paysage angevin où existent déjà un certain nombre d'acteurs de la finance solidaire, tels que : le FONDES (délégation régionale de France Active) ou les CIGALES, il constitue une nouvelle source d'identification et de financement de projets considérés comme étant socialement innovants. Ainsi, l'étude des projets des bénéficiaires et lauréats[106] que nous avons conduite, permet de confronter la posture du collectif financeur réuni avec les objectifs individuels des parties prenantes, et d'identifier ainsi les types de projets répondant aux orientations stratégiques du territoire, selon les communs réunis.

---

[106] A partir des dossiers déposés lors du premier appel à projets en 2013 (50) et celui de 2014 (30).

Angers Mécénat a financé sept projets en 2013 lors de son premier appel pour une enveloppe de 116 500 euros, et sept autres projets lors du 2ème appel à projets, pour une enveloppe de 150 000 euros. Le Fonds de Dotation Angevin a fait le choix de lancer des appels à projets thématiques afin de favoriser les dossiers de candidature qui répondent explicitement aux orientations stratégiques du territoire angevin. En effet, avant de choisir des axes thématiques, le Fonds de Dotation consulte en amont des acteurs économiques et associatifs locaux pour saisir à la fois : les besoins et les enjeux territoriaux. Ainsi, sur les deux premières années de financement, Angers Mécénat a maintenu un axe sur l'autonomie des personnes, et modifié celui sur l'habitat et l'environnement pour favoriser l'accès et le retour à l'emploi. En effet, les dossiers entrant dans la première catégorie se sont révélés plus nombreux dans le premier appel à projets, et l'accès à l'emploi a été identifié comme un thème prioritaire compte tenu du contexte économique (tab.5).

Tableau 5 : Les axes des appels à projets d'Angers mécénat

Appel à projets n°1 (2013)	**Appel à projets n°2 (2014)**
1. Favoriser l'autonomie des personnes, 2. L'habitat et l'environnement	1. Favoriser l'autonomie des personnes 2. Favoriser l'accès et le retour à l'emploi.

Le premier appel à projets a suscité la candidature de 35 structures alors que le second n'en a suscité que la moitié et ce, bien que l'annonce ait été réalisée sur les mêmes réseaux de communication. Les élections municipales de 2014, avec un changement de majorité, peuvent expliquer une partie de cette diminution car, l'incertitude d'avoir de nouveaux élus comme interlocuteurs a, peut-être, dissuadé quelques porteurs de projets associatifs. D'autres raisons-peuvent être émises : le nombre restreint de projets financés lors de la première édition en 2013, l'obligation de fournir une attestation fiscale en 2014, et des thématiques imposées qui restreignent trop le type de projets. Afin de favoriser l'accès au plus grand nombre de structures associatives, le troisième appel à projets de 2015 a donc changé sa stratégie en ne proposant plus aucun thème et en laissant tout projet argumenter sur son bienfondé. Quels sont alors les projets retenus par le Fonds de Dotation ? Quelles utilités s'est-il fixées pour convention ? Concernant les deux premiers appels à projets, le type de structures ayant répondu sont en grande majorité des associations, avec toutefois une société anonyme (S.A) ainsi qu'une fondation reconnue d'utilité publique (FRUP). La variété des secteurs ayant répondu aux deux appels à projets est grande : services à la personne (secteur très concurrentiel), insertion (secteur en plein mutation), culture (secteur en difficultés chroniques de financement à la création), entre autres. Lors du premier appel à projets (dont les deux axes étaient : "Favoriser l'autonomie des personnes" et "Habitat et environnement"), 35 structures ont candidaté et six ont été primées. De nombreux projets étaient plurisectoriels (tab.6).

Tableau 6 : Répartition des candidatures par secteurs d'activité

Appel à projets n°1		Appel à projets n°2
Culture	7 dont 1 primé	3 dont 1 primé
Education/formation	5	4 dont 1 primé
Emploi/insertion professionnelle	5 dont 3 primés	6 dont 3 primés
Services à la personne	5	
Social	5 dont 1 primé	3
Environnement	4	
sport	3 dont 1 primé	
Santé	1	
Total	**35 dont 6 primés**	**16 dont 5 primés**

Parmi les six projets lauréats du premier appel à projets, c'est le secteur de l'emploi et de l'insertion professionnelle qui a été le plus valorisé en termes d'innovation dans l'axe 1 sur l'autonomie des personnes. C'est d'ailleurs cet axe qui est le plus représenté parmi les lauréats (six sur six) car, aucun projet lauréat ne concernait l'habitat et le logement (axe 2). Deux explications peuvent être formulées : les projets de l'axe 1 ont été favorisés dans la mesure où ils conduisaient à l'autonomie des personnes, notamment vers l'emploi. Tandis que les quinze projets inscrits dans le second axe (dont trois, portant exclusivement sur l'habitat), nécessitaient des financements conséquents sans impact « rapide » sur les emplois. Or, l'accès à l'emploi constitue un indicateur quantitatif clé de performance économique, même si les qualités d'emploi n'ont pas été prises en compte.

Il ressort de ce premier appel à projets que le comité de sélection a été particulièrement attentif aux impacts des projets portant sur « l'emploi et l'insertion professionnelle » du fait du contexte économique de chômage structurel. Cette tendance souligne l'importance de l'innovation sociale portée par les associations, et particulièrement dynamiques en période de crise et de difficultés économiques, et sociales. Face à la complexité du contexte, les citoyens investis dans des associations s'appuient sur la solidarité et la force du collectif pour renforcer leurs capacités créatives et d'innovation, parce qu'ils sont moins contraints par la recherche d'une rentabilité à court terme pour sauver le modèle économique de leur propre organisation, et donc plus ouverts à la mission sociale portée par leur structure associative. Ils participent ainsi à l'émergence de solutions d'intérêt général qui répondent à des besoins qui ne sont assouvis ni par l'Etat ni par le Marché, et participent de ce fait à l'amélioration des conditions de vie et d'emplois au niveau local, et parfois même aux changements sociétaux. Par contre, si le secteur associatif est très présent et dynamique dans le secteur de l'environnement avec les écocycleries à La Pommeraye ou Emmaüs à Saint-Jean de Linières par exemple, il n'a paradoxalement pas été valorisé dans le premier appel à projets. Plusieurs hypothèses explicatives peuvent être proposées : les associations liées à l'environnement possèdent déjà des sources de financements publics et privés (libéralités : dons et legs), et n'ont à ce titre pas spécialement à faire appel au Fonds de Dotation. Elles se tournent en effet davantage vers d'autres dispositifs de financement et d'accompagnement, tels que ceux de l'ADEME ou des technopoles. Par ailleurs, les conditions environnementales sont peut-être révélatrices d'un bien-être local qui ne nécessite pas d'actions identifiées jugées comme prioritaires par les animateurs du FdD ? Angers et son agglomération constituent également une zone urbaine de taille moyenne à l'échelle de la France, et possède de nombreuses zones vertes, parcs, et espaces arborés. Et Angers est réputé pour son pôle végétal et Terra Botanica. Les aménités ainsi produites sont déjà vécues comme des réalités environnementales installées, voire implicitement institutionnalisées.

Le second appel à projets dont les deux axes étaient : "Favoriser l'autonomie des personnes" et "Favoriser l'accès et le retour à l'emploi", est plus proche de la tradition « financement et accompagnement » de l'univers des finances solidaires. A notre surprise, il n'a réuni seulement que seize projets candidats, dont cinq ont été lauréats. Dans ce faible panel, l'appel autour de « l'emploi et de l'insertion professionnelle » a été entendu par presque la moitié des dossiers déposés. Parmi les cinq projets lauréats, trois s'inscrivent dans ce secteur et aussi, de façon moins importante, dans ceux de l'action sociale et de l'accès à l'éducation/la culture (éducation populaire). Nous constatons que la stratégie de lancement d'appels à projets a finalement été remise en cause, parce que ces deux expériences semblent limiter le dépôt de dossiers et donc réduire d'autant la possibilité d'identifier des initiatives innovantes. Les donateurs privés du Fonds de Dotation territorial ont donc changé leur stratégie en 2015.

Même s'il n'est pas le seul critère, le caractère innovant des candidatures constitue un élément d'évaluation important pour Angers Mécénat. Mais, il n'est pas perçu de la même manière selon les parties prenantes en coopération, alors qu'il décide le déclenchement du financement. Afin de rendre compte de cette perception, nous avons opté pour une analyse de la façon dont les porteurs de projet ont rédigé leurs arguments pour valoriser le caractère innovant de leur action, notamment pour ceux qui ont été retenus. Nous relevons ci-après les éléments saillants des argumentaires.

L'objectif, la nature et le caractère innovant des projets semblent fortement liés. L'explication apportée sur les éléments spécifiquement innovants du projet et la description de son originalité montrent les différents niveaux d'innovation, selon les secteurs d'activités ou bien selon la nature du projet entrepreneurial. Les éléments d'appréciation des porteurs de projet, par rapport au caractère innovant de leur projet, sont traduits dans la nature des services proposés et de façon plus large, dans les objectifs recherchés, dans les bénéfices attendus et les contraintes auxquelles le porteur devra faire face pour atteindre le résultat de son projet. Au-delà de la diversité même des projets proposés, la plupart des porteurs expriment le caractère innovant de leur projet par la prise en compte de la dimension humaine et sociale, de la dimension sociétale, de la dimension environnementale, ou bien de la dimension territoriale et de la dimension économique. Par ailleurs, la logique d'inscription du projet dans une dynamique territoriale semble être un choix[107] important pour les porteurs de projets *via* la mise en œuvre d'un nouveau savoir-faire et les perspectives affichées de création d'emplois, le renforcement des liens sociaux dans le contexte local, l'amélioration de la qualité de l'environnement et le développement du territoire, et la promotion culturelle. Par rapport aux discours des porteurs de projet concernant leur démarche entrepreneuriale innovante, c'est davantage l'originalité, le caractère nouveau du projet et la créativité de la démarche, qui justifie selon eux l'innovation de leur projet.

Selon les arguments avancés par les porteurs de projet : « *tout acte entrepreneurial amène à un changement, une amélioration de la réalité* ». L'espérance de l'impact du projet sur leur environnement amène les porteurs à considérer, à tort ou à raison, que leur projet a un caractère innovant porteur de transformations sociales et sociétales. Les porteurs ne limitent pas leur argumentaire à l'explication descriptive et logique de leur projet, mais développent leurs attendus quant à leur projet en matière de potentiel de changement sociétal. Ce postulat vient alors conforter leur démarche d'entrepreneuriat innovant.

---

[107] Ou bien ce choix n'est-il guidé que par la vocation « territoriale » affichée du fonds de dotation? Opportunisme ? Il nous faudra conduire des entretiens pour le savoir !

Les porteurs de projet développent le sentiment de vouloir être au service du changement, d'une appartenance territoriale marquée, et de la nécessité à répondre de façon urgente aux besoins sociaux et environnementaux locaux. En définitive, nous retenons ci-dessous six critères qui résument la perception des porteurs sur le caractère innovant de leur projet :

(1) Critère d'appartenance territoriale,

(2) Critère de renforcement des liens sociaux (Conseil, accompagnement, formation, repousser les barrières des inégalités sociales, service à la personne...),

(3) Critère de réponse aux besoins sociaux et environnementaux,

(4) Critère de changement sociétal (nouvelle approche de la société),

(5) Critère de mise en œuvre de l'esprit entrepreneurial (être utile pour soi ou réalisation personnelle et être utile à la société),

(6) Critère culturel et économique (comme nouveau mode de pensée, mutation culturelle, animation culturelle, rapports sociaux de production, création d'emplois, apport à la croissance économique...).

L'argumentaire des porteurs de projet met en valeur l'ancrage territorial - qu'ils confondent avec la proximité - comme étant un facteur clé pour la réussite de leur projet, ainsi qu'une incitation forte à l'acte d'entreprendre. Les projets sont définis comme « au service de leur territoire » en répondant à des besoins identifiés par le Fonds de Dotation angevin. Ils abondent dans le sens des deux appels à projets du Fonds de Dotation, faisant écho à l'opportunité qu'il offre avec cette forme émergente de financements partagés. Nous sommes donc quelque part dans une forme d'auto-conviction du côté des appropriateurs, voire de prophétie auto-réalisatrice. Ils convient donc de regarder du côté de l'offre pour tenter de mieux comprendre la légitimité de ce Fonds de Dotation territorial en Anjou.

3. GOUVERNANCE DES BIENS COMMUNS ET FONDS DE DOTATION : UNE REVOLUTION DANS L'UNIVERS DE LA FINANCE SOLIDAIRE DU GRAND OUEST ?

Le paysage des financeurs potentiels de projets portés par des entreprises de l'ESS regroupe différents types d'organisations : les financements solidaires de type « *seed-capital* » comme les CIGALES, les financements participatifs type jadopteunprojet.com ou kisskissbankbank, les groupes bancaires privés ou coopératifs, les collectivités locales à travers des subventions ou des fonds territoriaux, les fondations agissant sur le social et liées le plus souvent aux banques (Fondation du Crédit Coopératif, du Crédit Mutuel, etc.), ou des fondations privées d'entreprises comme « Mécène et Loire », et plusieurs

Fonds de Dotation comme celui créé en 2009 à Angers par le FONDES et baptisé « les entreprises solidaires »[108]. Dans tous les cas, les fonds réunis proviennent soit du privé, soit du public, ou d'une mutualisation d'un groupement d'associations du même secteur comme les « entreprises solidaires » qui agissent au bénéfice de personnes âgées, en situation de handicap ou en insertion. Ce montage astucieux utilise les résultats excédentaires de ses adhérents, une fois les réserves de l'association constituées, et dès lors que le niveau des fonds propres est suffisant. Il y a donc déjà une mise en commun des ressources qui ne va pourtant pas aussi loin que dans l'exemple du Fonds de Dotation territorial angevin, Angers Mécénat, qui introduit un financement privé, de sociétés mixtes et d'entreprises de l'ESS. En 2014, seuls la Fondation de Lille et Angers Mécénat avaient tenté l'expérience. Angers Mécénat s'est inspiré de l'exemple Lillois en faisant le choix d'éviter l'organisation en Fondation qui nécessitait un apport en capital trop important. Grâce à de l'observation impliquante[109] pendant 3 ans au sein du bureau et du conseil d'administration d'Angers Mécénat, et en tant qu'administratrice de l'Inter Réseau de l'Economie Sociale et Solidaire en Anjou-IRESA au même titre que mon coauteur au sein du FONDES et lui-même indirectement associé aux activités de la plateforme angevine, nous proposons de présenter l'évolution de la gouvernance d'Angers Mécénat depuis sa création et l'analyse des risques encourus par les initiateurs, de voir leurs objectifs initiaux leur échapper dans le cadre du changement.

La création du Fonds de Dotation territorial angevin est née des réflexions menées à l'IRESA pour rapprocher les financements publics et privés, ainsi que les acteurs publics, privés et privés non lucratifs, au service d'un objectif commun : l'ESS au service d'un projet de territoire. Les réflexions partagées au sein de l'IRESA ont permis d'être à la fois en capacité d'anticipation sur les pratiques de financements alternatifs, et en veille sur l'existant. Ainsi, lorsqu'en 2008, Pierre Mauroy, président de la communauté urbaine de Lille Métropole, créé la première fondation territoriale en France, sur le modèle anglo-saxon des « Community Fondations », l'IRESA convainc le maire socialiste de la ville d'Angers de prendre plus précisément connaissance de cette innovation financière solidaire. En effet, cette dynamique Lilloise a pour but de favoriser à l'époque : « des actions d'intérêt général sur le Nord et le Pas-de-Calais, en développant la philanthropie de proximité, au service des habitants, en soutenant les associations œuvrant sur le terrain et en travaillant en

---

[108]http://www.franceactive.org/upload/uploads/File/avis_expert/171343_pdf_Article_AME_FA_Fonds_dotation.pdf

[109] Nous n'avons pas fait que de l'observation participative. Nous avons été impliquée au sein du groupe décisionnaire en tant que chercheuse en ESS.

lien avec l'ensemble des acteurs publics et privés du territoire »[110] concerné. Ce mode de rapprochement entre les acteurs publics et privés aiguise particulièrement l'intérêt des administrateurs de l'IRESA et du maire angevin, même si la solution d'une « Fondation » leur semble être trop contraignante, notamment financièrement[111]. L'opportunité de créer un Fonds de Dotation territorial est alors posé car, il semble répondre aux aspirations des acteurs angevins, notamment du maire, qui appréhende cet outil de financement solidaire territorialisé comme un argument phare en faveur du milieu associatif, en vue de sa future élection (2014). Le Fonds de Dotation est ainsi créé et déclaré à la préfecture en décembre 2012 sous le nom de « Fondesa » avec comme membres fondateurs : Angers Loire Métropole, la Ville d'Angers, l'IRESA, un président membre de droit, trois Sociétés d'Economie Mixte, trois entreprises en lien avec Angers Loire Métropole (2 privées et un groupe public). La gouvernance du Fonds est organisée pour que les sources de financement soient représentées de façon équitable notamment au sein du bureau : un président ancien directeur d'une mutuelle et président de l'IRESA, un vice-président représentant d'Angers Loire Métropole (Maire), un second président provenant d'une entreprise privée, une trésorière directrice d'un cabinet d'expert-comptable, et une secrétaire issue du milieu de l'économie sociale et solidaire. Le conseil d'administration inclut d'autres donateurs dont deux entreprises privées et deux SEM. Ayant conscience de leur spécificité, le premier Fonds de Dotation à vocation large est composé d'une pluralité d'acteurs (collectivités, association, entreprises). Ils mettent ensemble en œuvre les orientations du Fonds basées sur le territoire de la grande agglomération urbaine, afin de soutenir ou être initiateur de projets innovants, porteurs de valeurs de solidarité et de responsabilité sociale et environnementale sur le territoire de Angers Loire Métropole par le mécénat d'entreprise afin de contribuer à l'accompagnement des grands changements socio-économiques sur ce territoire. Les valeurs de solidarité, de responsabilité et de créativité visent notamment les domaines du développement solidaire, la cohésion sociale, le développement durable, la défense de l'environnement naturel et le sport amateur et la culture peuvent faire partie des projets financés dans la mesure où ils servent de support aux domaines cités précédemment.

---

110 http://www.centre-francais-fondations.org/copy_of_news/la-fondation-de-lille-abrite-sa-premiere-fondation

111 Les statuts types approuvés par le Conseil d'Etat, dans un avis du 13 mars 2012 rendu public le 15 mai 2012, apportent une précision sur le montant de la dotation initiale. Le financement de l'objet social « peut être présumé suffisant lorsque la dotation atteint au moins un montant d'un million et demi d'euros, sous réserve de vérification au regard de cet objet et au vu d'un projet de budget portant sur les trois premières années de son fonctionnement ». Le Conseil d'Etat considère donc que la lourdeur de la démarche engagée ne se justifie que pour des projets significatifs.

Le premier appel à projets de 2013 est lancé dans un contexte où les membres donateurs ont été poussés par une volonté politique afin de réunir presque 290 000 euros avec douze donateurs (dont une seule entreprise de l'ESS, et avec une participation très inférieure aux autres structures). Au total, 52 projets sont reçus, ce qui représente environ 970 000 euros demandés, soit 18 000 euros par projet pour des montants oscillant entre 4 000 euros et 40 000 euros. Une première sélection sur dossier a permis à 14 porteurs de projets d'être invités en entretien, pour ne retenir au final que 8 dossiers. Le second appel à projets en 2014 a sollicité moitié moins de projets (27 projets reçus) pour environ 400 000 euros demandés au total, soit une moyenne de 15 000 euros par projet avec des montants demandés entre 6 000 euros et 40 000 euros. Neuf projets s'inscrivaient dans l'axe « Favoriser l'autonomie des personnes », et quatorze projets de l'axe « Favoriser l'accès et le retour à l'emploi », et 4 dossiers mêlaient les deux. La première sélection sur dossier a permis à 10 associations de venir présenter plus en détail leur projet. Au final, 7 dossiers ont été sélectionnés.

Au cours de ces processus de choix de projets à financer, les raisons principales d'élimination portent sur des dossiers incomplets, non éligibles au mécénat, qui ne rentrent pas dans les axes des appels à projets, et par le fait qu'ils ne soient pas jugés innovants ou peu crédibles, ou encore n'ayant pas d'impact sur l'emploi, ou enfin qu'ils ne faisaient pas apparaître un réel projet spécifique et que les demandes reposaient principalement sur des demandes de financement des frais généraux de la structure.

Plusieurs constats émergent de cette première étape d'analyse. Les comités d'agrément pour la sélection des dossiers impulsent une dynamique de décision au sein du Fonds de Dotation, et permettent une interconnaissance des acteurs réunis en vue d'une meilleure coopération au fur et à mesure des processus d'apprentissage organisationnel expérimentés. Toutefois, à l'analyse plus critique, nous soulignons le fait que la majorité des membres du jury et surtout du conseil d'administration connaissent peu (voire pas) l'univers de l'économie sociale et solidaire, et qu'ils n'ont pas la même approche de l'innovation sociale, critère clé de la sélection, que celle de la Loi ESS de 2014. Ainsi, les attentes par rapport à des innovations de rupture sont plus importantes que celles, plus incrémentales, caractéristiques des entreprises de l'ESS. La perception des porteurs de projet sur l'innovation est plutôt centrée sur la réponse à des besoins sociétaux, donc sur la finalité du projet. En d'autres termes, nous sommes plus proches de projets portés par des entrepreneurs sociaux que de projets portés par des entreprises collectives sous statut associatif. Or, le Fonds de Dotation « relais » créé avait pour vocation, à l'origine, le financement d'activités portées par des entreprises d'ESS. Dès lors, il n'y a pas vraiment innovation sociale puisque lors du premier appel à projets, 29 projets (estimés à 83 %) peuvent être considérés comme complémentaires à des actions déjà existantes sur le territoire et souvent portées par des entreprises associatives. De même, 80 % des projets lauréats sont finalement complémentaires à d'autres actions portées par des entreprises associatives, déjà fragilisées par la remise en cause de leur financement sur projet et qui là sont mises en concurrence.

Une incompréhension sur les enjeux stratégiques et économiques de l'ESS s'interpose donc entre les administrateurs-gestionnaires du Fonds de Dotation et les finalités fixées initialement par les membres fondateurs. Ce décalage se trouve renforcé en 2015, année où, en conformité avec les statuts et les mandats des administrateurs, un renouvellement du conseil d'administration a entraîné des changements dans l'équilibre de la gouvernance, et une nouvelle fragilisation des objectifs premiers du fonds. En effet, l'économie sociale et solidaire devient moins présente avec une présidente, une directrice d'un cabinet d'expert-comptable axé sociétés commerciales, un vice-président représentant de la ville d'Angers (adjoint) et relevant de la nouvelle majorité, un second vice-président et un trésorier issus tous les deux du secteur privé lucratif. Seule la secrétaire relève elle du milieu de l'économie sociale et solidaire. Nous aboutissons au tableau comparatif suivant :

Tableau 7 : Evolution de la qualité de la gouvernance du Fonds de Dotation territorial angevin

Bureau	Etape 1 : 2012-2014	Etape 2 : 2014-2015/16
Président	Membre issu de l'ESS	Membre issu du privé
Vice-présidents	Membre issu de la collectivité : un élu Parti Socialiste Membre issu du privé lucratif	Membre issu de la collectivité : un élu Les Républicains Membre issu du privé lucratif
Trésorière	Membre issu du privé lucratif	Membre issu du privé lucratif
Secrétaire	Membre issu de l'ESS	Membre issu de l'ESS
Conseil d'administration		
Membres	2 issus du privé lucratif 2 issus du public (1 SEM et 1 groupe public)	4 issus du privé lucratif 1 issu de l'ESS
Total	9 avec un partage entre privé lucratif (4)/public (4)/ESS (2)	10 avec 8 du privé lucratif, 1 ESS, et 1 public (élu).

Selon la typologie proposée par Pérez (2009, p.21), le Fonds de Dotation angevin est passé d'un modèle réticulaire de gouvernance d'entreprise où se sont les réseaux interpersonnels et sociaux qui prévalent, à un modèle partenarial régulé par les partenaires économiques. Quelles sont les conséquences sur la finalité « ESS » du Fonds de Dotation « relais » initial qui devient de plus en plus « opérationnel » ?

Si la volonté de soutien aux projets portés par les associations demeure, c'est moins le solidaire (consolidation) qui est mis en avant que le charitable. En effet, le Conseil d'Administration de mars 2015 a décidé, par exemple, de ne plus prendre en compte le critère de solidarité afin que des projets purement culturels puissent être financés. Ce constat est renforcé par une gouvernance avec un bureau qui décide des orientations stratégiques et un conseil d'administration de plus en plus consultatif (opérationnel). Le conseil d'administration perd le rôle central qu'il occupe au sein des entreprises associatives, et dans le Fonds de Dotation initial « relais » avec une gouvernance de type réticulaire. La Gouvernance devient « disciplinaire » rejoignant ainsi les travaux de Bearle et Means (1932), de l'agence de Jensen et Meckling (1976), structurant les théories actionnariale et partenariale de ce modèle. L'évolution récente du Fonds de Dotation montre que le positionnement qualitatif de la gouvernance influe sur le type de projets financés même si l'objectif premier reste affiché, ainsi que sur la philosophie du modèle de gouvernance lui-même. Les difficultés d'usage du modèle démocratique dans une action collective impliquant des acteurs intéressés par le soutien à l'économie sociale et solidaire posent question, tout comme la place réservée aux usagers (Coriat, 2013). En effet, selon cet auteur, le « commun » passe par une communauté d'acteurs qui partagent des ressources avec une structure de gouvernance appropriée et un groupe d'usagers qui fixent les règles. Dans le cas d'Angers Mécénat, le partage des ressources est exceptionnel et représente une place intermédiaire entre les biens privés et publics, mais la place des UGO (*Users Group Organisation*) fait défaut par le manque de représentants de l'ESS. Oström (1986, p. 607) avait pourtant relevé son rôle essentiel comme « support et condition d'existence d'un commun » !

CONCLUSION

L'exemple du Fonds de Dotation territorial angevin pourrait être une révolution dans l'univers de la finance solidaire du grand Ouest car, il offre la possibilité de financer des projets à hauteur de 20 000 euros en particulier lorsqu'ils concernent des entreprises d'ESS. Ce montant est significatif eu égard aux autres financements solidaires existants, qui sont fixés plutôt en deçà de 10 000 euros par les fondations, les CIGALES, les banques ou les subventions, mais inférieur aux interventions des réseaux de finances solidaires tels que : France Active avec le FONDES, ainsi que nous l'avons illustré. A ce titre, il n'apparaît pas comme un « commun » face à cet acteur financier solidaire régional.

Pour autant, il consiste bien en une mise en commun de financements à la croisée du privé et du public, et avec le support de l'ESS. Il fait ainsi écho aux trois conditions essentielles d'émergence de ressources partagées innovantes mises en valeur par Runge (1986) à savoir :

a) Les coûts de l'établissement et de l'imposition (*empowerment*) de la propriété privée sont élevés, notamment à travers une fondation ;

b) La valeur économique de chaque unité du flux de ressource prélevée est faible si chaque donateur ne s'associait pas dans le fonds de dotation ;

c) Les bénéfices générés par les ressources mises en commun obéissent à une règle de distribution spatiale comportant un haut degré de non prévisibilité et d'incertitude selon l'activité et les problématiques des associations.

Cependant, le Fonds de Dotation territorial est confronté à plusieurs problématiques. La première, identifiée par lui-même, repose sur la difficulté à trouver de nouveaux donateurs, étape essentielle pour financer de nouveaux appels à projets. La présence des (SEM) dans le tour de table initial avait été envisagée dans l'objectif de lancer la structure, et de la pérenniser dans le cadre de la mission d'intérêt général qui lui était attachée. Mais, elles n'ont pas été sollicitées dans la nouvelle gouvernance, fragilisant de fait le triptyque initial formé par les sociétés d'économie mixte, les entreprises privées et les entreprises de l'économie sociale et solidaire. A cela s'est ajouté le changement de majorité municipale, non engagée sur ce mode de financement solidaire. Angers Mécénat se voit lui-même contraint à des restrictions pour l'année 2016, et a décidé de cesser de financer des projets sur l'exercice afin de conforter ses propres ressources et de miser sur la prospection de nouveaux donateurs. La seconde problématique que nous avons fait ressortir dans cette recherche est la faible représentation de l'ESS dans le Conseil d'Administration due, notamment, à la faiblesse des apports réalisés par les entreprises de l'ESS. Le niveau de seuil d'entrée au CA indiqué dans le règlement intérieur s'élevait à 10 000 euros par structure donatrice avec un engagement sur 3 ans. Ce montant a garanti un apport conséquent en capital pour son lancement mais, il a aussi été un frein pour l'engagement des entreprises de l'ESS souvent en mal de ressources propres, et a ainsi participé à l'affaiblissement de l'ESS dans les instances de gouvernance du Fonds de dotation.

Cette analyse nous permet de proposer quatre niveaux d'attentions et de recommandations pour favoriser un outil original, voire révolutionnaire, de « commun financier » :

a) **Un niveau politique à la fois important et risqué**.

Angers Mécénat a pu voir jour avec le soutien politique d'un élu convaincu ; il est aujourd'hui ignoré par l'élu actuel bien que l'outil puisse être au service du territoire dont il a la charge. Un juste équilibre est donc à trouver entre un appui politique et l'inscription du fonds de dotation auprès/avec la collectivité afin d'en assurer la continuité et le suivi. L'inscription dans les statuts, par exemple, d'un président issu de l'ESS reconnu par la collectivité pourrait être une garantie de la finalité du fonds.

b) **Un niveau de gouvernance à équilibrer avec les trois entrées du « communs » : privé-public-ESS**.

Une baisse du seuil d'entrée du montant des dons donnerait l'opportunité à des entreprises de l'ESS de pouvoir prétendre à des sièges au conseil d'administration et/ou d'être présentes dans le comité d'agrément. Cette présence pourrait permettre un fonctionnement démocratique permettant au conseil d'administration de définir la stratégie du fonds de dotation et au bureau d'être force de propositions.

Actuellement le fonds de dotation fonctionne sur le modèle de l'entreprise privée.

c) **Au niveau de l'organisation du lancement et de stabilisation du Fonds de Dotation.**

Pour Angers Mécénat, le choix a été fait de créer d'abord une association indépendante de l'IRESA pour recevoir les fonds et préparer les statuts avant de lancer un fonds autonome. Le risque couru, décrit plus haut, de voir échapper la finalité première des fondateurs pourrait être évité. Une autre possibilité aurait été d'intégrer le fonds de dotation au sein de l'IRESA avec ce même système de triples acteurs. Ainsi, les fondements auraient plus de chance de rester dans l'intérêt de l'ESS et des impératifs/réalités qui s'imposent à l'ESS. Cette solution, non choisie au départ, a le double avantage d'intégrer la personne salariée du fonds de dotation dans une équipe, d'être acculturée à l'ESS, d'être en veille sur ses évolutions et de réaliser un suivi renforcé des structures lauréates.

d) **Au niveau des partenariats/coopération.**

L'expérience d'Angers Mécénat laisse imaginer plusieurs partenariats possibles pour atteindre ses objectifs et optimiser son activité à moindre coût : le fonds de dotation pourrait mutualiser le(s) salariés avec les fonds de dotation existants pour rechercher des donateurs et continuer à financer des projets. Ce travail nécessite des compétences spécifiques onéreuses et le partage de salariés serait cohérent et une tendance en phase avec le « commun financier » présent dans les fonds de dotation. L'idée de développer des partenariats avec les financeurs d'un même territoire serait une forme de coopération efficace ; les associations frappent forcément à la porte de plusieurs financeurs pour tenter d'équilibrer leur budget et certains demandent une garantie, un engagement des uns avant d'accorder leur financement. L'idée serait de mettre autour de la table les financeurs intéressés et convaincus par un projet afin d'assurer le financement en se répartissant les montants. Ce travail de coopération offrirait la possibilité de financer des projets d'envergure, le cas échéant, de faire émerger des innovations et leurs suivis. Enfin, un travail de concertation avec les autres fondations et fonds de dotation pourrait être envisagé pour identifier les besoins et veiller à la variété des projets financés avec des critères complémentaires sur un même territoire.

L'expérimentation du fonds de dotation territorial angevin est riche d'enseignements au niveau théorique, et contribue à l'émergence d'une nouvelle forme de commun financier qui doit être « solidaire », même s'il est rarement mis en place à l'heure actuelle.

BIBLIOGRAPHIE

AMBLARD, C., 2010, *Fonds de Dotation. Une révolution dans le monde des Instituts Sans But Lucratif,* éditions Lamy, Rueil-Malmaison.

ANTONIOLLI, E., GROSSO, P., FOURNIAL, J., ROLLINDE, C., 2002, *Finances solidaires. Guide à l'usage des collectivités territoriales*, Editions Charles Léopold Mayer, Paris.

CAPPELLETTI, L., 2009, « La recherche-intervention : une réponse au besoin d'evidence-based management en contrôle de gestion ? », La place de la dimension européenne dans la Comptabilité contrôle audit, Halshs-00458965, Mai, Strasbourg.

CLOUTIER, J., 2003, «Qu'est-ce que l'innovation sociale ? », working paper, CRISES, Montreal, 46 p.

CORIAT, B., 2015, *Le retour des communs. La crise de l'idéologie propriétaire*, Les liens qui libèrent, Paris.

CORIAT, B., 2013, « Le retour des communs », *Revue de la régulation*, 14, Autumn 2013, Online since 14 February 2014, connection on 30 April 2016. URL : http://regulation.revues.org/10463

DACHEUX, E., LAVILLE, J-L, 2003, *Economie solidaire et démocratie*, Hermès n° 36.

DAVID, A., 2000, « La recherche-intervention, un cadre général pour les sciences de gestion ? », Communication, IXème Conférence Internationale de Management Stratégique-AIMS, Montpellier, 24 au 26 mai.

DEFFAINS-CRAPSKY, C., CUENOUD, Th., GLEMAIN, P., 2016, « Les déterminants de la syndication dans les opérations d'Equity CrowdFunding : le cas français », Journée de l'Innovation Abbé Grégoire, Track 1 : Financement de l'innovation, 31 mars, CNAM, Paris.

DURANCE, Ph., 2011, *L'innovation sociale ou les nouvelles voix du changement*, CNAM, Paris, 74 p.

FIMOSOL, 2010, *Analyse interdisciplinaire des expérimentations locales du microcrédit social : premiers résultats et Pays de la Loire, Poitou-Charentes et Seine Maritime,* Rapport à la DIIESES et au Haut-Commissariat aux Solidarités Actives, Janvier, 239p.

FIMOSOL, 2012, *Le microcrédit personnel garanti : une analyse transdisciplinaire de l'accompagnement dans le cadre d'un service bancaire solidaire,* Rapport Final à la Direction Générale à la Cohésion Sociale, Ministère Délégué à l'ESS, Octobre, 197p.

FONTAN, J-M., 2008, « Développement territorial et innovation sociale : l'apport polanyien », *Revue Interventions économiques*, Télé-université, UQAM, N°38, 15 p.

GIRIN, J., 1986, « L'objectivation des données subjectives : éléments pour une théorie du dispositif dans la recherche interactive », Actes du Colloque FNEGE/ISEOR, 18-19 Novembre, Paris.

GLOUKOVIEZOFF, G., 2011, *Understanding and Combating Financial Exclusion and Overdebtness in Ireland : A European Perspective. What Could Ireland learn from Belgium, France and The United Kingdom ?* Studies in Public Policy, 26, The Policy Institute at Trinity College eds.

GUYON, Th., CHOCHOY, N., BESANÇON, E., 2013, *L'innovation sociale*, L'Harmattan, Paris.

HATCHUEL, A, 1999, « Connaissances, modèles d'interaction et rationalisations - De la théorie de l'entreprise à l'économie de la connaissance », *Revue d'économie industrielle*, vol. 88, 2e trimestre, Économie de la connaissance, pp. 187-209.

HILLIER, J., MOULLAERT, F., NUSSBAUMER, J., 2004, « Trois essais sur le rôle de l'innovation sociale dans le développement territorial », *Géographie, économie, société*, vol. 6, n° 2, p. 129-152.

OSTRÖM, E., 2010, *Gouvernance des biens communs. Pour une nouvelle approche des ressources naturelles,* De Boeck éditeur, Bruxelles.

OSTRÖM, E., 1986, « Issues of Definition and Theory: Somme conclusions and Hypothesis », *in National Research Council*, p. 597-614.

PAUL, M., 2015, « L'accompagnement : de la notion au concept », *Education Permanente,* n°205/4, décembre, pp.21-29.

PEREZ, R., 2009, *La gouvernance de l'entreprises,* 2ème édition, La Découverte, Paris.

PEREZ, Y-A., 2008, « La pratique de recherche-intervention dans les organisations : retour sur les modes de production des connaissances gestionnaires à partir du terrain », *Humanisme & Entreprise,* 2008/3, n°288, pp.101-113.

RUNGE, C.F., 1986, « Common property and collective action in economic development », in *National Research Council*, p. 31-62.

RUSSO, P-D., 2007, *Les CIGALES : notre épargne, levier pour entreprendre autrement,* éditions Yves Michel, Paris.

TAUPIN, M-T., GLEMAIN, P., 2007, « Les logiques d'acteurs des finances solidaires contemporaines : de la résistance à la résilience ? », *Annals of Public and Cooperative Economics,* vol.78(4), december, pp.629-661.

VALLAT, D., GUERIN I., 1999, *Les finances solidaires,* Notes de l'Institut Karl Polanyi. CRIDA avec le soutien de la Délégation Interministérielle à l'Economie Sociale et de la Fondation du Crédit Coopératif.

VIGIER, J-P., 2003, *Lettre ouverte à ceux qui veulent rendre leur argent intelligent et solidaire,* Editions Charles Léopold Mayer, Paris.

ECOSYSTEME ENTREPRENEURIAL LOCAL ET FINANCE PARTICIPATIVE : LES ENJEUX D'UNE COOPERATION

Thibault CUENOUD
ESC La Rochelle
cuenoudt@esc-larochelle.fr
Pascal GLEMAIN
LiRIS EA 7481
Université Rennes 2
pascal.glemain@univ-rennes2.fr
Catherine DEFFAINS-CRAPSKY
GRANEM EA
Université d'Angers
catherine.deffains-crapsky@univ-angers.fr

INTRODUCTION

o L'entrepreneuriat et l'innovation sont deux leviers reconnus pour dynamiser le développement économique à l'échelle d'un pays mais aussi d'un territoire donné. Les jeunes entreprises innovantes et les start-ups en sont les formes organisationnelles les plus courantes. Il existe une très riche littérature relative aux relations entre entrepreneuriat, territoire et dynamique collective. De même, différents modèles conceptuels territoriaux d'innovation se sont attachés à représenter le lien entre proximité géographique, innovation et compétitivité comme par exemple les clusters ou les districts industriels en Italie. Gilli (2015) explique pourquoi les concepts de développement économique des territoires et d'innovation doivent être repensés. Les trois principales raisons sont l'évolution de la nature de l'innovation, la révolution numérique et l'échec de la stratégie de Lisbonne. La finance participative, *crowdfunding* en anglais (CF), est un mouvement récent et en plein essor en France. Lambert et Schwienbacher (2010) définissent le CF comme « an open call (…) for the provision of financial resources either in form of donation or exchange for some form of reward and/or voting rights in order to support initiatives for specific purposes ». En France, l'AMF (Autorité des Marchés Financiers) propose la définition suivante : « une récolte de fonds – en général de petits montants – pour financer un projet spécifique, via internet. Les projets financés peuvent être de nature artistique, humanitaire, sociale ou entrepreneuriale. Le financement participatif recouvre des formes de financement hétérogènes telles que le don avec ou sans contrepartie, les prêts avec ou sans intérêts, ou encore la souscription de titres financiers (capital ou dette) ».

o A travers une démarche centrée sur les acteurs de l'Economie Sociale et Solidaire (ESS) qui, historiquement, se sont organisés localement pour répondre à la diversité des enjeux des territoires, nous tenterons de comprendre l'intérêt d'une communauté localisée et participative pour des espaces géographiques limités. La problématique générale à laquelle cette recherche exploratoire vise à répondre est la suivante : comment organiser la coopération par les acteurs de l'ESS, via la finance participative, au sein d'un écosystème entrepreneurial[112]? Il s'agit d'une part de s'interroger sur la façon d'envisager la coopération lors de décisions de financement entre acteurs de l'écosystème et, d'autre part, d'imaginer comment passer d'une communauté virtuelle à une communauté territorialisée par la révolution numérique si toutefois cela est envisageable.

Une première partie rappelle les fondements théoriques du développement économique des territoires vus sous l'angle de l'écosystème de l'entrepreneuriat innovant et de l'ESS (mettant en évidence les opportunités et les défis liés à la croissance de la finance dite participative). La seconde partie propose une étude de cas relative à une tentative de développement communautaire territorial, coopératif et participatif entre une plateforme de finance participative (jadopteunprojet.com) et 4 agglomérations de tailles intermédiaires de l'ex-Région Poitou-Charentes (Région Nouvelle Aquitaine maintenant) que sont la CAN (agglomération niortaise), la CDA La Rochelle, Grand Angoulême et Grand Poitiers.

[112] Selon Moore (2006), cité par Froelicher et Barès (2014), « un écosystème est une communauté économique dont le fonctionnement repose sur l'interaction entre entreprises et acteurs individuels qui mettent en œuvre des initiatives coordonnées soutenant dans des territoires et environnements élargis l'économie et l'innovation. »

1. ECOSYSTEME ENTREPRENEURIAL, INNOVATION ET DEVELOPPEMENT ECONOMIQUE DES TERRITOIRES : QUELLE PLACE POUR UNE FINANCE PARTICIPATIVE TERRITORIALE ?

1.1. Le financement de l'innovation dans les territoires : un réseau complexe d'acteurs en questionnement quant à l'émergence de la finance participative

Le financement de l'innovation[113] en situation entrepreneuriale est largement reconnu pour être crucial mais fort difficile à obtenir par les jeunes entreprises ou start-ups concernées. Les raisons sont liées à la demande (asymétrie d'information et incertitude) et à l'offre (capacité à accepter le risque, contraction des liquidités et réglementation prudentielle plus contraignante pour les différents financeurs potentiels directs ou indirects). Ainsi, les problèmes d'agence et d'asymétries d'information sont exacerbés quand il s'agit de financer l'innovation en situation entrepreneuriale (Denis, 2004 ; Cassar, 2004, Cosh et *al.*, 2009) et de nombreuses études ont montré l'importance d'un apport en fonds propres externes et la difficile adéquation d'un financement par dette bancaire (Vanacker et Manigart, 2010). Toutefois, que ce soit au niveau européen, national, régional ou local, il existe de très nombreux dispositifs d'aide à la création d'entreprise et à l'accompagnement des porteurs de projets. La recherche de financement est un aspect sur lequel il existe un réel besoin d'accompagnement afin de permettre à ces projets ou entreprises de se développer et de créer des emplois[114]. Après les différentes aides publiques, prêts d'honneur, prix de l'innovation et ressources personnelles ou de proximité, les porteurs de projet ont besoin d'être mis en relation avec les apporteurs de capitaux potentiels que sont les *business angels* et les divers fonds d'investissement concernés par ce stade de développement. Bien plus que le financement lui-même, c'est l'accompagnement et l'inclusion dans un écosystème sectoriel et/ou géographique qu'il convient de valoriser pour les porteurs de projets.

---

[113] La définition de l'innovation est complexe. Le manuel d'Oslo (2005) en donne une définition large qui permet de distinguer les innovations issues du système opérationnel (innovation technologique au sens développement de nouveaux produits et/ou services) ou du système social (innovation organisationnelle). Le Livre Jaune de BpiFrance (2015), intitulé « Innovation nouvelle génération » distingue l'innovation organisationnelle, l'innovation commerciale et l'innovation sociale. Un intérêt croissant est porté sur cette dernière forme d'innovation.

[114] Rapport Beylat-Tambourin, dans Kb Slimane, revue entreprendre et innover, 2014, CAIRN.

De leur côté, les investisseurs potentiels ont besoin d'être rassurés sur le potentiel de création de valeur des dits projets. Une relation de confiance doit s'instaurer. L'écosystème entrepreneurial sur un territoire donné est marqué par de multiples acteurs/structures dont les actions sont plus ou moins bien coordonnées, c'est-à-dire dont la cohérence d'ensemble n'est pas aisée à atteindre. La dynamique de l'échange d'information est fondamentale. Les réseaux, en tant que forme organisationnelle (Powell, 1990), influencent la coordination des acteurs économiques. Les liens externes à la relation investisseur/entrepreneur sont nécessaires pour permettre une première prise de connaissance du projet à financer (Ferrary, 2001) et passer éventuellement à l'activation de liens plus forts entre l'investisseur et le porteur de projet (Ferrary, 2006). Cependant, les difficultés rencontrées par ces jeunes entreprises pour constituer un premier tour de table et assurer leur développement témoignent de la difficulté à assurer ce passage. Est-ce lié à une difficulté de coopération entre les acteurs ? Est-ce que les acteurs de l'ESS prônant la proximité géographique sont mieux organisés ? Comment l'arrivée de la finance participative va-t-elle, voire peut-elle s'insérer ? Le biais de confiance en finance se retrouve réduit par la proximité soit géographique soit cognitive d'un financement de proximité.

Le CF est analysé par les praticiens et certains chercheurs comme un moyen alternatif et/ou complémentaire de combler le manque de financement des projets entrepreneuriaux d'innovation dans un esprit de communauté 2.0. Il vient favoriser le développement du capital social du porteur de projet grâce aux réseaux sociaux. Si le premier avantage de la foule est de mobiliser les ressources financières des membres de la communauté de la plateforme, les autres avantages sont de développer des externalités de réseaux pour obtenir l'avis de la foule et accroître la valeur du produit et de la technologie (Bessière et Stéphany, 2014). Onnée et Renault (2014), montrent que le porteur de projet en CF bénéficie d'un mouvement collaboratif important. Agrawal et *al.* (2013) soulignent que l'évaluation précoce de la demande pourrait contribuer à réduire les investissements inefficaces dans des start-ups et fournir aux plateformes une base de données leur permettant de maximiser la corrélation entre la foule et la demande de produits. La proximité géographique que peuvent apporter les acteurs de l'ESS couplée à la mobilisation d'une foule (confortant des externalités de réseaux via une plateforme de CF) peuvent-elles ainsi aider à la réussite du financement de ces projets ?

Les modèles économiques des plateformes de CF sont divers, témoignant d'un secteur très concurrentiel et en forte croissance[115], les plateformes étant elles-mêmes des start-ups. Bessière at Stéphany (2015) proposent une typologie des opérations de CF et détaillent le modèle économique général de ces plateformes à l'aide de la matrice Canvas. Schwienbacher (2015) s'intéresse à *l'Equity Crowdfunding* ou *Crowdinvesting* qui se distingue par sa réglementation, le niveau de risque des projets présentés, les montants levés, les contrats financiers proposés et la composition de la foule. Notre problématique est axée sur l'impact de la présence d'une plateforme de CF (quelle qu'elle soit) sur le financement des initiatives d'innovation entrepreneuriale au niveau local. De nombreuses expérimentations sont en cours vis-à-vis de la relation de proximité géographique que pourrait impulser la finance participative[116]. Mais l'efficience de tels dispositifs aujourd'hui est en cours de questionnement (Quelle légitimité géographique ? Quel modèle économique ? Quelle appropriation par les territoires ? Quelle place pour les collectivités locales s'y inscrivant ? ...). Autant de questions qui viennent parfaire le maillage territorial des acteurs de l'ESS, historiquement inscrits dans de telles démarches citoyennes et locales de soutien à l'entrepreneuriat local.

1.2. Le rôle des acteurs de l'ESS dans l'accompagnement et le financement local : quelles modalités de coopération auprès des plateformes de CF ?

Les acteurs de l'ESS sont ancrés à leur territoire. Cela se traduit autant par la non délocalisation de leurs activités, que par leur encastrement aux réseaux locaux des politiques publiques et des tissus productifs. Il en va d'un modèle de proximité que les économistes néo-institutionnalistes comme Williamson (Dupuis et Torre 2000, p.60) font reposer sur un « *actif spécifique* » : la confiance. D'autres, plus hétérodoxes les rejoignent : « *la confiance entretient des relations dialectiques avec la proximité* » (Servet, 1994). Cependant, comme le soulignent Hansen (1992) et Camagni (1995) cités par Dupuis et Torre (2000) : si la confiance est une denrée utile à la mise en place et au maintien des processus de solidarisation des acteurs, il s'agit plus d'un comportement collectif que d'une relation de nature explicitement coopérative. En d'autres termes, les réseaux territorialisés d'accompagnement et de financement sont moins super-coopératifs

[115] Au niveau mondial, 16,2 milliards de dollars ont été levés en 2014 (+ 167 % par rapport à 2013) dont 3,26 milliards de dollars en Europe. Le marché français est dynamique avec 156 millions d'euros levés sur 46 plateformes en 2014 et de 296,8 millions en 2016. Ce dynamisme est en partie lié à l'évolution de la règlementation (ordonnance n° 2014-559 du 30 mai 2014).

[116] Finance participative et territoire, typologies de partenariats entre acteurs territoriaux et plateformes de crowdfunding. Financement Participatif France. 27 juin 2016 – Sénat.

entre eux qu'on ne le laisse entendre, même s'ils sont tous au service de l'intérêt général situé.

Le secteur de l'ESS apparaît comme une économie de réseaux intersectoriels, rassemblés au sein de mouvements à l'échelle locale et nationale comme peuvent l'être les Chambres Régionales d'ESS (CRESS). Ces structures locales ont pu se développer avec une relative indépendance les unes des autres, notamment pour répondre aux besoins spécifiques de leurs adhérents. On en dénombre aujourd'hui 26 (22 en métropole et 4 en outre-Mer) qui ont été créées de 1992 à 2007 dans la poursuite des différentes structures de rassemblement des acteurs de l'ESS. Il faut notifier la création du Conseil National des Chambres Régionales de l'ESS (CNCRESS) en 2004 afin d'aider à la mutualisation et au travail en réseau de ces structures. Un processus d'harmonisation a été acté, notamment par la loi cadre portant sur l'ESS en 2014, par l'adoption d'un socle commun à l'ensemble des CRESS. Les missions sont en lien avec les besoins des acteurs de l'ESS : avoir une représentation politique collective auprès des autres parties prenantes d'un territoire, aider à développer au mieux les entreprises de l'ESS au regard des enjeux territoriaux forts et surtout faire connaître ce secteur d'activité vis-à-vis du public géographiquement proche.

L'ESS tend à s'organiser par des pratiques de réseaux « spatialisés » dans leur stratégie de coopération territoriale. Ces réseaux ont pour objectifs de faire le lien entre les bénéficiaires et l'environnement local dans lequel ils évoluent. Dès lors, il s'agit bien d'un comportement collectif d'acteurs au service de l'intérêt général local et de son développement social. Il y a bien coopération entre acteurs à l'échelle d'un territoire, reposant sur une confiance située entre ceux-ci. Ces acteurs de l'accompagnement et du financement territorialisés, souvent qualifiés de finance solidaire, ont pour objet de répondre aux défis d'un modèle de développement social local au service de l'intérêt général. Loquet (2004) évoque d'ailleurs à ce titre : « *l'économie sociale et solidaire au service d'un projet de territoire* » à faire advenir dans le cadre d'une économie de proximités (sociale et géographique), sans que le réseau spatialisé d'acteurs et/ou d'entreprises ne soit appréhendé au seul prisme de la concentration spatiale de ces entités. Les acteurs historiques de la finance solidaire, tels que les Clubs d'Investisseurs pour une Gestion Alternative et Locale de l'Epargne Solidaires (C.I.G.A.L.E.S), Femùq Qui, Herrikoa, ou les fonds territoriaux de France Active (pour ne pas tous les citer), sont plus des « entreprises missionnaires » au sens de Mintzberg (1979) que des « entreprises coopératives » et ce, quel que soit leur statut juridique. En effet, ce sont des acteurs au service d'un projet de territoire à partir d'une mission d'accompagnement et de financement de la création/développement ou bien de la consolidation des emplois. Pour ce faire, ils entrent en coopération autant avec les collectivités locales dans le cadre des politiques publiques de l'emploi qu'avec les entreprises ou les réseaux d'entreprises de territoires, qu'il s'agisse d'entreprises sociales que d'entreprises d'économie de marché. Nous sommes dans le cadre d'une économie de confiance qui amène les collectivités locales à travailler avec les acteurs de la finance solidaire agissant en proximité territoriale. C'est-à-dire des territoires construits parce que vécus dans une relation de proximité à la fois sociale et géographique de bassins de vie et d'emplois délimités géographiquement. Les acteurs de la finance solidaire, parfois regroupés en réseaux informels locaux comme en région Pays-de-la-Loire, en Poitou-Charentes, en Aquitaine ou en Alsace avec les premiers guides de finance solidaire édités en France au début des années 2000 via l'appui FINANSOL[117], se retrouvent en délégation de service public dans le financement et le développement social local, non seulement à travers la collecte et la mobilisation de l'épargne solidaire de proximité qu'à travers l'animation de Fonds d'Investissement Territoriaux (FIT) ou de Fonds Régionaux d'Investissement Solidaire (FRIS) qui leur sont confiés. Dans ce cadre, la confiance devient bien ce facilitateur du processus de solidarisation des acteurs, sans pour autant qu'il existe une coopération « pure ».

Ces acteurs de l'ESS spécialisés dans l'accompagnement et le financement travaillent ainsi pour consolider l'hybridation de financement à destination des associations et des TPE où les administrations publiques locales dans le cadre des politiques de l'emploi viennent y renforcer les dispositifs. A chaque fois, nous assistons à un phénomène de territorialisation plus que de localisation. Nous définissons la territorialisation comme « l'ensemble des processus engagés par les systèmes d'acteurs/d'agents, par les organisations sociales et politiques, par les dispositifs et procédures ad hoc, par les rapports de forces et les mises en tension, par les déterminants économiques et structurels, par des configurations génériques existantes et/ou des configurations particulières émergentes, permettant de faire advenir le territoire, le faire exister, se maintenir et parfois devenir opératoire » Vanier (2009, p.12). Mais, cette « territorialité activée » rencontre aujourd'hui un nouveau rapport de force et une nouvelle mise en tension avec l'apparition des plateformes de CF. L'univers du CF vient de plus en plus interpeller les acteurs historiques de l'ESS et plus spécifiquement

---

117 FINANSOL est une association représentative des acteurs de la finance solidaire en France, son objectif est de « Promouvoir des produits qui permettent de faire fructifier son épargne tout en favorisant l'accès à l'emploi et au logement pour des personnes en difficulté, tout en encourageant les activités écologiques et l'entrepreneuriat dans les pays en développement, tel est le rôle de Finansol, collectif des acteurs de la finance solidaire depuis 1995. » source : www.finansol.org/une-association-de-promotion/

les acteurs de la finance solidaire dans leur territoire, parce qu'elle vient discuter de la congruence entre la proximité géographique (au sens physique) et la proximité numérique (au sens de la constitution d'une foule digitalisée). Cet outil, intégrant les nouvelles technologies de l'information et de la communication, dématérialise la relation à l'espace et au territoire. Dès lors, nous pouvons nous interroger sur les capacités de la finance participative à renforcer (ou pas) le lien de territorialité développé par les acteurs de la finance solidaire. Quelles sont les conditions d'appropriation de ces outils numériques pour que, d'une communauté numérique, nous puissions envisager une communauté territorialisée. Et inversement, dans l'optique de faciliter les processus de solidarité des acteurs que permet d'offrir le CF dans la sollicitation de citoyens constituant cette foule. C'est bien là tous les enjeux d'une finance participative localisée qui se doit d'être intégrée solidairement à un écosystème d'entrepreneuriat de proximité. La réussite d'une telle coopération offrirait une réelle valeur ajoutée à l'écosystème entrepreneurial local. La proximité géographique couplée à la mobilisation d'une foule conforterait les besoins d'accompagnement et de financement des entreprises innovantes (diminution du risque d'asymétrie d'information et d'incertitude).

2. UNE TENTATIVE DE COOPERATION TERRITORIALISEE VIA LE CF : L'EXPERIMENTATION DE JADOPTEUNPROJET.COM AVEC 4 COMMUNAUTES D'AGGLOMERATIONS DANS UN ESPACE OU L'ESS EST HISTORIQUEMENT ANCREE

2.1. Justification méthodologique d'une approche par étude de cas dans la démarche empirique adoptée

La finance participative est un concept assez récent, qui ne permet pas encore à ce jour l'obtention de données historiques nécessaires à la réalisation d'études terrain plus « quantitatives ». Ainsi, et au regard de la thématique abordée qui correspond à un sous-sujet de la finance participative dans sa globalité (la finance participative entrepreneuriale de proximité territoriale), la méthode par étude de cas se justifie amplement. La partie précédente a pu illustrer les enjeux de cet écosystème entrepreneurial local, entre difficultés de gestion du risque et stratégie de coopération territoriale des acteurs de l'ESS pour y apporter des alternatives socio-économiques territoriales crédibles. Cette partie cherche à illustrer une expérimentation pour venir alimenter la problématique développée précédemment. La création de nouvelles communautés participatives, axe de communication des plateformes de CF, doit-elle entrer en conflit ou venir conforter d'autres communautés de solidarité déjà implantées géographiquement ? C'est bien ce questionnement qu'il convient d'énoncer, où l'organisation d'une coopération au sein d'un écosystème entrepreneurial entre acteurs de l'ESS via la finance participative est encore, à ce jour, expérimentale. La justification de la démarche exploratoire repose sur les travaux de Marshall et Rossman (1995) ainsi que de Koenig (1993) puisqu'ils nous permettent de nous centrer sur les acteurs et leur expérience via la réalisation d'une monographie à visée descriptive. La démarche consiste à observer les attentes des acteurs dans le cadre de la mise en place d'un nouvel outil technologique (une plateforme de financement participatif). Nous chercherons à comprendre les interactions qui s'en suivent dans les expérimentations de coopération entre appropriateurs de la ressource commune : l'engagement citoyen pour une proximité entrepreneuriale territorialisée.

Les études de cas viennent ainsi conforter des situations concrètes, spécifiques, particulières et émergentes dans leur façon de lier des parties-prenantes diverses, et plus spécifiquement dans des dynamiques organisationnelles et socio-économiques complexes, nécessitant une connaissance plus fine peu propice à des démarches quantitatives à visée générale. Nous sommes bien conscients des limites d'une telle approche méthodologique puisqu'elle n'a pas vocation à affirmer des éléments dans une perspective de théorisation des faits mais plutôt de contribuer à une tendance émergente qu'il conviendra de venir conforter par des démarches d'investigation terrain complémentaires. De nombreux auteurs ont utilisé ces approches par étude de cas (Mintzberg, 1979 ; Boudon, 1992 ; Koening, 1993 ; De La Ville, 2000).

Ainsi, nous reprenons la démarche empirique proposée par Pettigrew (1997) dans De La Ville (2000) dans la façon d'envisager une étude de cas. Ce choix vient conforter une démarche par étude de cas à travers trois perspectives : perspective positive, perspective compréhensive et perspective générative. L'étude des différentes perspectives idiographiques en management stratégique s'oriente vers une perspective compréhensive dans l'optique de la délimitation théorique de modèles conceptuels territoriaux d'innovation. Il s'agira de comprendre les enjeux de coopération entre appropriateurs induits par la finance participative dans la constitution d'une communauté non plus virtuelle mais géographique dans l'optique d'un écosystème entrepreneurial local. Allons-nous vers des stratégies organisationnelles renouvelées localement et comment des plateformes comme www.jadopteunprojet.com peuvent-elle peser dans l'inclusion territoriale alors souhaitée ? Le tableau 1 ci-dessous vient décrire les enjeux idéographiques listés, notamment via la détermination d'hypothèses que tend à formuler la revue de littérature de la première partie (H1, H2 et

H3). L'hybridation de la finance solidaire à la finance participative laisse entrevoir des aspects positifs dans le financement d'entreprises innovantes dans les territoires. Mais la nature de la coopération dans cet écosystème entrepreneurial reste à définir.

Tableau 1 : Justification du choix idiographique des auteurs dans la démarche exploratoire

	Perspective compréhensive	Appropriation par les auteurs
Finalité de la modélisation	Visée exploratoire	Nous sommes bien dans une visée exploratoire où cette étude de cas peut servir de révélateur des préoccupations des acteurs locaux via une finance participative locale.
Rôle de l'investigation idiographique	Le cas sert de révélateur des préoccupations stratégiques réelles des acteurs sur le terrain	Les préoccupations pressenties, en lien avec la littérature de la 1ere partie, sont les suivantes **H1 :** La finance participative permet une appropriation par les citoyens des mécanismes financiers de développement de l'entrepreneuriat sur un territoire ? **H2 :** La finance participative renforce la coopération territoriale entre les citoyens et les territoires ? **H3** : La finance participative permet l'hybridation entre l'innovation financière et la coopération territoriale ?
Enjeu méthodologique clé	Accès aux interprétations : rendre compte de la façon dont les acteurs sur le terrain instruisent les problèmes de management stratégique	Quelle place/aide de la finance participative dans des territoires géographiquement délimités ? Vers quelles émergences de modèles conceptuels territoriaux d'innovation ?
Méthode interprétative privilégiée	Méthode interprétative : comparaison de la façon dont le management stratégique est interprété par les acteurs avec ce que différents cadres théoriques prennent-en compte ou mettent en scène	Quel lien entre les enjeux du financement de l'innovation sociale liés à l'entrepreneuriat et la proximité géographique des acteurs de l'ESS
Principales méthodes Mobilisées	Épiphanies : situations de gestion	Entretiens collectifs, entretiens individuels, ateliers de travail…
Mécanismes génératifs	Fondements de l'interaction établie par le chercheur avec les acteurs sur le terrain. Selon quels principes le chercheur explore- t-il les pratiques réelles de management stratégique développées par les acteurs ?	Expérimentation via www.jadopteunprojet.com : plateforme de financement participatif locale en Aquitaine, Limousin et Poitou-Charentes

Source : Valérie-Inès de La Ville (2000) complété par les auteurs.

2.2. Investigation terrain et confrontation avec les hypothèses soulevées : la nature de la coopération comme élément clé d'un écosystème entrepreneurial local ?

Jadopteunprojet.com a mis en place des sites de financement participatif dédiés aux quatre agglomérations précédemment listées, démontrant l'intérêt d'être au plus proche de ces territoires.
Ces sites dénommés http://aggloniort.jadopteunprojet.com/, http://grandangouleme.jadopteunprojet.com/, http://agglolarochelle.jadopteunprojet.com/ et http://grandpoitiers.jadopteunprojet.com/ sont mutualisés avec la plateforme www.jadopteunprojet.com afin de gagner en efficacité techniquement. La détermination du niveau d'appropriation d'une plateforme de CF et donc des modalités de coopération dans cet écosystème entrepreneurial a reposé sur deux démarches distinctes mais complémentaires d'investigation. Une première étude a été effectuée spécifiquement auprès des acteurs locaux de l'agglomération niortaise. Il a été proposé de réaliser des réunions de travail à 3 groupes d'acteurs de l'écosystème entrepreneurial local via la présentation et l'interpellation des enjeux de la finance solidaire et de la finance participative, de l'état des lieux dans les modèles de financements citoyens, de la situation socio-économique du territoire niortais et de l'énumération de pistes de coopération avec Jadopteunprojet.com. Ces acteurs ont ainsi pu décrire leurs attentes dans de possibles modalités de coopération dans leurs propres dispositifs d'accompagnement et de financement territorialisés. Les débats ont été réalisés avec la présence de 6 à 8 personnes afin de créer une dynamique collective (échanges, confrontations, enrichissement mutuel...). La réalisation de ces entretiens a été faite de concert avec les équipes de l'agglomération niortaise (la collectivité publique a choisi les acteurs à inviter, les dates de réunion à planifier, les lieux de rencontres...). Les tableaux 2 et 3 viennent y lister les principaux résultats qui viendront plus largement confronter et conforter les trois hypothèses soulevées précédemment.

Tableau 2 : Conditions de constitution d'une communauté territorialisée par la création d'un site de CF niortais
http://aggloniort.jadopteunprojet.com/

Questions soulevées/posées	Propositions faites
Manque d'activité du site de la CAN par rapport à la plateforme régionale Jadopteunprojet.com	Il avait été envisagé de créer une communauté différente entre le site http://aggloniort.jadopteunprojet.com/ et jadopteunprojet.com. La démarche n'est pas concluante. Il convient de mutualiser les deux sites (les citoyens de la CAN qui vont s'inscrire sur jadopteunprojet.com vont apparaitre directement sur le mini-site de la CAN). Il convient de mieux travailler la communication du site (autorisation d'y mettre les informations de la Maison de l'ESS, des services de communication de la CAN...) pour le rendre plus attractif.
Manque de taille critique du site (capacité du site à drainer des citoyens ?)	Il conviendrait d'avoir une communication institutionnelle de la CAN concernant le site (objectif : gagner en « réputation »). Mise en avant du mini-site sur tous les supports de la CAN liés à la création d'entreprises. Communication régulière des porteurs de projets dans les supports grands publics de la CAN (1 fois par mois avec portrait porteur de projet).
Nombreux salariés travaillant à Niort mais habitant à La Rochelle	Une communication régionale doit permettre d'aider le site de la CAN à se développer (axe Niort-La Rochelle voire axe Deux-Sèvres-Vendée). La stratégie de communication de Jadopteunproejt.com avec la CAN devra décrire une dynamique agglo-région.

Source : Auteurs.

Tableau 3 : Les attentes des acteurs de l'écosystème entrepreneurial local dans la constitution d'une communauté participative territorialisée

Questions soulevées/posées	Propositions faites
Force de frappe potentielle d'une plateforme géographiquement délimitée ?	Les projets locaux portés par une plateforme locale devraient bénéficier de contributions locales ; D'autres dispositifs locaux (accompagnement et financement) liés à la création d'entreprise pourraient être envisagés (et sollicités) ; Démarche similaire à impulser (plateforme locale) auprès d'autres agglomérations du territoire régional pour gagner en cohérence territoriale.
Demandes de soutien dans la communication numérique	Des outils duplicables aux porteurs de projets doivent être proposés afin de cibler la communication sur la communauté locale du niortais (référencement à effectuer) ; Il faut axer la communication sur les réseaux sociaux locaux + les médias/journaux locaux.
Demande de soutien par les collectivités locales	La stratégie de soutien des porteurs de projets pourrait être la suivante : mise en place d'un logo/phrase « projet soutenu par la CAN », mise en place d'un listing de diffusion de mails auprès des institutionnels pour mise en contact, mise en place de rencontres physiques pour présentation des projets à des financiers de la CAN (tour de table financier).
Difficultés à réaliser un « coup de cœur » local	La communauté locale n'a pas besoin de coup de cœur « innovant/différenciant » mais plutôt « significatif » pour le territoire (développer de l'emploi, de nouvelles activités localement...).
Nécessité d'avoir une approche locale : rapprochement des acteurs locaux de l'écosystème entrepreneurial	La CAN proposera à jadopteunprojet.com d'intervenir lors d'évènements en lien avec ces thématiques sur son territoire.
Jadopteunprojet.com doit permettre d'élargir ses réseaux locaux (effet boule de neige)	Jadopteunprojet.com doit pouvoir lister les différentes compétences des acteurs de la création d'entreprise (à voir pour faciliter la mise en contact).

Source : Auteurs.

La deuxième étude a porté sur une démarche d'entretiens semi-directifs auprès des 16 personnalités liées à l'écosystème entrepreneurial local dans ces 4 territoires (Communauté d'Agglomération du Niortais, Communauté d'Agglomération de La Rochelle, Grand Angoulême et Grand Poitiers). C'est bien les éléments ci-dessus, repris de l'étude exploratoire de l'agglomération du niortais, qui ont permis de cadrer les grands enjeux d'une coopération territoriale avec une plateforme de CF dans un périmètre géographique délimité. Nous avons surtout cherché à questionner les 16 personnalités quant à leur vision d'une dynamique financière de proximité renouvelée via des plateformes de CF et des évolutions possibles dans les coopérations et réorganisations des acteurs de l'entrepreneuriat, que ce soit des collectivités publiques, des acteurs de l'ESS voire même des citoyens locaux. Après retraitement des entretiens (des éléments de verbatim ont été listés afin de conforter la retranscription des arguments), les hypothèses émises dans la perspective compréhensive de l'étude de cas ont été listées quant à l'émergence potentielle d'une finance participative intégrée et coopérante dans un écosystème entrepreneurial local.

H1 : La finance participative permet une appropriation par les citoyens des mécanismes financiers de développement de l'entrepreneuriat sur un territoire ?

Il est intéressant d'émettre que l'appropriation des citoyens/territoires d'une finance, qui était peut-être plus difficilement appréhendable (par le nombre d'intermédiaires financiers), via la finance participative (laissant le choix aux citoyens d'aller directement financer les projets qu'ils souhaitent), aurait pu faire émerger une appropriation plus forte de compétences financières nécessaires au soutien de l'innovation des territoires. Il n'en est rien. Toutes les personnalités interrogées ont pu émettre le souhait de voir la finance participative, si elle doit être locale, vers des projets d'abord de territoire et non purement d'innovation financière en couplant les interventions de la plateforme avec les collectivités locales, les dispositifs d'accompagnement et de financement des acteurs de l'ESS mais aussi par une réappropriation du local des porteurs de projets et des citoyens eux-mêmes.

Verbatim : « Les échanges avec des banquiers, à l'échelle du territoire, les banquiers sont très frileux (dû au contexte économique : ils ne veulent pas financer le secteur de la restauration par exemple). Ils sont de plus en plus exigeants (ils demandent maintenant 20 à 30 % d'apports). » « Les banques seront toujours présentes mais elles seront moins présentes sur l'entrepreneuriat (car trop risqué). La finance participative va prendre le pas sur ce segment du secteur financier. Il devra y avoir plus de structuration (même si l'objectif ne sera pas forcement de se faire de l'argent pour les plateformes…). » « De nouvelles plateformes, comme celle de jadopteunprojet.com, qui n'ont pas vocation à faire de l'argent avec des aides publiques tournées vers la création d'emploi de projets trop petits pour des banques… ». « En 2010, les banques investissaient dans des projets DD uniquement pour la rentabilité. Mais les mats d'éoliennes venaient d'ailleurs. Donc, comme tout venait d'ailleurs, il n'y avait pas d'appropriation par le territoire. » « Donc, le financement ne fait pas tout. L'approche n'est pas forcément la même entre l'accompagnement et le financement. »

H2 : La finance participative renforce la coopération territoriale entre les citoyens et les territoires ?

Nous pouvons parler d'émergence de nouveaux modèles conceptuels territoriaux d'innovation dans le sens où la proximité des acteurs liés à l'entrepreneuriat ne s'inscrit pas dans des démarches lucratives mais bien de cohésion sociale et territoriale via le développement socio-économique. La dynamique participative de proximité est mise en avant, et non une appréhension nouvelle de la finance par les citoyens via des projets locaux, qu'ils soient innovants ou non. Les témoignages sont unanimes : la finance participative vient donner une « simplicité » dans la mise en relation de parties prenantes locales (porteurs de projets, acteurs de l'entrepreneuriat, collectivités locales, citoyens contributeurs…) vis-à-vis d'un renforcement d'une solidarité de territoire au sens missionnaire de Mintzberg. La numérisation des activités vient ainsi reformuler les relations entre parties prenantes d'un territoire dans une démarche collective d'ancrage territorial. Ainsi, une plateforme de financement participatif territorialisé n'est pas perçue comme un outil d'appropriation des parties prenantes locales dans un renouveau du financement de l'innovation dans les territoires. Une coopération renforcée entre les acteurs de l'écosystème et la plateforme de CF n'est pas envisagée. Il n'est pas certain d'y percevoir un nouveau modèle conceptuel territorial d'innovation mais les interactions et les attentes y sont fortes, avec un nécessaire renouvellement en cours tant pour les collectivités locales, les acteurs de l'ESS et les porteurs de projets dans le rôle qu'ils apportent à leur territoire et comment les citoyens peuvent (et souhaitent) y prendre part. Il convient plus de parler de convergence pour une économie de confiance au sens de l'ESS que d'une coopération « pure ».

Verbatim : « La plateforme locale permet d'avoir une identité locale, permet d'avoir une identité. Il y a une recherche de proximité tout de même (les acteurs locaux cherchent de la visibilité). » « Pour les jeunes, c'est le bon moyen (difficile de passer outre le système bancaire), mais la finance participative a un aspect formatif et pédagogique : animer ses réseaux sociaux définir sa communication… Les jeunes ont toujours plus de difficultés. Donc, les projets sur la plateforme locale permettent de ne pas regarder uniquement le plan de financement mais le projet lui-même. » « Le CF va prendre une place dans l'économie. Mais il va prendre une place démocratique et participative dans la façon d'utiliser son épargne (donc, peut servir à démocratiser le financement) mais plutôt sur certains types de projets et en co-financement des enjeux locaux. Il y a un côté où le citoyen peut donner la vision qu'il souhaite après son argent… » « Les petits projets peuvent bénéficier ainsi de financement et de communication sur leur territoire. » « De plus, les collectivités publiques étaient aussi fortement intéressées pour développer la plateforme de financement participatif : cela permet une appropriation citoyenne de l'entrepreneuriat local. » « Il y a un manque de lisibilité des acteurs de la finance solidaire. L'évènement grand public, pourrait servir aux partenaires (pour les former, refaire le point…). »

H3 : La finance participative permet l'hybridation entre l'innovation financière et la coopération territoriale ?

Au final, nous assistons plutôt à une hybridation du financement des porteurs de projets qu'à un renforcement des relations de coopération via le financement participatif dans les relations des parties prenantes d'un territoire. Il n'est pas facile de voir l'émergence de modèles conceptuels territoriaux d'innovation même si des évolutions dans la gouvernance de coopération sont en cours, indéniablement. Ces évolutions de gouvernance ne vont pas vers une réappropriation du financement de l'innovation des territoires par les parties prenantes locales et plus spécifiquement par les citoyens. Ceux-ci ne semblent pas chercher à s'approprier des fondamentaux d'une finance d'entreprise liée à l'innovation, mais plutôt à se réapproprier le développement socio-économique de leur territoire. Cette hybridation émergente, dans les expérimentations semble aborder plusieurs dimensions que nous pouvons lister, sans pour autant en conforter l'une par rapport l'autre à ce stade. Ces relations territoriales ne se réalisent pas par une rupture radicale vis-à-vis des pratiques d'avant financement participatif de l'entrepreneuriat de proximité via les collectivités locales et les acteurs de l'ESS. Les principaux arguments qui sont ressortis des entretiens peuvent être regroupés en trois thématiques qui vont, incontestablement, servir de base à l'émergence d'une nouvelle gouvernance de coopération. L'accompagnement et le financement de proximité qu'offre la finance solidaire viennent à se renforcer via la capacité à associer des citoyens par les plateformes de CF. Mais il n'est pas encore question actuellement d'un réel rôle de la foule citoyenne dans sa capacité à mieux définir le risque potentiel de projets innovants dans les territoires.

Viabilité socio-économique du territoire	Donner du sens et du lien social au territoire	Valoriser les porteurs de projets du territoire
Besoin d'animer/dynamiser avec toutes les parties prenantes (ESS, collectivités, médias…) : Mieux réassocier les relations entre les banques et les territoires dans un entrepreneuriat de proximité ; Faire du maillage territorial ; Importance de l'accompagnement par des experts locaux ; Place moteur des collectivités locales.	Besoin de donner du sens (collaboratif, social…) ; Coopération acteurs de territoires ; Visibilité via les partenariats de territoires ; Dépendance vis-à-vis des collectivités locales ; Resserrer les liens entre les citoyens autour des porteurs de projets ; Notion de « place démocratique et participative de l'épargne citoyenne » ; Les territoires sont tous différents, induisant des dispositifs spécifiques.	Finance participative communication/réseau ; Démarche pédagogique des entrepreneurs ; Valoriser les petits projets en les aidant ; Développer sa clientèle localement ; Finance participative comme alternative aux imprévus financiers des porteurs de projets (coup de pouce).

Source : Auteurs.

CONCLUSION

Ce travail a cherché à interpeller les acteurs impliqués dans l'écosystème entrepreneurial local vis-à-vis de l'émergence d'une finance participative. L'enjeu d'une coopération, quelle que soit sa forme, entre ces différentes parties-prenantes n'est pas anodin. Le financement d'entrepreneurs innovants reste toujours problématique dans le sens où il est difficile d'apporter des réponses aux problèmes d'agence et d'asymétrie de l'information. Bien plus que le financement lui-même, c'est l'accompagnement et l'inclusion dans un écosystème sectoriel et/ou géographique qu'il convient de valoriser. C'est bien les liens externes à la relation financeur/entrepreneur qui indéniablement vont permettre de mieux appréhender une première prise de connaissance du projet à financer. Ainsi, nous nous sommes interrogés sur la capacité de ces acteurs (l'écosystème entrepreneurial local et les plateformes de CF) à répondre à ce besoin de congruence relationnelle dans la capacité à financer la création et le développement d'entreprises innovantes. Le cadre d'analyse a reposé sur les modalités potentielles de coopération entre les acteurs de l'écosystème entrepreneurial local (majoritairement les acteurs de l'ESS via la finance solidaire) et la finance participative. Bien que des questions se posent quant à la possibilité d'envisager des coopérations entre ces parties-prenantes (la partie empirique de ce travail ayant cherché à y répondre), l'hybridation de leurs relations entrepreneuriales pourrait apporter des solutions plus qu'intéressantes dans la gestion des problèmes d'agence et d'asymétrie d'information. La proximité géographique que peuvent apporter les acteurs de l'ESS dans le sens où ils cherchent à véhiculer des valeurs de territorialité est une des solutions données. Cette proximité territoriale instaure des relations de confiance entre les structures qui accompagnent et qui financent les projets à l'origine d'une meilleure maitrise du risque. Pour autant, cette notion de confiance qui en ressort ne vient pas ancrer des dynamiques de coopération « pure » au sein de l'écosystème entrepreneurial. Il s'agit plus de comportements collectifs que de relations explicitement coopératives. Quant à la finance participative, c'est bien la mobilisation d'une foule qui vient constituer l'implication de citoyens et donc des externalités de réseaux positives auprès de l'entrepreneur innovant. Ainsi, une coopération renforcée entre les acteurs de l'ESS (via une proximité géographique) et les plateformes de CF (via une foule impliquée et impliquante) laisse entendre de meilleures opportunités d'appréhension et d'anticipation dans le financement de projets innovants.

Une fois cette approche théorique esquissée, nous avons cherché à comprendre la nature des coopérations qui pourraient être envisagées dans ces écosystèmes entrepreneuriaux locaux. Le CF étant encore un phénomène récent, il a été décidé d'utiliser une méthodologie de recherche idiographique en management stratégique via une perspective compréhensive. Le souhait de la plateforme de CF jadopteunprojet.com de s'impliquer dans les écosystèmes entrepreneuriaux locaux de quatre agglomérations de l'ex-région Poitou-Charentes témoigne des préoccupations stratégiques réelles des acteurs sur le terrain, sans pour autant permettre l'élaboration d'un cadre théorique puisqu'encore embryonnaire. Deux approches terrains ont ainsi été couplées : réalisation de réunions en groupes auprès d'acteurs de l'écosystème entrepreneurial de l'agglomération niortaise ; réalisation d'entretiens semi-directifs auprès de 16 acteurs des écosystèmes entrepreneuriaux des quatre agglomérations. Ces choix méthodologiques ont été dictés par la volonté d'être au plus proche des enjeux de coopération dans ces territoires, sans pour autant laisser entendre que les conclusions sont duplicables sur d'autres territoires ni figées dans le temps. Il est apparu difficile de parler d'émergence de nouveaux modèles conceptuels territoriaux d'innovation via la finance participative locale. L'appropriation de l'innovation financière des citoyens dans les territoires n'est pas apparue évidente. Bien au contraire, nous avons plutôt assisté à un questionnement des coopérations territoriales dans leurs modèles organisationnels existants. La finance participative locale semble apporter de nombreux avantages pour les territoires (communication, financement, visibilité, coopération...). Mais ces avantages restent inscrits dans des thématiques non lucratives assumées et affichées qui s'apparentent plus à une approche missionnaire au sens de Mintzberg que d'une réelle volonté de coopération renforcée avec le CF territorialisé. Cette forme de coopération dans les modalités de gouvernance à venir semble inclure des enjeux de viabilité socio-économique, de sens et de lien social au territoire mais aussi de valorisation des porteurs de projets locaux. Même s'il est difficile d'affirmer les mutations organisationnelles et les modalités futures de coopération entre les acteurs de l'écosystème entrepreneurial local, cette étude de cas vient a minima confirmer les attentes vis-à-vis d'une plateforme de CF : l'implication dans une économie de confiance qui permet d'amener les collectivités locales et les acteurs de la finance solidaire à agir en proximité territoriale. Mais quels peuvent être ou doivent être les modalités d'une économie de confiance pour une plateforme de CF ? Un travail complémentaire devra être réalisé afin d'y apporter des éléments de réponses.

BIBLIOGRAPHIE

AGRAWAL, A., CATALINI, C., & GOLDFARB, A., 2013, Crowdfunding : Social Frictions in the Flat World ? NBER working paper, 16820.

BESSIÈRE, V. & STÉPHANY, E., 2015, Financement et gouvernance des start-ups en equity crowdfunding, *Finance Contrôle Stratégie*, (18-4).

BESSIÈRE, V. & STÉPHANY, É., 2014, Le financement par crowdfunding, Revue française de gestion, (5), 149-161.

BOUDON, R., 1992, L'art de se persuader : des idées douteuses, fragiles ou fauses, Fayard.

CASSAR, G., 2004, The financing of business start-ups, Journal of business venturing, 19(2), 261-283.

COSH, A., CUMMING, D. & HUGHES, A., 2009, Outside enterpreneurial capital, The Economic Journal, 119(540), 1494-1533.

DE LA VILLE, V. I., 2000, La recherche idiographique en management stratégique : une pratique en quête de méthode ?, Finance contrôle stratégie, 3(3), 73-99.

DENIS, D., 2004, Entrepreneurial Finance : an Overview of the Issues and Evidence, *Journal of Corporate Finance,* 10 (2), 301-326.
DUPUY, C., et TORRE, A., 2000, Confiance et coopération au sein des réseaux spatialisés d'entreprises. Dynamiques de proximité, L'Harmattan, Paris, p. 59-95.
GILLY, F., 2015, Les territoires de l'innovation…ne sont pas ceux qu'on croit, *L'Economie Politique*, n°68, 20-35.
EUROSTAT, O., 2005, Manuel d'Oslo : principes directeurs pour le recueil et l'interprétation des données sur l'innovation, OECD Publishing.
FERRARY, M., 2001, Pour une théorie de l'échange dans les réseaux sociaux, *Cahiers internationaux de sociologie*, (2), 261-290.
FERRARY, M., 2006, Apprentissage collaboratif et réseaux d'investisseurs en capital-risque, *Revue Française de Gestion*, (163), 171-181.
FROEHLICHER, T. & BARES, F., 2014, Pôles de compétitivité et clusters, vers des écosystèmes de croissance ?, *Entreprendre & Innover*, (4), 45-58.
KOENIG, G., 1993, Production de la connaissance et constitution des pratiques organisationnelles.
LAMBERT, T. & SCHWIENBACHER, A., 2010, An empirical analysis of crowdfunding, Social Science Research Network, 1578175.
LOQUET, P., 2004, L'économie sociale et solidaire au service d'un projet de territoire, La Lettre du cadre territorial.
MARSHALL, C. & ROSSMAN, G. B., 1995, Data collection methods, Designing qualitative research, 2(8).
MINTZBERG, H., 1979, The structuring of organizations, Vol. 203, Prentice hall, Englewood Cliffs : NJ.
ONNEE, S. & RENAULT, S., 2014, Crowdfunding : vers une compréhension du rôle joué par la foule, Management & Avenir, (8), 117-133.
POWELL, W.W., 1990, Neither market nor hierarchy, *Research in Organizational Behavior*, (12), 295-336.
SCHWIENBACHER, A., 2015, Entrepreneurial risk-taking in crowdfunding campaigns, Browser Download This Paper.
SERVET, J. M., 1994, Paroles données : le lien de confiance, Revue du MAUSS semestrielle, (4), 37-56.
SLIMANE, K. B., 2014, Rapport Beylat Tambourin : « Un empilement de dispositifs dont l'efficacité a été peu mesurée », Entreprendre & innover, (4), 87-93.
VANACKER, T. R. & MANIGART, S., 2010, Pecking order and debt capacity considerations for high-growth companies seeking financing, Small Business Economics, 35(1), 53-69.
VANIER, M., 2009, Territoires, territorialité, territorialisation : controverses et perspectives, Presses universitaires de Rennes, pp. 228.

INVESTISSEMENT A IMPACT SOCIAL : UNE APPROCHE FINANCIERE

Jean-Laurent VIVIANI
CREM – UMR CNRS 6211
IGR-IAE Rennes
jean-laurent.viviani@univ-rennes1.fr

INTRODUCTION

L'année 2017 marque le dixième anniversaire de la naissance du concept d'impact investing (que nous traduirons par investissement à impact social) dont l'acte de naissance serait l'organisation par la Rockfeller Fondation d'une rencontre entre des représentants du monde de la finance, de la philanthropie et du développement pour réfléchir sur la promotion d'investissement ayant un impact social ou environnemental positif. Ces dix dernières années l'investissement d'impact a suscité un intérêt croissant de la part des professionnels (entreprises, intermédiaires financiers, pouvoirs publics) et des chercheurs. Cet intérêt s'est accompagné d'un foisonnement de travaux de toutes natures ce qui a engendré des incohérences sur le plan de la définition, des terminologies et des stratégies. Pour que ce thème puisse continuer à se développer, il doit passer par une phase de clarification conceptuelle et une réflexion sur ses fondements théoriques. C'est à cet objectif que voudrait contribuer cet article en s'interrogeant sur la nature et la mesure de la création de valeur de l'investissement à impact social.

S'appuyant sur une très importante revue de la littérature d'articles académiques et de documents professionnels, Höchstädter et Scheck (2015) s'attachent à clarifier la définition de l'investissement à impact social. Ils montrent que, quelles que soient les définitions proposées, deux dimensions sont toujours présentes dans la littérature sur l'impact investing : la dimension financière et la dimension non financière. L'exigence d'une rentabilité financière minimale distingue l'investissement à impact social, des subventions (*grant funding*) et de la philanthropie. Le niveau d'exigence financière n'est pas précisément défini, il peut aller de la simple préservation du capital (la couverture de l'inflation (Ashta, 2012) à une rentabilité inférieure, égale (Evenett et Richter, 2011), voire supérieure à celle du marché (Best et Harji, 2013).

Le choix du niveau de rentabilité financière dépend de la nature de l'investissement (Narain et *al.,* 2012) et de la stratégie de l'investisseur (Arosio, 2011). L'impact non-financier peut être de nature très diverse : social, environnemental, culturel, de développement, économique, ou de gouvernance. C'est la raison pour laquelle nous préférons parler de dimension non-financière plutôt que de dimension sociale. La relation entre les deux dimensions n'est pas précisément définie dans la littérature. Une première approche (Freireich and Fulton, 2009) consiste à simplement distinguer les investisseurs qui privilégient la rentabilité financière et ceux qui préfèrent maximiser l'impact. Les premiers maximisent la rentabilité financière sous contrainte d'un impact donné, les seconds font le contraire. Au-delà de la présence de ces deux dimensions (financière et non financière) et de leur combinaison, deux aspects sont souvent mis en avant dans la littérature : l'impact non-financier doit être intentionnel (Addis et *al.*, 2013 ; Boerner, 2012) et non la conséquence inattendue d'une activité commerciale et l'insistance sur le fait qu'il doit être mesuré (O'Donohoe et *al.*, 2010). Ce dernier point soulève des débats car sa prise en compte peut limiter le type d'activités sociales envisagées et conduire à l'adoption d'une rationalité purement instrumentale y compris dans les activités sociales. Mais il est crucial lorsqu'il s'agit de mesurer la création de valeur et rendre des comptes aux parties prenantes.

La prise en compte d'une dimension non financière dans la démarche d'investissement participe d'une question plus vaste qui est la prise en compte de dimensions non économiques (éthique, sociale, politique, environnementale, culturelle…) dans les comportements économiques et managériaux. Dans la sphère des entreprises, il s'agit de la prise en compte de leur responsabilité sociale et, au-delà, du développement d'entreprises sociales et de l'entrepreneuriat social. Dans le domaine de la consommation, de l'épargne et de l'investissement les dimensions non-économiques sont également présentes (consommation, épargne ou investissement socialement responsable, éthique, durable…). Pourtant, si les économistes libéraux ne nient pas l'importance des activités non-économiques dans la société, ils rejettent farouchement la poursuite d'activités économiques et non économiques au sein d'une même entité ou qu'une activité (consommation, épargne, investissement) puisse avoir à la fois des objectifs économiques et non économiques. Il existe donc un débat sur la justification théorique de l'existence même des acteurs multidimensionnels (nous nommerons ainsi les acteurs qui poursuivent plusieurs objectifs économiques et non économiques à la fois).

Dans cet article nous traiterons donc de la question de la justification de l'existence des acteurs multidimensionnels en nous appuyant essentiellement sur la théorie financière de la création de valeur. Après avoir présenté les acteurs multidimensionnels (investisseurs, entreprises, intermédiaires financiers), nous traiterons deux questions : comment les entreprises multidimensionnelles peuvent-elles créer de la valeur ? Comment cette valeur peut être mesurée ?

1. LES ACTEURS MULTIDIMENSIONNELS

Trois catégories principales d'acteurs sont impliquées dans l'investissement à impact social : les investisseurs, les entreprises, et les intermédiaires financiers. Chacun de ces acteurs poursuit un double objectif financier et non financier. Dans cette section nous essayons de mieux cerner leur nature et leurs caractéristiques.

1.1. L'investisseur multidimensionnel

Une question centrale dans la littérature sur le comportement de l'investisseur est de savoir si des critères non financiers doivent être pris en compte dans la décision financière (Renneboog et *al.*, 2008). Une partie de la réponse consiste à constater que les motivations et décisions humaines sont beaucoup plus complexes que ne le suppose la théorie économique avec son *homo economicus*. En effet, suivant la théorie économique standard, les agents doivent utiliser leur revenu de manière à maximiser leur satisfaction présente et future. Comme la satisfaction est censée être croissante avec les quantités consommées, l'épargne investie doit avoir pour objectif de maximiser le revenu financier de manière à offrir à l'agent la possibilité de choisir dans le futur le panier de biens et services le plus large possible. Cette vision suppose que les agents maximisent uniquement leur propre intérêt et qu'il existe une séparation entre les sphères économique, éthique et sociale. Ces deux hypothèses sont de plus en plus contestées (Sen, 1987). En effet, il semble qu'une fraction significative de la population ait des préférences sociales (Fehr et Schmidt, 2003). Cela signifie qu'au-delà de leur propre intérêt, les agents intègrent des éléments de justice (Fehr et Schmidt, 1999). Par exemple ils sont prêts à sacrifier leur rémunération pour récompenser les bonnes actions ou punir les mauvaises, à partager les gains de manière équitable et sanctionner ceux qui ne le sont pas. Les études empiriques et expérimentales montrent également l'importance de la réciprocité dans la prise de décisions (Rabin, 1993 ; Dufwenberg and Kirchsteiger, 2004 ; Adbulkardiroglu and Bagwell, 2013). En résumé, pour ces investisseurs, les obligations envers autrui, la réciprocité, la coopération sont aussi importantes que la satisfaction égoïste (Offer, 1997 ; 2007).

Selon cette vision élargie, l'investisseur va intégrer des dimensions non économiques dans ses décisions économiques. La riche tradition qui conceptualise l'investissement dans un contexte plus riche et plus humanisé que la seule dimension économique peut servir de soubassement théorique à l'analyse de l'investissement d'impact

(Nicholls et *al.*, 2009 ; Nicholls, 2010). Statman (2004) expose que les investisseurs recherchent des bénéfices « expressifs » et pas seulement utilitaires. Beal et *al.* (2005) et Bollen (2007) montrent que les investisseurs obtiennent une utilité non-financière en investissant de manière socialement responsable.

Les données d'enquête auprès des professionnels (voir l'enquête très récente de Wiesel et *al.* (2017) auprès des membres de l'association des investisseurs individuels américains, AIIA), ou l'expérimentation à travers les « jeux d'investissement » (Riedl et Smeets, 2014) confirment l'importance de la dimension non financière chez les investisseurs (ou tout au moins une large catégorie d'entre eux). L'étude des motivations des investisseurs responsables montre que le gain financier n'est pas leur préoccupation principale qui est plutôt la mission sociale de l'entreprise qu'ils financent (Williams, 2017) ou l'alignement de l'investissement avec leurs valeurs morales (Dorfleitner et Utz, 2014). Cependant, ces investisseurs ne semblent pas principalement guidés par l'altruisme pur (l'investissement a pour seul objectif l'amélioration du bien-être d'autrui) mais plutôt par l'altruisme impur « *warm glow* » (l'investissement est aussi motivé par le sentiment positif que l'investisseur éprouve à aider les autres (Andreoni, 1989 ; 1990)).

Mais, le fait que les investisseurs intègrent des dimensions non financières dans leur choix d'investissement n'est ni une condition nécessaire ni une condition suffisante de la justification de l'existence de l'investissement à impact social. En effet, d'une part, les investissements à impact social peuvent très bien être mis en œuvre par des investisseurs ayant un objectif purement financier (c'est d'ailleurs en partie le cas). Ce type d'investissement est alors une classe d'actifs comme une autre (O'Donohe, 2010 ; Evenett et Richter, 2011) qui peut être ajoutée à un portefeuille en raison de sa relation rendement risque spécifique et du gain de diversification que son introduction dans un portefeuille peut générer. En effet, les investissements à impact social peuvent avoir une corrélation faible voire négative avec les autres activités économiques. De plus, à la suite d'entretiens avec des investisseurs d'impact Grabenwarter et Liechtenstein (2011) contestent l'idée de l'existence d'un *trade-off* entre la mission sociale et la performance financière. D'autre part, si l'existence d'investisseurs multidimensionnels explique les investissements purement sociaux, elle ne justifie pas nécessairement d'investir dans des projets ayant eux-mêmes des objectifs multidimensionnels. Les objectifs des investisseurs multidimensionnels peuvent en effet être atteints en spécialisant les investissements (investissement ayant un objectif purement financier d'un côté et purement social de l'autre). Nous reviendrons sur ce point en détail dans la deuxième section.

1.2. Les entreprises multidimensionnelles

Comme les investisseurs multidimensionnels, les entreprises multidimensionnelles - ces entreprises sont couramment appelées entreprises sociales (Nichols et Paton, 2009) ou entreprises hybrides (Jäger et Schröer, 2013) ont un double objectif (*double bottom line*) : une mission sociale ou environnementale ou autre et l'obtention d'un profit (Emerson et Twersky, 1996). A la différence des organisations sociales classiques, elles ont donc des activités qui génèrent des revenus (*fees-for-service*). Mais les différences vont bien au-delà du simple ajout d'un objectif financier à la mission sociale, ces entreprises sont des organisations hybrides qui incorporent des éléments appartenant à des logiques différentes (Pache et Santos, 2012). Ces entreprises adoptent une logique managériale car leurs actions sont orientées vers les résultats et elles utilisent les outils et concepts de la gestion (*business like*). Elles innovent et sont orientées vers la recherche d'opportunités (*market driven*) pour remplir leur mission (Emerson et Twersky, 1996 ; Leadbeater, 1997). Elles adoptent une démarche de planification, s'adaptent à leur environnement et apprennent (Dees, 1998). Elles sont responsables vis-à-vis des parties prenantes et notamment vis-à-vis des investisseurs. L'introduction de la logique managériale dans le secteur social fait d'ailleurs l'objet d'un vif débat. Certains grands penseurs (Mintzberg, 1996 ; Soros, 1997 ; Galbraith, 1996 ; Kuttner, 1997) critiquent l'adoption de valeurs managériales, du langage managérial et de business models dans le secteur socio-culturel. Ils s'interrogent sur le bien-fondé de ce processus d'uniformisation des façons de résoudre les problèmes et des formes d'organisation.

L'existence de ces organisations soulève la question de l'existence d'un trade-off entre la dimension financière et non-financière. Ces entreprises doivent-elles sacrifier une partie de leur résultat financier pour atteindre leur mission sociale ? La réponse à cette question est difficile du fait de la grande diversité des entreprises multidimensionnelles en termes de missions, de rentabilité et de risque, de situation géographique, de secteurs...Plusieurs classifications ont d'ailleurs été proposées pour mettre de l'ordre dans ce maquis. Pour certains auteurs (Emerson, 2003 ; Porter et Kramer, 2011 ; Antignac et Attali, 2016), il n'y a pas de trade off. Les entreprises multidimensionnelles peuvent atteindre une rentabilité financière élevée car elles remplissent des besoins insatisfaits dans des niches à forte demande et en forte croissance potentielle. Elles veulent combler les besoins éprouvés par la « base de la pyramide » (Prahalad, 2012) qui constituent leurs grands marchés d'avenir. Pour être rentables financièrement, les entreprises doivent aborder ces marchés avec des solutions innovantes sur le plan commercial et organisationnel.

Dans la littérature, la justification de l'existence des organisations multidimensionnelles s'appuie sur deux courants principaux. Pour le premier, les organisations hybrides existent car elles répondent à la fois à des défaillances du marché ou du gouvernement (Weisbrod, 1988 ; Salamon, 1995 ; Hansmann, 1987). Elles sont une réponse rationnelle aux contraintes financières dont souffre le secteur public (Dees et *al.*, 2001). Elles sont une meilleure option stratégique pour remplir leur mission sociale (Dees, 2003 ; Emerson et Twersky, 1996). Ou ces organisations sont tout simplement le meilleur moyen de faire certains types d'activité.

Un deuxième courant s'appuie sur la recherche de la légitimité et de la légitimation (Suchman, 1995 ; Aldrich et Fiol, 1994) pour expliquer cette forme d'organisation. La conformité aux attentes sociales et à celle des parties prenantes explique le succès des organisations multidimensionnelles plutôt que leur efficience ou leur efficacité (Dart, 2004). La légitimité est la façon dont l'organisation obtient et conserve des ressources (Oliver, 1991). Elle est obtenue par la conformité (isomorphisme) aux attentes des parties prenantes clés (Di Maggio and Powell, 1983 ; Meyer et Rowan ; 1977 ; Tolber et Zucker, 1983). L'organisation est alors jugée non pas sur les bénéfices qu'elle apporte mais par sa conformité à des normes sociales. Selon cette vision, les entrepreneurs s'appuient sur la légitimité de leur mission non financière pour attirer des ressources et en retirer des bénéfices. Ils ont donc une approche stratégique de la légitimité, « les organisations manipulent de façon instrumentale et déploient des symboles évocatifs en vue d'obtenir un soutien social » (Suchman, 1995).

Si les entreprises multidimensionnelles tirent leur légitimité de leur mission sociale elles peuvent servir à légitimer des investisseurs qui eux ont des objectifs purement financiers. Au final, ces entreprises, du fait de leur dépendance vis-à-vis des ressources financières, voient leurs finalités et modes de gestion être orientés par les priorités des apporteurs de capitaux (Salamon, 1995).

1.3. Les intermédiaires financiers multidimensionnels

Les intermédiaires financiers (banques ou gestionnaires de fonds professionnels) multidimensionnels ont pour rôle de faciliter la rencontre entre les investisseurs et les entreprises multidimensionnelles. Ce rôle est d'autant plus important que l'investissement d'impact est complexe (Nicklin, 2012). Ils accordent donc de l'importance aux conséquences non économiques de leurs activités. Comme les autres acteurs multidimensionnels, leur objectif n'est pas seulement financier mais ils ont aussi une mission sociale (Green, 1989 ; Taupin et Glémain, 2007 ; Benedikter 2011 ; Weber et Remer, 2011 ; Cornée et Szafarz, 2014 ; Barigozzi et Tedeschi, 2015). Ils doivent respecter les volontés de leurs propriétaires, coopérateurs ou clients-investisseurs ou épargnants en investissant dans des activités à haut rendement social. Les résultats financiers dégagés doivent être partagés équitablement entre les différentes parties prenantes (Becchetti, Garcia et Trovato, 2011 ; San José, Retolaza et Gutierrez, 2011). Les objectifs financiers ne doivent pas être atteints par de la spéculation sur les marchés financiers mais par le financement de l'économie réelle. Pour résoudre les conflits d'agence, leur gestion repose sur les principes fondamentaux de transparence et responsabilité (Cowton et Thompson, 2000 ; Cowton, 2002 ; Bechetti et *al.*, 2011 ; San-Jose et *al.*, 2011).

Du fait de leur double objectif, l'activité des entreprises multidimensionnelles est difficile à appréhender. Ces entreprises sont souvent de petite taille, récentes et leur modèle d'affaire est nouveau ce qui rend difficile l'application des techniques statistiques et l'analyse financière traditionnelle (Chell, 2007 ; Chess, 2007). Les intermédiaires financiers multidimensionnels devront donc s'appuyer plus fortement sur les informations soft essentiellement en relation avec la qualité du management (Cornée, 2015). De plus, comme le montre le modèle de Cornée et Szafarz (2014), les revenus financiers ne servent pas seulement à garantir la survie des intermédiaires financiers multidimensionnels. Le niveau des taux d'intérêt chargés aux emprunteurs est aussi un moyen de décourager les emprunteurs opportunistes (emprunteurs qui cherchent à obtenir des conditions de financement avantageuses sans avoir de réelle mission sociales).

2. LE PARADIGME DE LA CREATION DE VALEUR

Le point de départ de cette approche est le problème de l'allocation de ressources financières rares entre des projets en compétition. A la différence de la création de valeur financière pour les propriétaires, la création de valeur sociale doit être mesurée selon trois dimensions : la rentabilité financière, l'impact social et le risque.

Une première façon d'atteindre des objectifs financiers et non financiers est de spécialiser les investissements, les uns pour atteindre l'objectif financier les autres pour atteindre des objectifs non financiers. Le financement d'organisations qui ont elles-mêmes un objectif mixte ne se justifie que si les résultats obtenus (financiers et sociaux) sont supérieurs à ceux d'une simple diversification de portefeuille. Pour clarifier la question, imaginons que je souhaite à la fois obtenir une rentabilité financière et faciliter l'accès aux médicaments de populations défavorisées. J'ai deux possibilités (que je suppose équivalentes en termes de risque) :

- Je peux investir une partie de mon argent dans des entreprises pharmaceutiques et faire don de l'autre à des associations à but non lucratif qui se chargent de la distribution de médicaments à ces populations. C'est le choix de la spécialisation des objectifs et de la diversification de portefeuille.

- Je peux investir dans des entreprises sociales qui facilitent l'accès de ces populations aux médicaments.

L'application d'un raisonnement d'arbitrage, classique en théorie financière depuis Modigliani et Miller (1958), conduit à poser la question : Est-ce que l'entreprise multidimensionnelle est capable de faire mieux que la simple diversification de portefeuille ? Si la réponse est positive l'entreprise multidimensionnelle crée de la valeur. Comme la création de valeur a ici une double dimension, financière et non financière, la création de valeur est également double et doit donc faire l'objet d'une double comparaison (avec des activités purement financières et avec des activités purement non-financières). Dans cette section, nous examinerons deux questions : la mesure de cette double création de valeur et les explications possibles de la création de valeur.

2.1. Mesure de la création de valeur sociale

L'objectif n'est pas ici de discuter des difficultés et mérites de la mesure de l'impact social qui ont déjà été largement traités dans la littérature (Nicholls, 2009 ; Harji et Jackson, 2012). Les difficultés rencontrées dans la mesure de l'impact social sont d'ailleurs l'un des principaux obstacles à l'obtention de fonds par les entreprises multidimensionnelles (Antadze et Westley, 2012 ; Bugg-Levine, Kogut, et Kulatilaka, 2012). En supposant que de telles mesures existent, il s'agit de répondre à la question de savoir si l'investisseur a intérêt à investir dans une entreprise multidimensionnelle ou à séparer son investissement entre deux acteurs monodimensionnels, l'un ayant un objectif purement financier, l'autre purement social. La mesure de la création de valeur sociale soulève deux questions. La première sur la mesure et la comparabilité des impacts sociaux, cette question concerne toutes les organisations qu'elles soient mono ou multidimensionnelles, nous la supposerons résolue, même si nous sommes parfaitement conscients que ce n'est pas tout à fait le cas. La seconde, que nous essayons de traiter ci-dessous, concerne spécifiquement la mesure de création de valeur des entreprises multidimensionnelles.

La démarche proposée ci-dessous vise à transformer un problème bidimensionnel (performance financière, impact non financier) en une mesure de performance unique en « projetant » la création de valeur soit sur la dimension financière soit sur la dimension sociale.

La rentabilité financière obtenue est comparée à la rentabilité exigée de l'entreprise sociale. Cette dernière est donnée par un modèle de référence (par exemple le MEDAF). Dans une première étape la performance financière de l'entreprise sociale est comparée à celle d'entreprises classiques qui maximisent la création de valeur financière. Plus précisément, nous cherchons le capital investi (CI_E) tel que le résultat financier obtenu par l'entreprise multidimensionnelle (R_{FIN}) soit égal au résultat financier exigé pour une entreprise classique de risque équivalent (R_{FIN}^E) :

$$R_{FIN} \equiv CI \times r = CI_E \times r_E \equiv R_{FIN}^E$$

Avec
r : rentabilité financière obtenue,
r_E : rentabilité financière exigée, $r_E = r_F + \beta[E(R_M) - R_F]$

La seconde étape permet de comparer la performance non financière avec celle d'organisation à but non lucratif ayant des objectifs sociaux similaires. Le montant qui peut être consacré aux activités sociales est égal à : $CI - CI_E = CI\left(1 - \frac{r}{r_E}\right)$. La création de valeur sociale (CVS) est donnée par l'écart entre l'impact non financier obtenu par l'entreprise sociale (INF) et celui de l'entreprise sans but lucratif équivalente :

$$CVS = INF - f\left(CI\left(1 - \frac{r}{r_E}\right)\right)$$

Exemple : Calculons la création de valeur sociale d'une entreprise sociale au capital de 100. Sa rentabilité financière est de 5 % pour un output social de 10 000. La rentabilité financière d'une entreprise de même risque est de 10 %. Le capital investi équivalent est donc de $CI_E = 100\frac{5\%}{10\%} = 50$. Le capital qui peut être consacré aux activités sociales est donc de 50. Sachant qu'une unité investie (dans une organisation purement sociale) permet d'obtenir en moyenne 180 d'output social, la création de valeur sociale est égale à : CVS = 10 000 – 180*50 = 1000. Cela signifie qu'investir dans l'entreprise multidimensionnelle permet d'obtenir une valeur sociale supérieure (de 1000) à un investissement équivalent dans une entreprise classique et dans une organisation sociale sans but lucratif.

Notons que, plus la performance financière de l'entreprise multidimensionnelle est faible, plus sa performance sociale doit être élevée. Dans l'exemple précédent, si la rentabilité financière de l'entreprise multidimensionnelle est de 2,5 %, le capital investi équivalent est de 25, il est donc possible d'investir 75 dans les activités sociales ce qui dégage un output de 13 500. L'investissement dans des entreprises classiques de même risque et dans des activités sociales sans but lucratif permet d'obtenir un output social supplémentaire de 3 500 par comparaison à l'investissement dans l'entreprise multidimensionnelle. Ou, dit autrement, la destruction de valeur sociale est de 3 500. Si l'entreprise multidimensionnelle a une rentabilité financière égale à la rentabilité attendue, sa création de valeur sociale est égale à son impact social.

Enfin, un problème se pose si l'entreprise multidimensionnelle a une rentabilité financière supérieure à la rentabilité financière exigée. Dans ce cas, la création de valeur financière est mesurée de manière classique par le résultat financier résiduel $CI \times (r - r_E)$ et la création de valeur sociale est égale à l'impact social de l'entreprise.

Projection sur la dimension financière

Le capital investi dans des organisations à but non lucratif nécessaire pour obtenir un impact non-financier égal à celui de l'entreprise multidimensionnelle est de : $CI_N = f^{-1}(INF)$. Le résultat financier généré par le montant qui peut être investi dans les activités financières est de : $r_E(CI - CI_E)$. La création de valeur sociale est donnée par : $CVS = R_{FIN} - r_E(CI - CI_E)$.

Dans l'exemple précédent, le capital nécessaire est donné par : $CI_N = \frac{10000}{180} = 55{,}56$. Le résultat financier équivalent vaut : $10\%(100 - 55{,}56) = 4{,}44$. La création de valeur sociale vaut donc : $CVS = 5 - 4{,}44 = 0{,}56$.

Elasticité de substitution

Dans notre exemple, lorsque les dimensions sont séparées, le renoncement à une unité de résultat financier permet de libérer 10 unités de capital qui investies dans des activités purement sociales dégagent un impact de 1800. Or 10 unités de capital investies dans l'entreprise multidimensionnelle rapportent à la fois 0,5 unités financières et un impact de 1000 soit une élasticité de substitution de 2000. Investir dans l'entreprise multidimensionnelle est donc plus efficace. Ou de manière plus générale, il faut comparer l'élasticité de substitution entre le résultat financier et le résultat non financier : $e_{INF,R_{FIN}} = \left(\frac{dINF/dCI}{dR_{FIN}/dCI} \right)$ lorsque les activités financières et non financières sont combinées ou non.

L'intérêt de l'approche que nous proposons provient du fait, qu'à la différence du Social Return On Investment, SROI (Manetti, 2012), elle ne nécessite pas de monétiser l'impact non-financier[118]. En revanche elle nécessite de trouver des organisations sociales ayant des activités similaires. De plus elle va au-delà d'une mesure de la création de valeur purement subjective résumée par le slogan « I am the market » dans laquelle chaque investisseur compare les résultats financiers et sociaux à son propre benchmark subjectif. Si l'approche subjective peut se défendre dans la perspective d'un investisseur individuel, elle devient difficile à mettre en œuvre pour un gestionnaire de fonds qui doit rendre des comptes à une multitude d'investisseurs ayant chacun un benchmark subjectif qui lui est propre.

2.2. Les sources de création de valeur sociale

Après avoir montré comment la création de valeur pouvait être mesurée, il s'agit ici de comprendre comment les entreprises multidimensionnelles sont capables de créer de la valeur.

Les entreprises multidimensionnelles doivent être capables de créer des synergies opérationnelles et financières (ces dernières sont liées à la modification de la structure du capital selon Leland (2007)) par rapport à la simple juxtaposition d'activités à buts financier et non financier dans deux entités juridiques séparées. Au sein des entreprises multidimensionnelles, deux formes d'organisations peuvent être distinguées (Ebrahim et *al.*, 2014) : celle où les clients et les bénéficiaires sociaux sont les mêmes et celle où les activités privées subventionnent les activités sociales. C'est évidemment dans la première catégorie d'entreprises, que les synergies opérationnelles entre les activités commerciales et sociales seront les plus fortes. La valeur créée provient du mélange des différentes dimensions (Emerson, 2003). Chaque type d'activité sert de levier à l'autre de manière à maximiser l'efficience opérationnelle (Florin and Schmidt, 2011). Par exemple, la mission sociale peut faire partie d'une stratégie de communication visant à accroître la demande adressée à l'entreprise. Ces entreprises développent des collaborations (capital relationnel, capital intellectuel) plus étroites avec leurs parties prenantes ou leur environnement que ne peuvent le faire les entreprises classiques (Navarro, 1988). Dans leur étude empirique, Boyd et *al.* (2009) ont trouvé que ce type d'organisations a des relations exceptionnellement proches avec les parties prenantes. Les entreprises multidimensionnelles peuvent atteindre les mêmes objectifs qu'avec la mise en œuvre d'activités commerciales et sociales séparées mais avec un niveau d'investissement plus faible. Enfin la fiscalité liée à

[118] La procédure de monétisation soulève des obstacles résumés dans Lingane et Olsen (2004).

l'entreprise multidimensionnelle peut être plus faible que la fiscalité sur un portefeuille combinant des activités financières et sociales.

Les entrepreneurs sociaux ont des compétences distinctives assurant la viabilité sociale et financière de leurs projets. En conséquence, les activités sociales sont conduites avec le même souci d'efficience et d'efficacité que les activités commerciales ce qui leur permet d'atteindre un impact social aussi fort que les organisations ayant un but purement social tout en dégageant un surplus financier suffisant pour attirer des entrepreneurs et des bailleurs de fonds traditionnels. Les activités sociales sont des activités innovantes (produit, service, processus) ce qui leur permet de dégager une rente schumpétérienne, ou des activités de niche pour lesquelles la concurrence est faible et la rentabilité peut être élevée.

L'entreprise multidimensionnelle dégage également des synergies financières. La diversification de ses activités peut créer de la valeur par l'effet de coassurance (réduction du risque de défaut et par conséquent des coûts de faillite, Lewellen, 1971). Mais cet effet positif peut être contrebalancé par le fait que l'entreprise doit choisir une structure du capital unique pour financer des activités de nature et de risques différents (Leland, 2007). En revanche, la séparation des activités financières et sociales dans deux entités distinctes permet à chacune d'elle de rechercher la structure du capital qui lui convient le mieux.

Certains investisseurs sont prêts à accepter un rendement financier plus faible que le risque qu'ils supportent. Ces ressources permettent de réduire le risque des ressources financières traditionnelles (Antignac et Attali, 2016). L'entreprise peut ainsi délivrer des profils rendement risque spécifiques aux différents types d'investisseurs (des investisseurs sociaux et classiques peuvent donc se côtoyer dans ces entreprises). Par la plus grande diversité de leurs investisseurs et par une meilleure adéquation à leurs besoins, les entreprises réduisent leur coût du capital (coût des ressources financières).

La création de valeur financière par les entreprises multidimensionnelles doit donc surtout découler d'une ingénierie financière innovante. L'entreprise sociale a besoin de ressources financières pour démarrer, grandir et atteindre une échelle suffisante (Harding 2007, Bloom and Chatterji 2009). Cependant la finance conventionnelle n'offre pas les types de ressources nécessaires à ces entreprises (Nicholls 2010). En conséquence, de nouvelles formes de financements (proposées éventuellement par de nouvelles institutions financières) ont donc émergé pour financer ce type d'entreprise. Elles sont synthétisées dans l'article de Bugg-Levine, Kogut et Kulatiliaka (2012) : garanties de prêts, donations remboursables, dettes à rémunération variable, fonds propres à rémunération variable, fonds propres à rémunération indexée sur la performance, pooling, obligations ou garanties sociales (Social Impact Bond, SIB, ou Social Impact

Guarantees, SIG). Les obligations ou garanties sociales servent à éviter le sur ou sous-investissement dans la mission sociale ou l'objectif financier et la dérive des objectifs vers l'un ou l'autre des deux pôles. En effet, la rémunération des obligations sociales augmente avec le succès des activités sociales ce qui doit limiter la surpondération de la mission sociale. Au contraire, la rémunération des garanties à impact social augmente avec le résultat financier ou lorsque le résultat social est faible ce qui encourage le manager à adopter un comportement pro-social.

Mais l'entreprise multidimensionnelle doit également faire face à des difficultés et des coûts spécifiques. Nous ne reviendrons pas sur le long débat sur l'efficacité pour une organisation d'avoir des objectifs multiples (Hayek, 1944 ; Friedman, 1962 ; Hampden Turner, 1990 ; Jensen 2001 ; Harvey, 2005).

Une deuxième source de destruction de valeur provient des problèmes d'agence entre les dirigeants et les investisseurs et les apporteurs de capitaux et entre les différents apporteurs de capitaux. Dans le cadre du premier conflit, le double objectif de l'entreprise et le fait que l'impact social est souvent difficile à mesurer offrent un moyen attractif d'extraire de la rente managériale (Masulis et Reza, 2015). Le second conflit oppose les investisseurs privilégiant la mission sociale et ceux qui recherchent en priorité une rentabilité financière. Mais Chowdhry, Davies, & Waters (2013) construisent un modèle dans lequel, grâce à des instruments financiers innovants comme les obligations et garanties à impact social, les intérêts de ces deux catégories sont alignés.

Une autre barrière provient de la rigidité des structures d'entreprises, des réglementations et des politiques fiscales dans ce secteur. Ces rigidités sont en partie nécessaires pour éviter que les missions non-financières ne servent qu'à attirer des capitaux bons marchés vers des activités purement financières ou que les objectifs dérivent (vers l'objectif financier ou vers l'objectif social) mais elles peuvent être un obstacle à un fonctionnement efficient des organisations multidimensionnelles (Nicklin, 2012). Peu d'études ont mis en évidence les conséquences de la complexité réglementaire, financière et organisationnelle sur l'efficience de ce type d'entreprise (Evans, 2013).

3. LE PARADIGME DE LA RECIPROCITE

Après avoir tenté de justifier l'existence des entreprises multidimensionnelles en expliquant comment elles pouvaient créer de la valeur, nous voudrions essayer de justifier pourquoi les acteurs multidimensionnels (investisseurs, intermédiaires financiers) ont intérêt à travailler entre eux. Y-a-t-il des avantages pour une entreprise multidimensionnelle à être financée par des investisseurs ou des intermédiaires financiers du même type plutôt que de combiner les apports provenant d'investisseurs ou institutions unidimensionnels ?

Comme nous l'avons noté plus haut, le financement des entreprises multidimensionnelles est susceptible de générer d'importants conflits d'agence. Dans cette perspective, l'alignement des intérêts des parties prenantes est un moyen privilégié pour réduire ou résoudre ces conflits. En effet, la confiance entre les partenaires et le partage des valeurs communes est un levier puissant pour lutter contre l'aléa moral et les comportements opportunistes liés à la relation de financement (Cornée et Szafarz, 2013). Comme le démontre le modèle d'Akerlof at Kranton (2000), l'appartenance à une identité sociale commune joue un rôle crucial dans la résolution du conflit principal agent car, le fait que l'agent (ici l'utilisateur des capitaux) s'identifie aux valeurs du principal (apporteurs de capitaux) atténue l'aléa de moralité. De plus, le partage d'identité renforce également la réciprocité entre les agents (Chen and Li, 2009 ; McLeish and Oxoby, 2011) avec pour conséquences la réduction des coûts d'agence et la création de valeur par le développement du capital relationnel.

Dans l'approche de Cornée et Szafarz (2013), si la banque partage l'identité des entrepreneurs multidimensionnels, elle va leur proposer un taux d'intérêt plus bas et en attend l'absence de défaut stratégique (principe de réciprocité). Les conclusions de leur modèle sont claires si l'identité n'est pas partagée entre la banque et l'investisseur ; la banque va financer des projets inefficients, en revanche si elle est partagée, les projets financés sont efficients. Leur étude empirique confirme ces hypothèses en montrant premièrement qu'il existe effectivement un mécanisme de réciprocité de la part des emprunteurs (réduction de la probabilité de défaut) et deuxièmement que les banques offrent des taux d'intérêt en-dessous du la valeur de marché aux emprunteurs sociaux avec pour conséquence de réduire leur coût du capital.

CONCLUSION

L'objectif de cet article était de discuter la justification de l'existence de l'investissement à impact social en se fondant sur une vision élargie de la création de valeur. Selon ce point de vue, l'investissement à impact social, résumé à l'investissement dans des entreprises ayant un double objectif, à la fois social et financer, ne se justifie que si ces entreprises sont capables de faire mieux qu'une simple diversification de portefeuille (investissement séparé dans les deux types d'activités). Nous discutons de la façon dont ces entreprises sont capables de dégager cette sur-performance (que nous appelons création de valeur). Nous proposons également une méthode pour mesurer la création de valeur multidimensionnelle. Finalement nous montrons, en nous appuyant sur les approches de la réciprocité, pourquoi l'alignement des intérêts entre les principaux acteurs de l'investissement à impact social est également une source de création de valeur.

BIBLIOGRAPHIE

ADBULKARDIROGLU, A. & BAGWELL, K., 2013, Trust, reciprocity, and favors in cooperative relationships, *American Economic Journal : Microeconomics*, 5, 213–259.

ACHLEITNER, A.K., SPIESS-KNAFL, W., HEINECKE, A., SCHONING, M. & NOBLE, A., 2011, *Social investment manual : an introduction for social entrepreneurs,* Schwab Foundation for Social Entrepreneurship, Cologny.

ADDIS, R., MCLEOD, J. & RAINE, A., 2013, *Impact-Australia : Investment for social and economic benefit,* Department of Education, Employment and Workplace Relations, Canberra.

AKERLOF, G. A. & KRANTON, R. E., 2000, Economics and identity, *Quarterly Journal of Economics*, 115, 715–733.

ALDRICH, H. & FIOL, M., 1994, « Fools Rush In? The Institutional Context of Industry Creation », *Academy of Management Review*, 19 (4), 645–670.

ANDREONI, J., 1989, Impure altruism and donations to the public goods: a theory of warm-glow giving, *The Economic Journal*, 100(4), 464-477.

ANDREONI, J., 1990, Giving with impure altruism : applications to charity and Ricardian equivalence, *Journal of Political Economy*, 97(6), 1447-1458.

ANTADZE, N. & WESTLEY, F. R., 2012, Impact Metrics for Social Innovation : Barriers or Bridges to Radical Change ?, *Journal of Social Entrepreneurship*, 3(2), 133-150.

ANTIGNAC, C. & ATTALI, B., 2016, *L'investissement à haut rendement sociétal,* Les essentiels de la banque et de la finance, RB Edition.

AROSIO, M., 2011, *Impact Investing in emerging markets*, Responsible Research, Singapore.

ASHTA, A., 2012, Co-creation for impact investment in microfinance, *Strategic Change*, 21 (1/2), 71-81.

BARIGOZZI, F. & PIERO TEDESCHI, P., 2015, Credit Markets with Ethical Banks and Motivated Borrowers, *Review of Finance*, 19 (3), 1281-1313

BEAL, D., GOYEN, M. & PHILLIPS, P.J., 2005, Why do we invest ethically ?, *The Journal of Investing*, 14(3) 66-77.

BECCHETTI, L., GARCIA, M. & TROVATO, G., 2011, Credit rationing and credit view : Empirical evidence from loan data, *Journal of Money, Credit and Banking*, 43, 1217–1245.

BENEDIKTER, R., 2011, Social banking and social finance, Springer, New York.
BEST, H. & HARJI, K., 2013, *Guidebook for impact investors: Impact measurement*, Purpose Capital, Toronto, ON.
BIGGART, N. & DELBRIDGE, R., 2004, Systems of Exchange, *Academy of Management Review*, 29 (1), 28-49.
BLOOM, P. & CHATTERJI, A., 2009, Scaling social entrepreneurial impact, *California Management Review*, 51 (3), 114–133.
BOERNER, H., 2012, The corporate ESG beauty contest continues : recent developments in research and analysis, *Corporate Finance Review*, 17 (3), 32-36.
BOLLEN, N., 2007, Mutual fund attributes and investor behavior, *Journal of Financial and Quantitavie Analysis*, 42(3), 683-708.
BOYD, B., HENNING, N., REYNA, E., WANG, D. E. & WELCH, M. D., 2009, *Hybrid Organizations : New Business Models for Environmental Leadership,* Greenleaf Publishing, Sheffield.
BUGG-LEVINE, A., KOGUT, B. & KULATILAKA, N., 2012, A New Approach To Funding Social Enterprises - Unbundling societal benefits and financial returns can dramatically increase investment, *Harvard Business Review*, 90(1/2), 118-123.
CHELL, E., 2007, Social Enterprise and Entrepreneurship towards a Convergent Theory of the Entrepreneurial Process, *International Small Business Journal,* 25(1), 5-26.
CHEN, Y. & LI, S. X., 2009, Group identity and social preferences, *American Economic Review*, 99, 431–457.
CHOWDHRY, B., DAVIES, S.W. & WATERS, B., 2015, *Incentivizing Impact Investing,* Working paper, UCLA Anderson School of Management.
CORNÉE, S. & SZAFARZ, A., 2013, Vive la Différence : Social Banks and Reciprocity in the Credit Market, *Journal of Business Ethics*, 125 (3), 361-380.
CORNÉE, S., 2015, The Relevance of Soft Information for Predicting Small Business Credit Default : Evidence from a Social Bank, CEB Working Paper, N° 15/044.
COWTON, C. J., 2002, Integrity, responsibility and affinity : Three aspects of ethics in banking, *Business Ethics : A European Review*, 11, 393–400.
COWTON, C. & THOMSPON, P., 2000, Do codes make a difference ? The case of bank lending and the environment, *Journal of Business Ethics*, 24, 165–178.
DART, R., 2004, The legitimacy of social enterprise, *Nonprofit Management and Leadership*, 14-4, 411-424.
DEES, J.G., 1998, Enterprising Nonprofits, *Harvard Business Review*, Jan-Feb, 55-67.
DEES, J. G., EMERSON, J. & ECONOMY, P., 2001, *Enterprising Nonprofits : A Toolkit for Social Entrepreneurs,* Wiley, New York.

DEES, J. G., 2003, Social Entrepreneurship Is About Innovation and Impact, Not Income, Social Edge Online.
DI MAGGIO, P. & POWELL, W. W., 1983, The Iron Cage Revisited : Institutional Isomorphism and Collective Rationality in Organizational Fields, *American Sociological Review*, 48, 147–160.
DORFLEITNER, G. & UTZ, S., 2014, Profiling German-speaking socially responsible investors, *Qualitative Research in Financial Markets*, 6(2), 118-156.
DUFWENBERG, M. & KIRCHSTEIGER, G., 2004, A theory of sequential reciprocity, *Games and Economic Behavior*, 47, 268–298.
EBRAHIM, A. & RANGAN, V. K., 2014, What Impact ? A framework for Measuring the Scale and Scope of Social Performance, *University of California*, 56 (3), 118-141.
EMERSON, J. & TWERSKY, F. (eds.), 1996, *New Social Entrepreneurs : The Success, Challenge, and Lessons of Non-profit Enterprise Creation,* Roberts Foundation, San Francisco.
EMERSON, J., 2003, The blended value proposition : integrating social and financial returns, *California Management Review*, 45(4), 35-51
EUROPE: SRI, 2012, The unlikely future of finance, *International Financial Law Review*, 7(2), 6-25.
EVANS, M., 2013, Meeting the challenge of Impact investing : How can contracting practices secure social impact without sacrificing performance, *Journal of Sustainable finance and investment,* 3 (2), 138-154.
EVENETT, R. & RICHTER, K.H., 2011, *Making good in social impact investment : Opportunities in an emerging asset class,* The Social Investment Business, London : TheCityUK.
FEHR, E. & SCHMIDT, K., 1999, A theory of fairness, competition and cooperation, *Quarterly Journal of Economics*, 114, 817–868.
FEHR, E. & SCHMIDT, K., 2003, Theories of fairness and reciprocity - evidence and economic applications, In DEWATRIPONT, M., HANSEN, L. & TURNOVSKY, S. (Eds.), *Advances in economics and econometrics* - 8th World Congress, Econometric Society Monographs, Cambridge University Press, Cambridge.
FLORIN, J. & SCHMIDT, E., 2011, Creating shared value in the hybrid venture arena : a business model innovation perspective, *Journal of Social Entrepreneurship*, 2 (2), 165-197.
FREIREICH, J. & FULTON, K., 2009, *Investing for social & environmental impact: A designfor catalyzing on emerging industry,* Monitor Institute, Cambridge MA.
FRIEDMAN, M., 1962, *Capitalism as Freedom*, Chicago
GALBRAITH, J. K., 1996, *The Good Society*, Houghton Mifflin, Boston.
GRABENWARTER, U. & LIECHTENSTEI, H., 2011, In search of gamma: an unconventional perspective on Impact Investing, Working paper.

GREEN, C. F., 1989, Business ethics in banking, *Journal of Business Ethics*, 8, 631–634.
GREGORY, N., 2016, De-Risking Impact Investing, *World Economics,* 17(2), 143-158.
HAMPDEN-TURNER, C., 1990, *Charting the corporate mind: from dilemma to strategy*, Blackwell, Oxford.
HANSMANN, H., 1987, Economic Theories of Nonprofit Organization, In W. W. POWELL JR. (ed.), The Nonprofit Sector : A Research Handbook, Yale University Press, New Haven : Conn.
HARDING, R., 2007, *Social entrepreneurship monitor,* London Business School and Barclays Bank, London.
HARJI, K. & JACKSON, E. T., 2012, Accelerating Impact - Achievements, Challenges and What's Next in Building the Impact Investing Industry.
HARVEY, D., 2005, *A Brief History of Neo-Liberalism*, Oxford
HAYEK, F., 1944, *The Road to Serfdom*, Routledge
HÖCHSTÄDTER, A.K. & SCHECK, B., 2015, What's in a Name : An Analysis of Impact Investing Understandings by Academics and Practitioners, *Journal of Business Ethics*, 132, 449-475.
JÄGER, U. P. & SCHRÖER, A., 2013, « Integrated Organizational Identity : A Definition of Hybrid Organizations and a Research Agenda », *VOLUNTAS, International Journal of Voluntary and Nonprofit Organizations,* 1–26.
JENSEN, M., 2001, Value Maximization, Stakeholder Theory, and the Corporate Objective Function, *European Financial Management*, 7(3), 297±317
KUTTNER, R., 1997, *Everything for Sale: The Virtues and Limits of Markets,* Random House, New York.
LEADBEATER, C., 1997, *The rise of the social entrepreneur,* Demos, London.
LELAND, H.E., 2007, Financial Synergies and the optimal Scope of the firms: implications for mergers, spinoffs, and structured finance, *The Journal of Finance*, 62(2), 765-807.
LEWELLEN, W., 1971, A pure financial rationale for conglomerate merger, *Journal of Finance*, 26, 521-537.
LINGANE, A. & OLSEN, S., 2004, Guidelines for social return on investment, *California Management Review*, 46(3), 116-135.
MCLEISH, K. J. & OXOBY, R. J., 2011, Social interactions and the salience of social identity, Journal of Economic Psychology, 32, 172–178.
MANETTI, G., 2012, The Role of Blended Value Accounting in the Evaluation of Socio-Economic Impact of Social Enterprises, *VOLUNTAS : International Journal of Voluntary and Nonprofit Organizations*, 25(2), 443-464.
MASULIS, R. & REZA, S., 2015, Agency Problems of Corporate Philanthropy, *Review of Financial Studies,* 28(2), 592-636.

MEYER, J. & ROWAN, B., 1977, Institutional Organizations : Formal Structure as Myth and Ceremony, *American Journal of Sociology*, 83, 340-363.
MINTZBERG, H., 1996, Managing Government, Governing Management, *Harvard Business Review*, May-June, 75-83.
MODIGLIANI, F. & MILLER, M., 1958, The cost of capital, corporation finance and the theory of investment, *American Economic Review*, 48, 261-297.
NARAIN, S., SCHMIDT, J., GEGLIO, A., GELFAND, S. & PEASE, M., 2012, Collaborating to harmonize standardized metrics for impact investors, National Community Investment Fund (NCIF)/Global Impact Investing Network (GIIN), Chicago, IL/New York, NY.
NAVARRO, P., 1988, Why do corporation give to charity ? *Journal of Business*, 61, 65-93.
NICHOLLS, A., 2009, We do good things, don't we ? : Blended Value Accounting, *Social Entrepreneurship. Accounting, Organizations and Society*, 34(6-7), 755-769.
NICHOLLS, A. & PATON, R., 2009, Emerging resources flows for social entrepreneurship ; theorizing social investment In British Academy of Management annual Conference, University of Brighton.
NICHOLLS, A., 2010, The institutionalization of Social investment: the interplay of investment logics and investor rationalities, *Journal of Social entrepreneurship*, 1(1), 70-100.
NICKLIN, S., 2012, The power of advice in the UK sustainable and impact investment market.
O'DONOHOE, N., LEIJONHUFVUD, C., SALTUK, Y., BUGG-LEVINE, A. & BRANDENBURG, M., 2010, *Impact investments : An emerging asset class*, J.P. Morgan, New York, NY.
OFFER, A., 1997, Between the gift and the market: the economy of regard, *Economic History Review*, 50(3), 450-76.
OFFER, A., 2007, A vision of Prosperity. Sustainable Development Commission,
http://www.sd-commission.org.uk/publications.php?id=741.
OLIVER, C., 1991; Strategic Responses to Institutional Pressures, *Academy of Management Review*, 16, 145–179.
PACHE, A.C. & SANTOS, F., 2012, Inside the hybrid Organization : selective coupling as a response to competing institutional logics, *Academy of Management Journal*, 56(4), 972-1001.
PORTER, M.E. & KRAMER, M.R., 2011, Creating Shared Value, *Harvard Business Review*, 89(1/2), 62-77.
PRAHALAD, C.K., 2012, *The Fortune at the Bottom of the Pyramid Eradicating poverty through profits*, Wharton School Publishing.
RABIN, M., 1993, Incorporating fairness into game theory and economics, *American Economic Review*, 83, 1281–1302.

RENNEBOOG, L., TER HORST, J. & ZHANG, C., 2008, Socially responsible investments : Institutional aspects, performance, and investors behavior, *Journal of Banking and Finance*, 1723-1742.
RIEDL, A. & SMEETS, P., 2014, *Social preferences and portfolio choice,* CESifo working paper.
SALAMON, L. M., 1995, Partners in Public Service : Government-Nonprofit Relations in the Modern Welfare State, Johns Hopkins University Press, Baltimore.
SAN-JOSE, L., RETOLAZA, J. L. & GUTIERREZ, J., 2011, Are ethical banks different ? A comparative analysis using the radical affinity index, *Journal of Business Ethics*, 100, 151–173.
SOROS, G., 1997, The Capitalist Threat, *Atlantic*, Feb., 45-58.
STATMAN, M., 2004, What do investors want ? *The Journal of Portfolio Management*, 30(5), 153-161.
SEN, A., 1987, *On Ethics and Economics,* Blackwell.
SIMON, J. & BARMEIER, J., 2010, More than money : Impact investing for development, Center for Global Development, Washington, DC.
SUCHMAN, M., 1995, Managing Legitimacy : Strategic and Institutional Approaches, *Academy of Management Review*, 20 (3), 571-610.
TAUPIN, M. T. & GLEMAIN, P., 2007, Les logiques d'acteurs des finances solidaires contemporaines : Entre innovation et résilience, *Annals of Public and Cooperative Economics*, 78, 629-661.
WEBER, O. & REMER, S., 2011, Social banks and the future of sustainable finance, Routledge, London.
WEISBROD, B., 1988, *The Nonprofit Economy*, Harvard University Press, Cambridge, Mass.
WIESEL, M., MYRSETH, K. O. R. & SCHOLTENS, B., 2017, Social Preferences and socially Responsible Investing : a Survey of US investors, Working paper, University of St Andrews.
WILLIAMS, G., 2007, Some determinants of the Socially Responsible Investment Decision : A cross-country study, *The journal of Behavioral Finance,* vol 8.

ETUDIANT-ENTREPRENEUR : QUELLE PLACE POUR LA RSE DANS LEURS PROJETS ?

Karine LE RUDULLIER
CREM – UMR CNRS 6210
IGR-IAE Rennes[119],
karine.le-rudullier@univ-rennes1.fr

INTRODUCTION

Le dispositif national pour les étudiants-entrepreneurs est le suivant, ils peuvent : bénéficier ou non de l'inscription au diplôme d'établissement étudiant-entrepreneur (D2E) ; substituer leur projet entrepreneurial validé par le PÉPITE[120] à l'obligation de faire un stage ; disposer du droit à la césure ; bénéficier de la sécurité sociale étudiante.

Ce statut unique au monde attire les étudiants. D'un point de vue quantitatif, les jeunes s'engagent : depuis son lancement en deux années d'expérimentation, il a bénéficié à 1 894 personnes, le chiffre est en augmentation chaque année.

D'un point de vue qualitatif, nous avons utilisé l'enquête du CSA pour le ministère de l'Enseignement supérieur et de la Recherche réalisée en 2016[121]. Outre la satisfaction autour du statut, deux points sont saillants. En premier lieu, 95 % des étudiants-entrepreneurs sont optimistes en ce qui concerne leur avenir personnel contre 70 % de l'ensemble des étudiants. Ils livrent une « photographie d'eux-mêmes teintée de combativité, de détermination, d'optimisme et d'esprit d'aventure ». En second lieu, ils ont un fort engagement dans leur activité car concentrés sur leur projet d'entreprise : 52 % d'entre eux indiquent que c'est le domaine auquel ils accordent le plus d'importance dans leur vie. L'engagement dans un projet entrepreneurial opère une réévaluation

---

[119] Maître de Conférences en Gestion, Directrice Pépite Entrepreneuriat Université Bretagne Loire

[120] Pôle Étudiant pour l'Innovation, le Transfert et l'Entrepreneuriat

[121] etudiant.gouv.fr/entreprendre, Cible 1 : échantillon de 435 étudiants-entrepreneurs Enquête réalisée sur fichier national étudiants-entrepreneurs, Cible 2 : échantillon représentatif de 806 étudiants.
Ces deux terrains se sont déroulés du 5 au 14 avril 2016.

manifeste des priorités et a pour conséquences des perceptions globalement plus positives chez les étudiants-entrepreneurs qui s'approprient pleinement leur statut.

Est-ce que ces jeunes qui entreprennent sont sensibles à la notion de la RSE ? Qu'évoque-t-elle pour eux ? Afin de traiter de la place de la RSE dans les projets des étudiants-entrepreneurs, la première partie donne le cadre conceptuel sur la RSE.

Dans la seconde partie nous nous interrogerons sur la connaissance des jeunes de cette notion, au travers d'une enquête quantitative auprès de 191 étudiants en Sciences de gestion.

Une étude pose la question des caractéristiques d'un discours RSE jugé crédible pour les jeunes consommateurs âgés de 18 à 30 ans (Proulx-Oloko, 2014). Il en ressort une méfiance vis-à-vis de l'utilisation de la notion par les entreprises et l'apparition d'une instrumentalisation des discours sur la RSE : elle est associée à de la promotion de produits, du greenwashing, aux stratégies commerciales, avec d'une forte impression d'« effet de mode ».

Dans une troisième partie, les items de la RSE sont analysés au regard des projets d'étudiants entrepreneurs. La RSE est-elle présente dans leurs projets ou non ?

1. LE CADRE CONCEPTUEL : LA RSE, COMPREHENSION, PRATIQUES D'ENTREPRISES ET DERNIERES EVOLUTIONS LEGISLATIVES

L'objet de cet article n'est pas de recenser l'ensemble de la littérature sur la RSE, ni d'insister sur l'évolution de la notion en prenant en compte les évolutions législatives. De nombreux articles le font à l'instar d'auteurs proposant une revue de littérature généalogique des concepts gestionnaires associés à la RSE en constatant le développement plus précoce aux USA (Acquier, Aggeri 2007).

Le champ de recherche mobilisé implique tout d'abord d'analyser le concept de RSE (1). Puis, notre parti pris est de faire un focus sur la France avec d'une part, les études des pratiques des entreprises (2) et d'autre part, les lois récentes sur le concept où l'on peut évoquer un bouillonnement législatif (3) (Blinfranchomme, Queinnec, 2017).

1.1. La RSE : une notion protéiforme

Concept ancien, elle a des racines aux USA et en Europe (Gond, Igalens, 2016). La notion s'est diffusée et enracinée et n'est pas un effet de mode (Capron, Quariel-Lanoielée, 2016). Elle est présente au moment où les citoyens sont en quête de sens (Pesqueux, 2011) et elle fait l'objet de nombreuses controverses (Ben Yedder, Zaddem, 2009).

Elle est difficile à définir, et il n'y a pas de définition consensuelle. Nous retenons celle de la Commission Européenne : « l'intégration volontaire des préoccupations sociales et écologiques des entreprises à leurs activités commerciales et leurs relations avec les parties prenantes » (2001).

Cette percée du concept s'est traduite par des recherches variées. Tout d'abord, de nombreux travaux coexistent sur cette notion et il y a une fragmentation des approches théoriques (Gond, Igalens, 2016). Ainsi, elle ne regroupe pas forcément les mêmes acceptions aux Etats-Unis et en Europe et des courants co-existent :

- « *Orthodoxe* » anglo-saxon, aux origines éthiques et religieuses,
- Plutôt « *social* » européen, de par sa référence au développement durable, acquiert une posture plus tournée vers la politique et est de ce fait plus institutionnalisée (Ben Yedder, Zaddem, 2009).

Le concept suscite de nombreuses réflexions sur des notions périphériques comme le rôle des skateholders (Acquier, Aggeri, 2005). Ensuite, les auteurs analysent les outils ou techniques et leur adaptation en gestion pour la mise en place de la notion : comme le reporting social, le développement de l'audit, avec des outils de diagnostic adaptés à la RSE et les implications en GRH (surveillance des fournisseurs et des sous-traitants, éthique, égalité homme-femme, la diversité, les restructurations et les relations sociales) (Gond, Igalens, 2016).

1.2. Les items de la RSE : quelles pratiques pour les entreprises françaises ?

Les auteurs distinguent pour les entreprises françaises, les sociétés cotées (celles du CAC 40 notamment) et les PME.

Pour les premières, la pratique de la RSE n'est pas uniforme et l'activité et donc la part financière consacrée aux stratégies de responsabilité sociale de l'entreprise sont maigres par rapport à l'activité dite marchandisée (Martinet, Payaud, 2007). La RSE « cosmétique » avec une pratique légère de la RSE, autrement dit les entreprises remplissent les conditions légales : l'obligation pour les entreprises cotées de fournir des informations sur les conséquences sociales, territoriales et environnementales dans leur rapport annuel. La RSE « intégrée » est révélée par sa présence dans le tableau de bord équilibré. La « RSE-BOP » où sur la base d'observations empiriques, Prahalad (2004) suggère aux firmes multinationales de s'intéresser de façon vigoureuse aux individus disposant de moins de deux dollars par jour - qu'il identifie comme étant la base de la pyramide, soit « bottom of the pyramid », BOP.

Une étude fait ressortir des arguments pour la mise en œuvre d'un engagement réel dans une politique de diversité des salariés. Les contraintes légales sont prégnantes en France, les raisons éthiques et des arguments « business » : la pénurie de talents, la diversité des équipes est source d'innovation et de créativité, l'amélioration de la réputation de l'entreprise, de son image et du climat social interne, le besoin de proximité avec les clients (Terramorsi, Barthe, Peretti, 2009).

Du côté des PME, après le constat d'une certaine hétérogénéité des pratiques dues aux caractéristiques des PME, des portraits des dirigeants sont dressés : attentistes, indécis, convaincus, militants (Bonneveux, Calme, Soparnot, Richard, 2011). Les auteurs insistent sur la difficulté pour les dirigeants de s'informer et d'innover en matière de RSE. Ils montrent que pour la diffusion des démarches responsables, le réseau étudié joue un rôle d'entrainement auprès de ses adhérents en proposant des mécanismes d'intéressement et des dispositifs d'expérimentation.

Le processus d'apprentissage (appropriation et opérationnalisation) peut notamment être initié par l'appartenance à un réseau d'entreprises (Bonneveux, Saulquin, 2009).

Du coté des TPE, une étude montre les difficultés à mettre en place une démarche RSE au sein des TPE-PME : liées à un agenda chargé et à la nature du travail du dirigeant de TPE où il est souvent seul et parfois déboussolé (Crambert, Fouilloux, Gonzalez, Ruiller, 2016). A nouveau le rôle du réseau est souligné pour la mise en place de la RSE.

Au-delà des difficultés, une étude montre le lien positif entre performance financière des PME et la présence de la RSE (Berger-Douce, 2008).

1.3. La RSE : un bouillonnement législatif et l'émergence de nouveaux comportements

Ce terme est évoqué par les auteurs (Blinfranchomme, Queinnec, 2017). Queinnec (2017) évoque un droit positif bien réel avec de nombreuses dispositions, nous retenons trois illustrations :

- La directive Barnier sur le reporting extra-financier applicable depuis le 1er janvier aux entreprises françaises,
- La loi Sapin 2[122], pour le 1er juin 2017, toute entreprise française d'au moins 500 salariés (ou filiales de groupes étrangers) dont le chiffre d'affaires est supérieur à 100 millions d'euros est désormais tenue à de nouvelles obligations préventives de lutte contre la corruption et le trafic d'influence.
- La dernière loi en date du 21 février 2017 relative au devoir de vigilance des sociétés mères et des entreprises donneuses d'ordres adoptée par l'Assemblée nationale.

Ce dernier texte donne les mesures phares afin de constituer un plan de « vigilance raisonnable » (cartographie des risques permettant de les

122 L. n° 2016-1691, 9 déc. 2016, relative à la transparence, à la lutte contre la corruption et à la modernisation de la vie économique.

identifier et hiérarchiser, procédures d'évaluation des filiales et fournisseurs, actions de prévention et d'atténuation des risques d'atteinte grave, mécanisme d'alerte, dispositif de suivi et d'évaluation de l'efficacité des mesures) et une piste de méthode : associer ses parties prenantes à l'élaboration (Queinnec, 2017).

Il pose la question de la sphère d'influence d'une entreprise (Mac Cionnaith, Jazottes, Sabathier, 2017), car il étend le périmètre de la vigilance aux sociétés contrôlées et aux sous-traitants et fournisseurs avec lesquels est entretenue une relation commerciale établie.

Le mot « partie prenante » est rentré dans le code de commerce.

Trop tôt pour en mesurer les effets, ces mesures peuvent constituer un puissant levier de compétitivité au service des entreprises (Blinfranchomme, Queinnec, 2017). Entre la soft law et la hard law, le plan de vigilance des entreprises doit être cohérent et co-construit (Queinnec, 2017).

Au final, pour les juristes, cette prise en compte de la notion de RSE par les entreprises devient urgente car « émerge un citoyen Homo Ethicus Numericus qui peut autant se révéler utile aux entreprises en signalant des incidents, que signer et partager des plaintes ou appels au boycott en ligne et qui ne devrait pas manquer d'utiliser l'action de groupe étendue aux enjeux environnementaux, de santé et de protection des données... » (Blinfranchomme, Queinnec, 2017).

2. JEUNES ET RSE : QUELLES CONNAISSANCES DE LA NOTION ET COMMENT LEUR APPRENDRE ?

Nous avons interrogé 191 étudiants en sciences de gestion afin de savoir quelle est leur connaissance de la RSE (1). En parallèle, se pose la question de comment les jeunes, notamment les gestionnaires, vont apprendre cette notion afin de pouvoir l'appliquer demain dans les entreprises (2). En tant qu'enseignant-chercheur spécialisé en entrepreneuriat une analogie paraît s'imposer : les méthodes et techniques pour apprendre et comprendre l'entrepreneuriat pourraient également s'appliquer à une notion comme la RSE.

2.1. La RSE : un concept maitrisé par des futurs gestionnaires ?

Le design de recueil d'informations est le suivant : afin d'améliorer la validité interne de cette recherche ainsi que la fiabilité des outils de recueil d'informations nous avons procédé à une démarche exploratoire quantitative (questionnaires). Ces derniers sont auto-administrés auprès de 191 étudiants en sciences de gestion. L'objectif est de comprendre leur vision de la RSE afin de voir quels thèmes pourront ensuite être abordés avec les étudiants-entrepreneurs.

La construction du questionnaire s'articule autour de :

- La connaissance de la RSE et de ses items,
- La compréhension du concept,
- La technique ou l'outil utilisé pour le connaître (cours, ouvrages, articles, autres...).

Le passage des questionnaires est réalisé entre octobre 2016 et mars 2017. Notre étude présente un bon taux de retour. Cela tient au mode de recueil de l'information puisque le questionnaire est distribué et récupéré le jour même dans l'établissement de formation. Il mixte les questions fermées et ouvertes afin d'éviter tout effet de halo. Ces dernières ont fait l'objet d'un traitement manuel.

Sur une promotion de licence de Sciences de gestion de 140 étudiants, 133 ont répondu : 115 n'ont pas entendu parler de la notion soit 86 %.

Les 18 qui la connaissent, ont vu cette notion en cours soit au lycée (4) et dans l'enseignement supérieur (14) : BTS, en classe préparatoire, en Faculté de Sciences Economiques, en IUT GEA lors de l'option ressources humaines. Seuls 4 étudiants ont lu un article ou un livre sur cette notion. Globalement il leur est difficile de définir la notion de RSE : « je n'ai pas trop de souvenir », « je sais vaguement », « je n'ai pas une vision très claire », « je vois en gros de quoi cela parle ».

Ils retiennent que la notion renvoie à la « logique de développement économique », à « comment les entreprises se préoccupent de l'environnement et du social » ou encore comment tenir compte lors de la production de l'impact sur l'environnement et le social. Ils ont eu en cours des exemples d'entreprises liés à l'environnemental (recyclage) ou au social (présence de crèches pour les salariés). Seuls deux d'entre eux connaissent mieux la notion, notamment un étudiant de prépa STMG car la notion « revenait tout le temps dans les cours », et une autre a fait un mémoire sur l'optimisation fiscale et le risque de réputation où le sujet est largement traité.

Sur une promotion de 26 étudiants de formation initiale contrôle, comptabilité, audit, de master II, 24 connaissent la notion. Ils l'ont étudié en licence ou en master I dans des cours d'économie, de droit social ou de management, mais pour 14 d'entre eux il est difficile de la définir. L'un d'eux a vu cette notion dans une revue, « pour les entreprises c'est un moyen de se différencier et d'être performant » et « on n'oublie pas les valeurs et l'humain », d'autres ont vu des reportages télévisés. Est-ce que leurs valeurs en tant que jeunes sont compatibles avec cela ? Certains ont le sentiment de faire des efforts « je fais le tri sélectif, je prends les transports », et s'ils ont le sentiment d'être sensibilisés plus que les autres générations, ils sont acteurs mais sans plus.

Sur une promotion de 25 étudiants de formation initiale contrôle, comptabilité, audit, de master II en apprentissage. Ils connaissent tous la notion et savent la définir sauf pour 4 d'entre eux. Ils ont connu cette notion en cours pour 22 étudiants et seuls 3 d'entre eux citent un reportage ou un livre. Deux étudiants en ont eu besoin dans leur pratique professionnelle dans le cadre de l'audit RSE.

Ils la définissent comme :

- La responsabilité sociale et environnementale de l'entreprise avec pour l'un d'entre eux la nécessité de communiquer en termes d'image et de notoriété,
- La faculté de l'entreprise à intégrer les dimensions sociales et environnementales en plus de la performance économique,
- L'ensemble des préoccupations sociales, économiques et environnementales qu'une entreprise doit intégrer dans son activité à long terme.

Au final, pour le premier groupe à savoir les étudiants de licence, la notion ne vient pas d'être vue en cours, et il est très difficile de la cerner. Pour les deux autres groupes, la notion a été étudiée, mais elle reste encore difficile à définir et assez floue. Or pour la plupart des étudiants des deux derniers groupes, ils travailleront en cabinet d'expertise comptable et seront confrontés à la notion dans leur pratique professionnelle. Ainsi, même étudiée la notion est difficile à appréhender pour ces jeunes, ceci pose la question de comment apprendre la RSE aux jeunes ?

2.2. La RSE, comment l'appréhender en enseignement ?

Enseigner la RSE mais sur quels fondements et jusqu'où aller dans les enseignements ? Pour certains, il faut « aller au-delà de la formation éthique individuelle des gestionnaires pour ouvrir l'étudiant aux débats sur la dimension éthique de la gestion et de l'entreprise elle-même » (Lapointe, Gendron 2005).

Comment sensibiliser, apprendre ou transmettre les notions de la RSE, quelles techniques ou méthodes peut-on utiliser ?

En France, dans le cadre de la COP 21 le gouvernement a lancé un Plan Education au développement durable. Les pouvoirs publics recensent pour les enseignants des ressources : publications, vidéos, ouvrages, programmes learning by doing sur le thème du développement durable[123].

L'analogie nous semble importante avec le thème de l'apprentissage de l'entrepreneuriat. Sur ce champ éducatif, divers outils pédagogiques

---

123 www.ademe.fr/expertises/developpement-durable/education-developpement-durable/sensibiliser-eleves-etudiants/dossier/lenseignement-secondaire/ressources-complementaires-lenseignant.

sont recensés avec l'influence croissante du numérique (OPPE, 2005 et 2014 ; Fayolle, 2007 ; Carrier 2009) :

- Cours et supports, en particulier sous forme de MOOC, cas et mini-cas et ouvrages ;
- Reportages et témoignages de créateurs avec des propositions originales comme des vidéos ou des récits de vie, intégration plus riche des praticiens dans la formation ;
- Simulations et jeux, avec des simulations comportementales, et bandes dessinées, jeux sérieux ;
- Logiciels, élaboration ou évaluation de business plan ou de business models par les étudiants, comme le GRP Lab conçu par l'équipe de recherche en Entrepreneuriat de l'IRGO (Institut de Recherche en Gestion des Organisations) ;
- La technique de « *learning by doing* », avec le développement d'un projet de création d'entreprise en accompagnant de jeunes créateurs et réalisation de missions pour les aider dans leurs démarches ;
- Une démarche pédagogique pour apprendre l'échec ;
- Une tendance émergente cruciale : un appel à entrainer les étudiants à l'identification et/ou à la création d'opportunités d'affaires.

D'ailleurs une étude pose la question de la déconstruction de deux approches de l'entrepreneuriat très mobilisées aujourd'hui en recherche et en pédagogie entrepreneuriale : l'effectuation et le Business Model Canvas. La RSE serait ni exclusivement une contrainte externe, ni uniquement la résultante d'un choix interne à l'entreprise et propre à l'entrepreneur : les catégories de l'entrepreneuriat et de la RSE s'entrecroisent, non sans tensions, tout au long du processus de création d'entreprise (Lefebvre, Delchet-Cochet, Radu Lefebvre, 2016).

Un ouvrage recense les pratiques de l'enseignement supérieur : faites de « manière fragmentée » alors que « le développement durable est une approche transversale qui nécessite de revoir la manière d'éduquer les jeunes générations à des comportements et pratiques responsables » (L'Herminier, 2015). L'auteur recense les innovations liées à cet enseignement. Tout d'abord, il est possible de penser aux cours, comme celui sur la Paix Economique de Grenoble Ecole de Management (Dominique Steiler la chaire Mindfulness bien-être au travail et paix économique), et aux MOOC RSE[124].

Ensuite, un chercheur propose de travailler autour de « *dark side of business* ». Ce sont des études de cas pédagogiques qui présentent une vision plus sombre de l'entreprise afin d'enseigner aux jeunes la pensée critique (Emmanuel Raufflet, chercheur et spécialiste du développement durable à HEC Montréal).

---

124 ttp://innovation.audencia.com/articles/actualite/mooc-rse/.

En outre, il est possible de développer un apprentissage expérientiel, type « *learning by doing* ». Cette pédagogie se développe peu à peu par le biais de projets solidaires menés par les jeunes en partenariat avec des associations à l'instar du réseau Enactus.

Enfin, à l'instar des tests de langues un test de connaissances vient d'être créé sur le développement durable le « Sustainability Literacy Test » (Le monde, 2016, Novel). L'objectif est de « créer un standard reconnu à l'échelle mondiale, avec l'idée qu'un jour plus aucun étudiant ne sorte sans des connaissances sur les grands enjeux du monde et la responsabilité des organisations ». La version zéro a été travaillée avec l'école des mines de Nantes, en partant des grands principes du développement durable pour finir sur des notions de responsabilité. En France c'est la Conférence des Grandes Ecoles, la Conférence des Présidents d'Université aidée du REFEDD qui ont animé un groupe de travail composé de représentants du monde de l'entreprise, de syndicats, d'ONG, et d'associations étudiantes.

Il faudra sans doute distinguer les techniques d'enseignement selon les objectifs initiaux en matière de sensibilisation (cours, conférences sur la thématique) ; prédisposition (études de cas, projet en équipe, apprentissage par problème) ; formation (projets d'innovation réels, responsabilités associatives, réalisation de business plan) ; incubation (concours de business plans, coaching de projet de création) comme en entrepreneuriat (Verzat, 2009).

En pratique, les concepteurs de programmes pédagogiques liés à l'entrepreneuriat combinent souvent plusieurs outils ou techniques, par exemple pour des concours ou des séminaires (cours théoriques et « *learning by doing* ») en fonction de leurs objectifs et de leurs aspirations. Hernandez (2010) met en avant l'apprentissage par l'action et le coaching. Les étudiants, incités par le biais de la démarche du « *learning by doing* » pourront s'approprier ces savoirs lors d'actions entrepreneuriales qu'ils rencontreront (Billet, 2007).

En entrepreneuriat, sur le plan des résultats, les programmes ont une dimension professionnelle s'ils reposent sur trois types de savoirs (Fayolle, 2007) : le *quoi* (comment faire ?), le *comment* s'y prendre dans telle situation et le *qui* (la connaissance des personnes et réseaux). Dans ce type de programme, Léger-Jarniou (2008) envisage les apports en termes de savoir, savoir-faire et savoir-être : les étudiants ont compris comment créer une entreprise, ils ont appris à faire et ils ont gagné en autonomie.

3. ETUDIANTS-ENTREPRENEURS ET RSE

La RSE est-elle présente dans les projets des étudiants-entrepreneurs ? Une étude des données secondaires est réalisée au travers de 74 projets de 87 individus d'un territoire (1). En pratique, une fois qu'ils démarrent quelle en est leur pratique (2) ? La démarche exploratoire qualitative se fait au travers de six entretiens semi-directifs.

3.1. Les déclarations de projet des étudiants-entrepreneurs

Nous avons analysé les projets de 87 étudiants-entrepreneurs à partir de leur projet déclaratif lors de leur inscription en septembre 2016 sur un territoire. Nous avons comparé leurs propos aux dix principes du pacte mondial sur la RSE.

Les dix principes du pacte mondial RSE
Droits de l'homme
- Les entreprises sont invitées à promouvoir et à respecter la protection du droit international relatif aux droits de l'Homme dans leur sphère d'influence. - Elles veillent à ce que leurs propres compagnies ne se rendent pas complices de violations des droits de l'Homme.
Travail
- Les entreprises sont invitées à respecter la liberté d'association et à reconnaître le droit de négociation collective. - L'élimination de toutes les formes de travail forcé ou obligatoire. - L'abolition effective du travail des enfants. - L'élimination de la discrimination en matière d'emploi et de profession.
Environnement
- Les entreprises sont invitées à appliquer l'approche de précaution face aux problèmes touchant l'environnement. - A entreprendre des initiatives tendant à promouvoir une plus grande responsabilité en matière d'environnement. - Et à favoriser la mise au point et la diffusion de technologies respectueuses de l'environnement.
Lutte contre la corruption
- Les entreprises sont invitées à agir contre la corruption sous toutes ses formes, y compris l'extorsion de fonds et les pots-de-vin

Nombre d'étudiants-entrepreneurs : 87 Nombre de projets : 74
Notion présente dans les projets thème travail : - Une entreprise de propreté pour aider les personnes à s'insérer.
Notion présente dans les projets thème environnement : - Plateforme de recherches pour le recyclage et la revalorisation des filets de pêche usagés, - Gilet sécurité pour le vélo, - Recycler et valoriser les bios déchets rejetés d'une filière de pêche, - Recyclage de bateaux, - Vélo Évolutif Multi âges : évolue avec l'enfant de 3 à 12 ans, - Implantation d'une auberge de jeunesse en Inde, - Créer une structure permettant de promouvoir le tourisme durable sur un département, - Entreprise de désamiantage, - Chaine de magasins de cosmétiques bio, - Création d'un circuit et d'une base touristique en Mongolie, - Artisan pour la conception et la fabrication de vélos sur-mesure, - Market place réservé aux artisans et producteurs locaux, - Espace de co-working à destination des startups dans des conteneurs, - Vélo électrique solaire, - Compagnie ferroviaire locale, - Gobelets recyclables.

Autres thèmes de société abordés
La santé, 6 projets : - Développement objets connectés pour la sante, - Biscuiterie, pâtisseries de conservation sans gluten bio - Collectes et développement de cultures d'algues dédiées à l'alimentation et à la santé végétale, animale, humaine, au Sénégal, - Utilisation de nouvelles techniques dans le diagnostic médical, - Sport pour les entreprises à vocation thérapeutique, - Chariot de supermarché capable d'accompagner en autonomie les Personnes à Mobilité Réduite.
Le partage, le collaboratif, les échanges, 7 projets : - Site faire des dons, - Site échanges de photos, - Plateforme de blog collaboratif sur le thème de l'aventure et du voyage sac à dos, - Service d'ambulance pour les régions rurales enclavées,

-	Plateforme sociale sur le sport,
-	Maison d'édition basée sur le financement participatif,
-	Concept de food surfing.

La notion n'est pas présente dans 44 projets, elle est présente dans 17 projets. De plus, sur des thèmes de société on trouve également la santé pour 6 d'entre-eux, et le thème de la collaboration ou de l'échange pour 7 autres projets.

Au final, 30 projets sont en lien avec la thématique de la RSE, avec une quasi-exclusivité pour l'environnement. Ce chiffre semble important, mais il est difficile à analyser car il faudrait le comparer avec d'autres créateurs qui ne soient pas des étudiants-entrepreneurs.

3.2. La présence de la RSE dans les projets en cours des étudiants entrepreneurs

Le reste des observations ressort d'entretiens semi-directifs réalisés en mai 2017 auprès de six étudiants-entrepreneurs qui ont créé ou qui vont le faire. Le guide d'entretien s'articule autour de plusieurs thèmes :

- Leur connaissance de la RSE et de ses items,
- Questionner leur volonté de mettre en place ou de développer la RSE,
- Les valeurs portées dans leurs projets,
- Les difficultés dans la mise en œuvre,
- Pour ceux qui ne la prenne pas en compte, les raisons invoquées.

Nous cherchions à savoir si l'on retrouvait les portraits dressés en littérature pour des dirigeants de PME : attentistes, indécis, convaincus, militants (Bonneveux, Calme, Soparnot, Richard, 2011).

Etudiant-entrepreneur A, start-up produit innovant
- La notion de RSE semble très éloignée, l'étudiant sait « vaguement ce que c'est ». Il ne pense pas à la RSE. Il porte des valeurs. C'est un passionné qui monte sa start-up, c'est un vrai choix de ne pas aller travailler dans une entreprise. - Il est dans l'action, il cherche des associés, il est pré-incubé, soutenu par les réseaux. Dans ce contexte, l'important c'est la survie, la notion est très loin de ses préoccupations.

Etudiant-entrepreneur B – Entreprise de déménagement et de livraison à vélo
- Entreprise créée en juin 2016 avec deux associés, et projet de trois salariés qui deviendront associés de la SCOP. - Notion de RSE connue. C'est le fondement du projet, limiter l'empreinte écologique, créer des emplois et responsabiliser et faire s'engager les salariés. - L'engagement est au cœur du projet. L'étudiant-entrepreneur a pu gagner en compétences et en retour d'expériences grâce au stage effectué dans une entreprise similaire à celle de son projet. Il y a eu un fort accompagnement de l'entreprise similaire, un fort transfert de compétences sans contrepartie financière. - Le projet est viable et chacun a une rémunération. - Le porteur a compris lors de son accompagnement l'importance que ce projet soit collectif, car au début il était seul dans le projet et il a trouvé un associé.

Etudiante-entrepreneure C – solution clé-en-mains pour stopper le gaspillage de gobelets jetables en distribution automatique
- L'entreprise est immatriculée depuis un an et ils ont leurs premiers clients. Ils sont 4 associés. L'objectif est de se développer au niveau national. - L'un des associés sait ce qu'est la RSE. Il était en stage dans l'entrepreneuriat social, et c'est grâce à cette notion, qu'ils « rentraient » dans les grands groupes. - La RSE fait partie des gênes de l'entreprise, c'est naturel puisque c'est une solution pour diminuer impact écologique des gobelets et pour à terme créer des emplois. - Les associés ont aussi pensé aux liens entre les collaborateurs dans les entreprises clientes : animation gobelet doré, gagne un cadeau…

Etudiant-entrepreneur D – Conseil et aide à la décision pour les acteurs de la qualité de l'eau.
- Il ne sait pas définir la RSE, or c'est le but de son entreprise. - C'est l'essence du projet, puisqu'il est comme un bureau d'études. L'idée lui est venue de ses travaux de thèse. Ce projet c'est la suite logique. Il veut être rapidement opérationnel et utile. - Il a une vision très négative des entreprises qui font du greenwashing, il cite des entreprises connues et des exemples. - Le projet est long et difficile, notamment en termes de recherche de financement.

Etudiante-entrepreneure E – Conseil et formation en « personnal branding »
- Lancement de la société en juin 2017, le pacte associé et les statuts vont être signés. Les produits techniques sont réalisés et le financement est en cours de finalisation. - L'associé sait ce que c'est que la RSE. Il l'a étudiée au cours de son parcours universitaire en IAE. - Pour lui, c'est le « traitement » des salariés, le faire façon éthique, comme l'environnement, mettre place des chartes. - Il y a des éléments qui relèvent de la RSE : l'embauche du premier salarié. L'associé souhaite travailler sur le bien être des salariés, faire du management « libéré » : « j'ai envie d'appliquer à mes futurs salariés, ce qui j'aurai eu envie de trouver en entreprise. A savoir la responsabilisation des salariés, leur autonomie, prendre la dimension afin de les accompagner dans la gestion de leur carrière. Le management m'a fait partir des entreprises ». - Ses valeurs sont l'ouverture esprit, la tolérance, la liberté et l'ambition.

Etudiante-entrepreneure F – création et commercialisation de desserts lactés à base de lait bio
- Le projet est d'utiliser le lait bio de la ferme familiale pour produire et commercialiser des desserts lactés. - Le créateur sait ce que sait, car il l'a vu en cours en master en école de commerce, mais il ne l'a « plus trop en tête ». Ce sont les conséquences sur son environnement, l'économique, l'écologie, le social qui vont mettre des pratiques en place en lien avec économie. - Il y a des éléments qui relèvent « un peu » de la RSE : on valorise du lait bio en local, cela limite l'empreinte écologique. En parallèle, on a un impact sur le territoire : on consomme un peu et à terme on souhaite embaucher. « A notre petite échelle forcement on influence notre environnement direct ».

La notion est difficile à définir pour l'ensemble des étudiants-entrepreneurs. Au niveau des pratiques de RSE, on distingue trois catégories de porteurs de projet :

- Ceux où la notion est importante, c'est dans nos « gênes » : étudiant-entrepreneur (e-e C) pour du recyclage du traitement de l'eau (e-e D), c'est « l'essence du projet » car il est dans l'économie sociale et solidaire (e-e B), ou qui appréhende l'impact sur le territoire (e-e F). Ils pourraient être assimilés au niveau des profils aux militants ou convaincus.
- Ceux pour qui la notion se développera avec l'arrivée des salariés (e-e E et F), ce sont plutôt des profils attentistes.

- Celui pour qui la notion est très éloignée de leurs préoccupations car pour l'instant il faut démarrer et survivre (e-e A). Ils ne rentrent pas dans les profils décrits car la pression du démarrage est trop forte pour évoquer ces notions de RSE.

Nous n'avions pas choisi les entretiens en fonction des thèmes, mais seul l'un d'entre eux, pour des raisons de pression économique est très éloigné de la notion de RSE.

En parallèle, l'un d'eux l'utilise mais se montre très critique quant aux pratiques de la RSE par les entreprises. Ceci renvoie aux travaux de Proulx-Oloko (2014).

Par contre, ce qui les caractérise, c'est qu'ils font tous le choix de créer et de devenir entrepreneur, car ils ne souhaitent pas être salarié, c'est pour tous pour l'instant un vrai choix.

CONCLUSION

Nous nous trouvons face à un résultat avec deux faces.

D'un côté, dans cette étude, pour les étudiants gestionnaires interrogés, la notion de RSE semble difficile à définir et à comprendre. Ceci se retrouve également pour les étudiants-entrepreneurs interviewés.

Les perspectives en matière d'enseignement sont intéressantes. Comment apprendre la RSE ? Une analogie, peut être réalisée avec les techniques et outils de l'apprentissage de l'entrepreneuriat, l'enseignement de la RSE pourrait tirer bénéfice de ce qui se fait en entrepreneuriat.

D'un autre côté, si l'on analyse les déclarations de 87 étudiants-entrepreneurs, sur 74 projets, cette notion est présente dans 30 projets où ils recherchent des thèmes sociétaux comme le mieux vivre, à savoir la santé ou le partage.

Pour les étudiants-entrepreneurs interrogés, la notion est présente, et elle est même parfois dans l'essence du projet notamment dans le secteur de l'ESS. Seul l'un d'entre-deux la relègue au second plan pour des questions de survie du projet.

A l'issue de cette recherche, de nombreuses limites et voies de recherche apparaissent.

En matière de voie de recherche, en premier lieu, il serait nécessaire de réaliser d'autres enquêtes notamment sur un échantillon plus vaste d'étudiants-entrepreneurs. Une seconde enquête, plus importante sur le nombre de participants va être réalisée dans les mois à venir sur un second territoire afin de passer de 87 à 160 individus.

Le nombre d'entretiens qualitatifs devra être augmenté de façon à pouvoir être significatif.

Sur le plan des résultats, il serait pertinent de voir dans le temps l'évolution des projets : est-ce que ceux qui ne l'intégraient pas, le font et à partir de quel moment et sur quels critères ?

Est-ce que cette intention déclarative de départ, est bien réalisée dans les faits ?

De plus, il serait pertinent d'analyser les caractéristiques des jeunes générations, et leurs valeurs : est ce qu'elles conduisent vers plus des pratiques RSE que les générations précédentes ?

Enfin, il serait également intéressant de comparer la nature des projets des étudiants-entrepreneurs et de porteurs de projets non étudiants, ou plus âgés, pour voir s'il y a des différences.

BIBLIOGRAPHIE

ACQUIER, A., AGGERI, F., 2005, La théorie des stakeholders permet-elle de rendre compte des pratiques d'entreprise en matière de RSE ?, XIVième Conférence Internationale de Management Stratégique, Pays de la Loire, Angers, http://www.strategie-aims.com/

ACQUIER, A., AGGERI, F., 2007, « Une généalogie de la pensée managériale sur la RSE », *Revue française de gestion,* 11, n° 180, p. 131-157.

BEN YEDDER, M., ZADDEM, F., 2009, La Responsabilité Sociale de l'Entreprise (RSE), voie de conciliation ou terrain d'affrontements ?, *Revue multidisciplinaire sur l'emploi, le syndicalisme et le travail (REMEST)*, vol. 4, N° 1, p. 84-103.

BERGER-DOUCE, S., 2008, « Rentabilité et pratiques de RSE en milieu PME premiers résultats d'une étude française », *Management & Avenir*, 1, n° 15, p. 9-29.

BILLET, J., 2007, Education à l'entrepreneuriat et développement de l'esprit d'entreprendre auprès des étudiants des écoles de management : le cas de l'ESCPAU, 5éme congrès international de l'académie entrepreneuriat, pp.1-24.

BLINFRANCHOMME, MP., QUEINNEC, Y., 2017, Devoir de vigilance raisonnable, À vos plans !, Edito, *Revue Lamy Droit des Affaires*, n° 124, p.1.

BONNEVEUX, E., SAULQUIN, J.-Y., 2009, « L'appropriation de la RSE par les dirigeants de PME. Le réseau comme vecteur de l'apprentissage managérial », *Management & Avenir,* 3, n° 23, p. 170-186.

BONNEVEUX, E., CALME, I., SOPARNOT, R., 2011, « La diffusion d'une démarche RSE innovante au sein d'un réseau de PME : le cas du Centre des Jeunes Dirigeants », *Gestion 2000,* 2, Volume 28, p. 69-90.

CAPRON, M., QUARIEL-LANOIZELEE, F., 2016, La responsabilité sociale de l'entreprise, La découverte, 3eme éd., 126 p.

CARRIER, C., 2009, L'enseignement de l'entrepreneuriat : au-delà des cours magistraux, des études de cas et du plan d'affaires, *Revue de l'Entrepreneuriat*, 2 Vol. 8, pp. 17-33.

COMMISSION EUROPEENNE, 2001, Promouvoir un cadre européen pour la responsabilité sociale des entreprises, Livre vert, Luxembourg, Office des publications officielles des Communautés européennes, 30 p.

CRAMBERT, R., FOUILLOUX, J., GONZALEZ, C., RUILLER, C., 2016, Les réseaux d'entreprises peuvent-ils aider les PME à développer leur démarche de responsabilité sociale des entreprises ? in *Collaborations et réseaux : approches transversales en management,* VIVIANI, J.L., BIRONNEAU, L. (dir.), Presses Universitaires de Rennes, p.339-356.

FAYOLLE, A, 2007, De l'artisanat à la science : modèles d'enseignement et processus d'apprentissage dans les enseignements en entrepreneuriat, 5ème congrès international de l'entrepreneuriat.

GOND, J-P., IGALENS, J., 2016, La responsabilité sociale des entreprises, Col. Que sais-je ?, PUF, 5éme éd., 128 p.

HERNANDEZ, E-M., 2010, *L'entrepreneur - une approche par les compétences,* Ems, Paris.

Journées OPPE, 2005, compte rendu des journées.

Journées OPPE, 2014, compte rendu des journées.

LAPOINTE, A., GENDRON, C., 2005, Enseigner la RSE : Des recettes utilitaristes à une réflexion critique sur l'entreprise comme institution sociale privée, *Les cahiers de la Chaire* - collection recherche, No 04, 21 p.

LEFEBVRE, V., DELCHET-COCHET, K., RADU LEFEBVRE, M., 2016, RSE et Entrepreneuriat : vers un croisement des cadres conceptuels, https://ideas.repec.org/p/hal/journl/hal-01169508.html

LEGER JARNIOU, C., 2008, Développer la culture entrepreneuriale chez les jeunes, *Revue Française de gestion,* n° 185, pp. 161-174.

L'HERMINIER, S., 2015, « Tu seras un manager responsable, mon fils ! Intégrer la RSE dans l'enseignement supérieur », Editions Yves Michel, collection Place Publique.

MAC CIONNAITH, S., JAZOTTES, G., SABATHIER, S., 2017, Délimiter le périmètre de la vigilance : entre concepts de soft law et de hard law, *Revue Lamy Droit des Affaires*, n° 124, p.25-29.

MARTINET, A-C., PAYAUD, M.A., 2007, « Formes de RSE et entreprises sociales. Une hybridation des stratégies », *Revue française de gestion*, 11, n° 180, p. 199-214.

NOVEL, A.S., « Après le TOEFL pour l'anglais, voilà le « Sustainability Literacy Test » pour le DD », Le monde, http://alternatives.blog.lemonde.fr/2014/04/03.

PESQUEUX, Y., 2011, La responsabilité sociale de l'entreprise (RSE) comme discours ambigu, *Innovations*, 1, n°34, p. 37-55.

PROULX-OLOKO, M., 2014, « Les jeunes consommateurs canadiens et la crédibilité du discours RSE », Mémoire, dir. GROSJEAN, S., Université d'Ottawa, Faculté des arts, Département de communication, 73 p.
QUEINNEC, Y., 2017, Le plan de vigilance idéal n'existe pas ! Pour être raisonnable et effectif il doit être co-construit, *Revue Lamy Droit des Affaires,* n° 124, p.21-24.
TERRAMORSI, P., BARTHE, N., PERETTI, J-M., 2009, « L'information diversité dans les rapports RSE des sociétés du CAC 40 », *Management & Avenir,* 8, n° 28, p. 268-280.
VERZAT, C., 2009, L'intention entrepreneuriale n'est pas un oxymoron, L'expansion Entrepreneuriat, n° 1, p. 27-34.

Résumés / Abstracts

QUELLE CAPACITE DE REGULATION DE L'ENTREPRISE COOPERATIVE COMME FORME D'ENTREPRISE SOCIALE ? RETOUR HISTORIQUE SUR QUELQUES CONCEPTUALISATIONS THEORIQUES

Sylvain Celle
Anne Fretel

Partant des débats actuels sur la finalité et le potentiel de régulation de l'entreprise sociale comme voie possible pour réinventer l'entreprise et répondre aux limites de sa forme actionnariale et de ses dérives, l'article tente de questionner les conditions dans lesquelles l'entreprise coopérative serait à même d'être porteuse d'un potentiel de transformation sociale. Pour ce faire, l'article s'appuie sur un retour historique vers des générations auteurs ayant porté un modèle d'entreprise coopérative entre la première révolution industrielle et la crise dans l'entre-deux-guerres, années durant lesquelles les crises économiques et sociales ont conduit à questionner la place de l'entreprise. L'article questionne tout d'abord le potentiel de transformation économique sous-jacent aux théories en soulignant que dans les conceptualisations passées, l'entreprise coopérative s'inscrit majoritairement dans un référentiel libéral ou un référentiel socialiste. En effet, chez ces différents auteurs, l'entreprise coopérative, d'un point de vue économique, n'est pas une organisation porteuse d'une dynamique totalement autonome, mais s'inscrit dans des référentiels déjà existants dont la promotion doit être source d'amélioration économique et sociale. Pour autant, l'article montre dans un second temps, que les modèles de réformes proposés, au-delà de leur diversité, ne sont tenables que si l'entreprise coopérative est ancrée dans un référentiel politique ou moral qui l'autonomise d'un certain point de vue de la sphère économique, qui l'ancre dans une référence extérieure. L'article questionne alors en conclusion, à partir de ce détour historique, la façon dont les entreprises sociales peuvent aujourd'hui être porteuses d'une dynamique de transformation sociale en ne s'ancrant que dans un registre économique. Au-delà des spécificités organisationnelles, il semble nécessaire pour ces entreprises de dépasser certaines limites et devenir une force de transformation sociale en puisant dans une référence extérieure, par exemple le territoire.

Mots clefs : Entreprise sociale, coopérative, histoire de la pensée, régulation, intérêt général.

Current debates on social enterprise regulations focus on their purpose and potential as a possible way to reinvent companies and define the limits of its shareholder governance. This article focuses on the conditions in which the cooperative enterprise could be a bearer of potential of social transformation. It leans on a historic return towards generations of authors who carried an original model of cooperative entreprise between the first industrial revolution and the crisis in the interwar period. These are years in which the economic and social crises have led to question the enterprise's place in the society. This article primarily discusses the potential of economic transformation in theories by pointing out that in the past conceptualizations, the cooperative entreprise joins mainly a liberal or a socialist corpus. Indeed, from an economic perspective, these various authors argue the cooperative enterprise is not a totally autonomous organization, but joins in an already existing ideological corpus that should be promoted as a source of economic and social improvement. Secondly, the article shows that beyond the diversity of reform models, these reforms are sustainable only if the cooperative entreprise is anchored in a political or moral reference point. A focus which empowers this entreprise from the economic sphere and anchors it in an outside reference point. In conclusion, from this historical perspective the article theorizes how, today, social enterprises can be a bearer of a dynamic social transformation by anchoring themselves in an economic reference point. Beyond the organizational specificities, it seems necessary for these social enterprises to overcome certain limits and become a strength of social transformation by drawing from an outside reference point, for example the territory.

Keywords : Social enterprise, cooperative, history of thought, regulation, general interest.
Classification JEL : B14, B29, L31, P13

ENTREPRISE SOCIALE : ETRE OU NE PAS ETRE HYBRIDE ?
ETUDE D'UNE COOPERATIVE D'ACTIVITE ET D'EMPLOI.

Mélissa Boudes

L'entreprise sociale archétype des organisations hybrides fait l'objet d'une attention toute particulière de la part des pouvoirs publics et des entreprises. Si les premiers y voient un moyen de subvenir aux besoins sociaux à partir de modèles économiques viables, les seconds y perçoivent une manière d'être socialement responsables et/ou de nouvelles opportunités commerciales. Grâce à l'hybridité chacun trouverait ses attentes satisfaites. L'étude d'une coopérative d'activité et d'emploi (CAE), organisation hybride mêlant entrepreneuriat, salariat et coopération, montre cependant que l'hybridité n'est pas une panacée. Au moment où les CAE s'institutionnalisent *via* la création d'un cadre juridique qui leur est propre, la CAE francilienne Coopaname déploie une stratégie visant à s'émanciper de l'hybridité. Pour ce faire la coopérative développe des relations ambivalentes avec les différentes logiques institutionnelles qui la composent ce qui conduit à la déconstruction de l'hybridité. Elle redéfinit les fondements discursifs sur lesquels reposent les CAE. Enfin, elle poursuit l'expérimentation via les partenariats et une action qui se situe à un niveau méso entre Etat et citoyens. Nous proposons avec cette étude des pistes de réflexion pour la littérature sur les organisations hybrides mais aussi pour les recherches et pratiques coopératives.

Mots clés : organisation hybride, logiques institutionnelles, coopératives

The social enterprise, as the archetypical hybrid organisation, is increasingly attention from policymakers and businesses. The former consider them as a means to meet social needs using efficient business models ; the latter perceive them as a way of increasing social responsibility and/or accessing new business opportunities. Apparently, their hybridity satisfies everyone's expectations. However, this study of a business and employment cooperative (BEC) shows that hybridity is no panacea. As BECs are becoming institutionalised within a new legal framework, the Parisian BEC Coopaname is developing a "non-hybrid" strategy. To do so, it is developing ambivalent relationships towards its different institutional logics, and thus dismantling its hybridity. It is redefining the discursive foundations of the BEC. Finally, it is pursuing the experiment through partnerships and meso level projects between the State and the people. This study offers insights for the literature on hybrid organisations but also on cooperative research and practice.

Keywords : hybrid organisation, institutional logics, cooperatives
Classification JEL : O35, M10, L31, J54

L'INNOVATION SOCIALE ENTREPRENEURIALE : UN PROCESSUS D'INSTITUTIONNALISATION INACHEVÉ LES 10 ANS D'ALTER'INCUB, PRMIER INCUBATEUR RÉGIONAL D'ENTREPRISES SOCIALES

Nadine Richez-Battesti
Delphine Vallade

A partir d'une étude de cas longitudinale, menée sur le premier incubateur régional d'innovation sociale en France créé en Languedoc-Roussillon il y a 10 ans, l'article montre d'une part le processus de construction d'un ensemble de dispositifs territorialisés pour développer les entreprises sociales fondé sur des partenariats multiples, les tâtonnements qui l'ont accompagné et les effets produits. D'autre part, il illustre comment les interactions entre l'échelon infra régional, national et international sous-tendent le développement et la légitimité du dispositif et contribuent à construire une nouvelle catégorie de l'action publique. Dans le cadre d'une analyse en termes de travail institutionnel, il questionne les compromis passés à ces différentes échelles : si l'incubateur contribue à faire bouger les lignes, les compromis autour de l'innovation sociale entrepreneuriale restent instables.

Mots clés : Incubateur, innovation sociale, travail institutionnel, entrepreneuriat, mouvement coopératif

Based on a longitudinal case study on the first regional incubator of social innovation in France created ten years ago in Languedoc-Roussillon, this article shows, on the one hand, the building process of a territorialized ecosystem to support social enterprises through multiple partnerships, the trials and errors and its effects. On the other hand, this article describes how interactions at the sub-regional, national and international levels underlie the development and the legitimacy of this ecosystem and contribute to build a new public action category. Adopting an institutional work analysis, our article questions the compromises reached at these different levels: if the incubator can contribute to institutional change, compromises on entrepreneurial social innovation remain unstable.

Keywords : incubator, social innovation, institutionnal work, enterpreneurship, coop movement
Classification JEL : D74, G28, L31, L53

LES ÉVOLUTIONS CONTRAINTES DES ENTREPRISES SOCIALES D'INSERTION PAR LE TRAVAIL

Patrick Gianfaldoni

Secteur professionnel hétérogène, l'insertion par l'activité économique (IAE) a été influencé ces dernières années par une régulation publique hybride : une régulation tutélaire caractérisée par des mécanismes coercitifs d'intervention publique, l'objectif étant de corréler contrats et subventions à des services d'insertion de qualité fournis par des structures opérationnelles ; une régulation concurrentielle caractérisée par des mécanismes de compétition promouvant la valeur économique et l'efficience technique des productions support à l'insertion. Par conséquent, les structures opérationnelles composant le secteur convergent vers l'adoption de normes entrepreneuriales. Leur viabilité économique impose d'adopter un modèle économique à finalité sociale moins adossé aux subventions publiques et plus commercial. Suivant la même dynamique, leur transformation en entreprises sociales d'insertion par le travail (ESI) s'accompagne de processus de concentration, dont nous étudions les formes, les configurations et les propriétés. En particulier ont été identifiés huit types de regroupements d'entreprises et une forme de polarisation territoriale, le pôle territorial de coopération économique.

Mots clés : Entreprise sociale d'insertion par le travail (ESI), régulation publique hybride, alliances de coopération, groupement d'entreprises sociales, forme de polarisation territoriale

Heterogeneous professional sector, the work-integration sector has been influenced in recent years by a hybrid mode of public regulation: a rationale of supervisory regulation characterized by coercive mechanisms of public intervention. The goal is to correlate contracts and subsidies with the quality of the integration services provided (outcomes) by operational structures ; a competitive rationale characterized by competitive mechanisms to promote the economic value and the technical efficiency of the goods and services produced (output). Consequently operational structures converge towards the adoption of entrepreneurial standards. Their economic viability requires adopting a social business model less dependent on public subsidies and more commercial. According to the same dynamics, their transformation into Work Integration Social Enterprises (WISEs) is accompanied by processes of concentration. We study the forms, configurations and properties. In particular, eight types of business combination and a territorial polarization form, the territorial cluster of economic cooperation, have been identified.

Keywords: Work Integration Social Enterprises (WISEs), hybrid mode of public regulation, cooperative alliances, social enterprises business combination, territorial polarization form
Classification JEL : D74, G34, G38, L22, L31

FAIRE DU *BUSINESS* POUR LE SOCIAL OU GRACE AU SOCIAL : L'EXEMPLE DE L'INCLUSION FINANCIERE

Isabelle Guérin
Magdalena Isaurralde
Mariam Sangare

Utilisant des données récentes à l'échelle globale ainsi qu'une monographie argentine, cet article décortique la construction des marchés émergents de l'inclusion financière. Du côté de l'offre, les évolutions récentes du paysage de l'inclusion financière et son articulation au *business social* mettent en évidence son dynamisme, sa capacité de renouvellement et de diversification, notamment dans l'accès aux services de base, mais aussi l'importance grandissante des logiques capitaliste et marchande. Or la demande est beaucoup plus limitée que ce qu'imaginent les promoteurs, ou décalée par rapport aux services proposés. L'ajustement entre offre et demande, loin d'être spontané, repose dans certains cas sur le rôle clef de certaines entités locales – individus (souvent de sexe féminin), groupements plus ou moins institués, organisations non gouvernementales (ONG) – dans la construction de la confiance indispensable à la création puis au bon fonctionnement de ces marchés. Ce rôle est ambigu, peu visible, mal rémunéré et encore moins reconnu, fréquemment assumé par des femmes : il interroge sur la manière dont le capitalisme, à travers les organisations de microcrédit et ses financeurs, renouvelle les modalités d'appropriation d'une certaine forme de travail gratuit.

Mots clés : Inclusion financière, marchés, microcrédit, femmes, ONG, services de base

This paper draws on recent global data and a monograph from Argentina to investigate the fabric of emerging markets in the field of financial inclusion. In terms of the supply side, recent shifts in the landscape of financial inclusion and the rising importance of social business have highlighted the dynamism of the industry. They have proven its ability to innovate and to diversity financial services, especially in terms of access to basic services. They have equally shown the growing importance of capitalist and market logic. Demand has however been much more limited than financial inclusion promoters have anticipated. In some cases, the adjustment between supply and demand has been far from spontaneous, and has drawn on local entities. These include individuals (often women), more or less formalised groups, and NGOs, who have played a key role in building and sustaining these markets. These roles are ambiguous, often behind the scenes, badly paid, poorly recognised and frequently borne by women. This in turn raises the question of how capitalism, through microcredit organisations and its funders, renews the modalities of extraction of a certain form of unpaid labour.

Keywords : Financial inclusion, market, microcredit, NGOs, basic services
Classification JEL : G23, L31, 01, 054, P10, Z13

FINANCES SOLIDAIRES ET GESTION DES BIENS COMMUNS : L'EXPERIMENTATION DU FONDS DE DOTATION ANGERS MECENAT

Pascal Glemain
Valérie Billaudeau

Les entreprises d'économie sociale et solidaire observent depuis 2005 une mutation profonde de leur mode de financement. Jadis assimilées à des organisations essentiellement subventionnées, elles font de plus en plus appel à des modes de financement privé se substituant petit à petit aux dotations en fonds publics initiales. Nombre de réseaux de l'ESS se sont ouverts depuis 2008 avec la Loi de Modernisation de l'Economie (LME) à l'expérimentation d'une nouvelle entité juridique annoncée comme « *un changement conceptuel de magnitude 7 sur l'échelle des grandes structures juridiques* » (Amblard, 2010) : le Fonds de Dotation. Nous proposons ici une première analyse de cas d'un fonds de dotation territorialisé : Angers Mécénat. Nous démontrons les atouts et les limites de cette nouvelle structure juridique de financement afin de dévoiler le caractère révolutionnaire ou non de cette organisation dans le monde du financement des organisations d'ESS.

Mots clés : Fonds de Dotation, Territoire, Mécénat, Angers

Social and solidarity economy enterprises observe a profound change in their mode of funding since 2005. Once assimilated to essentially subsidized organizations, they are increasingly using modes of private financing gradually replacing initial public funds endowments. Number of networks of the ESS are open since 2008 with the law of modernization of the economy (LME) to experimentation with a new legal entity, announced as "a conceptual change of magnitude 7 on the scale of large legal structures" (Amblard, 2010) : the Endowment Fund. We offer here a first analysis of the case of a territorialized Endowment Fund: Angers sponsorship. We demonstrate the strengths and limitations of this new legal structure of financing in order to unveil the revolutionary character or not about this organization in the world of the funding of the ESS organizations

Keywords : Endowment Fund, territory, sponsorship, Angers
Classification JEL : G23, L31, O35

ECOSYSTEME ENTREPRENEURIAL LOCAL ET FINANCE PARTICIPATIVE : LES ENJEUX D'UNE COOPERATION

Thibault Cuenoud
Pascal Glemain
Catherine Deffains-Crapsky

De nombreux travaux académiques relatent les relations entre entrepreneuriat, territoire et dynamique collective. De même, différents modèles conceptuels territoriaux d'innovation se sont attachés à représenter le lien entre proximité géographique, innovation et compétitivité. En France, de nombreuses plateformes de *crowdfunding* ont pu voir le jour depuis 2010 pour répondre aux difficultés de financement de projets innovants. Ces nouveaux acteurs interpellent les dispositifs existants dans l'aide à la création, au développement et à l'accompagnement d'entreprises innovantes dans les territoires. Ce travail cherche à comprendre les enjeux de coopération induits par cette finance participative dans la constitution de « communautés » numériques. Comment les territoires cherchent-ils à capitaliser ces dynamiques dans une démarche de captation de ces communautés autour d'une volonté de développement économique territorialisé ? A travers une démarche centrée sur les acteurs de l'Economie Sociale et Solidaire (ESS) qui, historiquement, se sont organisés localement pour répondre à la diversité des enjeux des territoires, cette recherche vise à répondre à la question suivante : comment organiser la coopération par les acteurs de l'ESS, via la finance participative, au sein d'un écosystème entrepreneurial ? Il s'agit d'une part de s'interroger sur la façon d'envisager la coopération dans les décisions de financement entre les différents acteurs de l'écosystème entrepreneurial sur un territoire, et, d'autre part, d'imaginer comment passer d'une communauté virtuelle à une communauté territorialisée par la révolution numérique dans des territoires géographiquement délimités.

Mots clés : Ecosystème, Entrepreneuriat, ESS, Territoire, Finance Participative, Finance Solidaire

Many academic works recount the relationship between entrepreneurship, territory and collective dynamics. Similarly, different conceptual territorial innovation models are attached to represent the link between geographic proximity, innovation and competitiveness. In France, many crowdfunding platforms have seen since 2010 to meet the difficulties of financing of innovative projects. These new players challenge existing devices to aid in the creation, development and support of innovative companies in the territories. This work seeks to understand the issues of cooperation brought about by this participatory finance in the constitution of 'communities' digital. How do the territories seek to capitalize these dynamics in a process for capturing these communities around a will of territorialized economic development? Through an approach focused on the actors in the social economy and solidarity who, historically, organized locally to meet the diversity of the issues of territories, this research aims to answer the following question: how to organize the cooperation by stakeholders in the SSE, via participatory finance, in an entrepreneurial ecosystem? On the one hand it's question on how to consider cooperation in funding decisions between different actors of the entrepreneurial ecosystem in a territory, and, on the other hand, imagine how to switch from a virtual community to a community approach by the digital revolution in geographically delimited areas.

Keywords : ecosystem, entrepreneurship, social economy and solidarity, territory, participatory finance, solidarity finance
Classification JEL : G23, L31

INVESTISSEMENT A IMPACT SOCIAL : UNE APPROCHE FINANCIERE

Jean-Laurent Viviani

L'objectif de cet article est de discuter la justification de l'existence de l'investissement à impact social en se fondant sur une vision élargie de la création de valeur. Selon ce point de vue, l'investissement à impact social, résumé à l'investissement dans des entreprises ayant un double objectif, à la fois social et financer, ne se justifie que si ces entreprises sont capables de faire mieux qu'une simple diversification de portefeuille (investissement séparé dans les deux types d'activités). Nous discutons de la façon dont ces entreprises sont capables de dégager cette surperformance (que nous appelons création de valeur). Nous proposons également une méthode pour mesurer la création de valeur multidimensionnelle. Finalement nous montrons, en nous appuyant sur les approches de la réciprocité, pourquoi l'alignement des intérêts entre les principaux acteurs de l'investissement à impact social (investisseurs, entreprises intermédiaires financiers) est également une source de création de valeur.

Mots clés : agents multidimensionnels, création de valeur, entreprise sociale, investissement à impact social

The goal of this article is to discuss the rationale for the existence of social impact investing based on a broader vision of creating value. According to this point of view, the social impact investment summary investment in companies with a dual purpose, both social and finance, is only justified if these companies are able to do better than a simple diversification of portfolio (investment separated into two types of activities). We discuss how these companies are able to achieve this over-performance (that we call value creation). We also offer a method to measure the creation of multidimensional value. Finally we show, based on the approaches of reciprocity, why the alignment of interests between the main players in social impact investing (investors, companies financial intermediaries) is also a source of value's creation.

Keywords : multi-dimensional agents, creating value, social enterprise, social impact investing
Classification JEL : G23, O35

ETUDIANT-ENTREPRENEUR : QUELLE PLACE POUR LA RSE DANS LEURS PROJETS ?

Karine Le Rudullier

En France, depuis trois ans, l'entrepreneuriat des jeunes est fortement promu avec le statut d'étudiant entrepreneur. L'objectif de cet article est d'analyser si les étudiants-entrepreneurs prennent en compte les critères de la RSE (responsabilité sociale des entreprises) dans leurs projets. A savoir : connaissent-ils les concepts mobilisés ? Ont-ils intégré cette dimension à leur projet ? En termes de résultats, nous formons l'hypothèse d'une tendance des jeunes à aller vers les thématiques de la RSE (comme l'environnement) malgré une forte méconnaissance de la thématique. Pour répondre à ces questionnements, l'article s'articule en trois parties.

Il s'agit de questionner la volonté effective de ces jeunes à mettre en place ou à développer la RSE dans leurs projets. Malgré des difficultés à définir précisément la notion, elle est bien présente sauf pour l'un d'entre eux où la survie du projet importe plus pour l'instant. Pour le secteur de l'économie sociale et solidaire, elle fait partie de « leurs gênes » ou est « l'essence du projet ».

Mots clés : RSE, étudiants-entrepreneurs

In France, for three years, youth entrepreneurship is strongly promoted with student entrepreneur status. The goal of this article is to analyze if the student entrepreneurs take into account the criteria of CSR (corporate social responsibility) in their projects. Namely: do they know the concepts involved? They integrated this dimension to their project? In terms of results, we are assuming a trend of young people to go to the themes of CSR (such as the environment) despite a strong misunderstanding of the topic. To answer these questions, article is articulated in three parts. He is questioning the actual will of these young people to set up or develop CSR in their projects. Despite difficulties to precisely define the notion, it is present except for one of them where the survival of the project is more important for now. For the sector of the social and solidarity economy, it is part of "genes" or is "the essence of the project.

Keywords : CSR corporate social responsibility, student entrepreneurs
Classification JEL : L26, L31

MARCHE ET ORGANISATIONS

L'HARMATTAN

Numéros précédemment parus

N°1 : Artisanat. La modernité réinventée, 2006
N°2 : La petite entreprise, elle a tout d'une grande. De l'accompagnement aux choix stratégiques, 2006
N°3 : Tourisme et Innovation. La force créative des loisirs, 2007
N°4 : Le travail. Formes récentes et nouvelles questions, 2007
N°5 : Les universités et l'innovation. L'enseignement et la recherche dans l'économie des connaissances, 2007
N°6 : Entrepreneuriat et accompagnement. Outils, actions et paradigmes nouveaux, 2008
N°7 : Développement durable des territoires. Economie sociale, environnement et innovations, 2008
N°8 : Développement durable et responsabilité sociale des acteurs, 2009
N°9 : Gouvernance : exercices de pouvoir, 2009
N°10 : Le travail collaboratif. Une innovation générique, 2009
N°11 : Economie sociale et solidaire. Nouvelles trajectoires d'innovations, 2010
N°12 : **Relations à la marque et marques de la relation. Regards croisés sur le management relationnel de la marque, 2010**
N°13 : Les contrats au service de la recherche ?, 2011
N°14 : Le potentiel économique de l'Afrique subsaharienne, 2011
N°15 : Management de la distribution, 2012
N°16 : Territoire Vert. Entreprises, Institutions, Innovations, 2012
N°17 : Eco-conception, conception et innovation. Les nouveaux défis de l'entreprise, 2013
N°18 : Intelligence économique : entreprises et territoires, 2013
N°19 : La finance globale. Un monde fini, 2013
N°20 : La crise du « développement », 2014
N°21 : La Chine innove. Politiques publiques et stratégies d'entreprise, 2014
N°22 : Go East! Nouvelles Economies de Marché, 2015
N°23 : L'économie du changement, 2015
N°24 : Le temps des artisans. Permanences et mutations, 2015
N°25 : Innovations de proximité et esprit d'entreprise, 2016
N°26 : L'avenir des économies du Maghreb, 2016
N°27 : Le sport aux frontières du marché du travail, 2016
N° 28 : Dynamiques internationales des entreprises, 2017
N° 29 : L'univers du risque, 2017
N° 30 : Petites entreprises dans l'histoire industrielle, 2017

L'HARMATTAN ITALIA
Via Degli Artisti 15; 10124 Torino
harmattan.italia@gmail.com

L'HARMATTAN HONGRIE
Könyvesbolt ; Kossuth L. u. 14-16
1053 Budapest

L'HARMATTAN KINSHASA
185, avenue Nyangwe
Commune de Lingwala
Kinshasa, R.D. Congo
(00243) 998697603 ou (00243) 999229662

L'HARMATTAN CONGO
67, av. E. P. Lumumba
Bât. – Congo Pharmacie (Bib. Nat.)
BP2874 Brazzaville
harmattan.congo@yahoo.fr

L'HARMATTAN GUINÉE
Almamya Rue KA 028, en face
du restaurant Le Cèdre
OKB agency BP 3470 Conakry
(00224) 657 20 85 08 / 664 28 91 96
harmattanguinee@yahoo.fr

L'HARMATTAN MALI
Rue 73, Porte 536, Niamakoro,
Cité Unicef, Bamako
Tél. 00 (223) 20205724 / +(223) 76378082
poudiougopaul@yahoo.fr
pp.harmattan@gmail.com

L'HARMATTAN CAMEROUN
TSINGA/FECAFOOT
BP 11486 Yaoundé
699198028/675441949
harmattancam@yahoo.com

L'HARMATTAN CÔTE D'IVOIRE
Résidence Karl / cité des arts
Abidjan-Cocody 03 BP 1588 Abidjan 03
(00225) 05 77 87 31
etien_nda@yahoo.fr

L'HARMATTAN BURKINA
Penou Achille Some
Ouagadougou
(+226) 70 26 88 27

L'HARMATTAN SÉNÉGAL
10 VDN en face Mermoz, après le pont de Fann
BP 45034 Dakar Fann
33 825 98 58 / 33 860 9858
senharmattan@gmail.com / senlibraire@gmail.com
www.harmattansenegal.com

www.ingramcontent.com/pod-product-compliance
Lightning Source LLC
LaVergne TN
LVHW010918061026
849535LV00007B/2122
* 9 7 8 2 3 4 3 1 3 9 4 0 1 *